Menerva Hammad

Wir treffen uns in der Mitte der Welt
Von fehlender Akzeptanz in der Gesellschaft und starken Frauen

MENERVA HAMMAD

Wir treffen uns in der Mitte der Welt

Von fehlender Akzeptanz in der Gesellschaft und starken Frauen

braumüller

Sämtliche Geschichten beruhen auf wahren Begebenheiten.
Nur die Namen wurden aus Datenschutzgründen geändert.

Bibliografische Information der Deutschen Nationalbibliothek
Die Deutsche Nationalbibliothek verzeichnet diese Publikation in der
Deutschen Nationalbibliografie; detaillierte bibliografische Daten
sind im Internet über http://dnb.d-nb.de abrufbar.

Alle Rechte, insbesondere das Recht der Vervielfältigung und Verbreitung sowie
der Übersetzung, vorbehalten. Kein Teil des Werkes darf in irgendeiner Form
(durch Fotokopie, Mikrofilm oder ein anderes Verfahren) ohne schriftliche
Genehmigung des Verlages reproduziert oder unter Verwendung elektronischer
Systeme gespeichert, verarbeitet, vervielfältigt oder verbreitet werden.

2. Auflage 2019
© 2019 by Braumüller GmbH
Servitengasse 5, A-1090 Wien
www.braumueller.at

Coverfoto: © Asma Aiad
Druck: EuroPB, Dělostřelecká 344, CZ 261 01 Příbram
ISBN 978-3-99100-287-1

Für:

Meine Oma, „Sittu Ata" –
du wusstest, wer ich bin, noch bevor ich es wurde.
Meine Eltern – danke für die Flügel.
Meine Töchter Laila & Lina – ihr seid mein Herz.
Mohamed – du bist mein Herzschlag.

Meine Brüder Mahmoud & Mody – ihr seid die Stütze, die mich durch das Leben begleitet, wenn ich keinen Halt habe.

Mona H. A. – seitdem du gegangen bist, lacht die Sonne nicht mehr so wie vorher und selbst der Mond weint nachts über uns herab.
Mona Bassiouni – meine Lachtaube & Seelenverwandte.
Ivana Martinovic – die Wanderlustige.
Nati Stiefsohn – meine kleine Schwester.

Astrid Kuffner – danke für den Arschtritt.
Anneliese Rohrer – danke für den Feenstaub.
Livia Klingl – danke fürs Biedermeiern.

Jede einzelne Frau, die mir ihre Geschichte anvertraut hat, um diese in die Welt hinauszutragen: Jede Einzelne von euch ist die Heldin ihres eigenen Lebens und durch eure Geschichte werden viele andere Frauen lernen, dass Weiblichkeit nicht nur facettenreich ist, sondern diese Vielfalt auch bindet und Frauen verbindet.

Inhalt

Wie alles begann 11

Reise zu mir 29

Eine Christin, eine Jüdin und eine Muslima 37

Flamingos fressen Krebse 49

Der Geschmack von Schokolade 65

Beim Leben meiner Schwester 81

Dafür war das Laufen gut 99

Liebe auf Umwegen 121

Rote Badehose 133

Blonde Überraschung 151

Wie aus Andy Asiya wurde 161

Federleicht 175

Die Genitalverstümmlerin 183

Die Tante aus dem Ausland 197

Liebe ohne Regeln 211

Was kostet die Welt 231

Die Liebe stirbt zuletzt 249

Mein Herzenskind 261

Identitätsprise 271

Der Aufprall 283

*And when they dare to tell you about all the things
you cannot be, you smile and tell them:
„I am both war and woman and you cannot stop me."*
Nikita Gill

Wie alles begann

Da saß sie nervös vor mir und hielt aufgeregt ihren Bleistift in der Hand. Ihr Notizblock lag aufgeschlagen auf dem Tisch. Sie musste für ein Schulprojekt jemanden interviewen, den sie gerne liest. Und niemanden wunderte es mehr als mich, dass ihre Wahl auf mich fiel – sie hatte meine Seite auf Facebook abonniert, wo sie meine Artikel und Beiträge las. Sie wollte mich treffen und mir für ihr Referat über Frauen im Journalismus ein paar Fragen stellen. Sie war geschätzt sechzehn Jahre alt, belesen, sehr direkt und dennoch nervös, mich zu treffen. Wir saßen in einem Café in der Wiener Innenstadt. Ich hatte mit sehr vielen Fragen gerechnet; es sind meistens auch immer dieselben: über das Kopftuch, die Unterdrückung der muslimischen Frau und wie sich das Stückchen Stoff denn so mit dem Feminismus verträgen kann. Es kam jedoch nur eine Frage, eine, mit der ich nicht gerechnet hatte: „Wieso haben Sie überhaupt mit dem Schreiben angefangen?"

Und hier musste ich kurz überlegen, ich wusste die Antwort darauf nicht, ich wusste sie noch nie. Ich weiß tatsächlich nicht, wieso ich schreibe, ich weiß aber genau, wann ich damit angefangen habe, nicht damit aufzuhören.

Als ich im Gymnasium in der Oberstufe war, sagte ein Professor eines Tages im Unterricht zu uns: „Ihr müsst keine Angst davor haben, dass eines Tages ein Türke Lehrer wird, denn das wird nicht passieren. Ausländerkinder treten in die Fußstapfen ihrer Eltern. Als Lehrer, Anwalt, Chirurg oder als angesehene Wissenschaftler müssen wir keine Angst um unser Brot haben, als Taxifahrer oder Putzkraft schaut das natürlich ganz anders aus. Wie viele österreichische

Taxifahrer gibt es? Wie viele Österreicher putzen euren Mist auf der Straße weg? Eben! Ihr müsst euch also um eure Zukunft keine Sorgen machen, denn es gibt gewisse Träume, die für manche unter uns nur Träume bleiben." In meiner Klasse gab es nur wenige Ausländerkinder, ich war eines davon, und mich traf jedes dieser Worte mitten ins Herz.

Meine Eltern konnten nur gebrochen Deutsch und wir hatten nicht viel Geld. Eine teure Ausbildung konnten sich meine Eltern also für meine Brüder und mich nicht leisten. Manche meiner Schulkollegen hatten teure Kleidung, teure Schulrucksäcke und als Erinnerung an teure Urlaube ihre Fotos. All das hatte ich nicht. Von all dem träumte ich nur. Ich habe mich früher dafür geniert, dass ich keine Österreicherin bin – und manchmal auch für meine Eltern. Heute geniere ich mich dafür, dass ich mich damals für meine Eltern geniert habe. Ein Professor sagte uns ins Gesicht, dass aus uns nichts werden würde und dass das sozusagen an unserer Genetik liegt. Am liebsten hätte ich ihn gefragt, wie er sich denn seine „Qualifikationen" zum besseren Leben verdient hat. Er, der klischeehaft blonde, blauäugige Herr Professor, der eigentlich auch kein Österreicher war. Ich habe ihm diese Frage aber nicht gestellt. Im Gegenteil, ich hielt meine Tränen für weitere Stunden zurück und erst zu Hause ließ ich meinen Emotionen freien Lauf. Ich habe meiner Mutter alles erzählt und wollte von ihr getröstet werden. Sie tröstete mich aber nicht. Sie setzte ein strenges Gesicht auf und bat mich: „Hör auf zu weinen. Du bist kein Baby. Und ich werde nicht zulassen, dass du Schwäche zeigst. Du willst umarmt und getröstet werden? Umarme dich selbst. Lerne, dass deine Umarmungen deine einzig wahre Medizin sind. Er denkt also, dass aus dir nichts wird, weil deine Wurzeln woanders liegen? Dann beweise ihm, dass deine Wurzeln entschieden haben, hier zu schlagen und zu wachsen. Beweise aber vor allem deinem Vater und mir, dass all die Jahre, die wir in diesem Land verbracht haben, nicht umsonst waren. Und beweise dir, dass deine Träume ein Recht haben. Das Recht, gelebt zu werden. Du bist keine Religion, keine Herkunft und kein Geschlecht, sondern die Sehnsucht deiner Seele nach der eigenen Freiheit. – Halte das Gefühl, das du nun spürst, mit deinen Worten fest. Schreibe nieder, was du empfindest, und vergiss niemals, wie sich dieser Schmerz anfühlt, denn nur aus dem tiefsten Schmerz kann eines Tages Freude entstehen – deine Freude. Jeder Mensch hat eine Gabe. Jeder Mensch. Und deine Gabe ist es, die Gefühle anderer Menschen so zu beschreiben, dass wieder andere Menschen sie lesen und nachempfinden können. Das ist eine sehr große Gabe, die du hier aufgeben möchtest, nur weil dir jemand versucht einzureden, dass du nicht gut genug bist. Beweise ihm das Gegenteil. Das ist die einzige Umarmung, die du im Leben brauchen wirst."

Meine Mutter ist der liebevollste Mensch, den ich kenne, nur kann sie ihre Liebe nicht mit Kuscheleinheiten zeigen – sie macht es mit Arschtritten.

Als ich noch ein Volksschulkind war, wollte meine Lehrerin, dass wir über unseren Berufswunsch schreiben. Viele wollten Tierärzte oder Polizisten werden, andere wiederum Astronauten, und ich, ich wollte Meerjungfrau werden. Daran war meine Oma schuld, weil es in Ägypten heißt, Kinder, die zu lange am Strand bleiben, würden von Meerjungfrauen entführt werden. Ich wuchs also mit der Idee auf, dass es Meerjungfrauen gibt, die schlimme Kinder vom Strand mitnehmen.

Meine Lehrerin schimpfte mit mir vor der ganzen Klasse, ich sei schon zu alt, um an Meerjungfrauen zu glauben. Ich hätte das Thema verfehlt und müsse die Aufgabe wiederholen. Völlig verweint und außer mir erzählte ich später alles meiner Mutter. Sie, die nur gebrochen Deutsch sprechen konnte, ging am nächsten Morgen mit in die Schule. Sie bat meine Lehrerin um ein paar Minuten unter vier Augen, denn sie hätte ihr etwas Wichtiges zu sagen. Damit die anderen Kinder nichts von dem Gespräch hören konnten, fand es vor der Klassentür statt. Ich stand unauffällig neben meiner Mutter. Mit einem ungewohnt lieben Lächeln wollte meine Lehrerin wissen, was los sei. Der ägyptische Akzent meiner Mutter war nicht zu überhören, aber ihre Botschaft war mehr als deutlich: „Meine Tochter ist neun Jahre alt. Sie haben ihr gesagt, sie könne keine Meerjungfrau werden. Woher wollen Sie wissen, ob sie das kann oder nicht? Solange sie meine Tochter und Ihre Schülerin ist, so lange kann sie das sehr wohl werden. Das Kind hat Fantasie, dann lassen Sie es doch Fantasie haben. Sie haben sicher von anderen Kindern doppelt und dreifach gelesen, dass sie Ärzte oder Polizisten werden möchten. Vielleicht werden sie das auch, vielleicht wird meine Tochter auch niemals eine Meerjungfrau, aber sie darf doch davon träumen!" Meine Lehrerin verstand, was meine Mutter sagte, vielleicht nicht auf sprachlicher Ebene, aber auf der menschlichen. Daraufhin wurde ich sogar besser benotet.

Meine Mutter hat mich wirklich sehr geprägt – durch ihren Mut, ihre Willensstärke und durch ihre Art, für Dinge zu kämpfen, ohne jemals aufzugeben oder die Meinung anderer auf ein hohes Podest zu stellen. Das hat sie wiederum von ihrer Mutter – meiner geliebten Großmutter –, die fast keinen Satz beenden kann, ohne dabei zu fluchen. Wenn ich so darüber nachdenke, haben mich in meinem Umfeld sehr viele Frauen geprägt. Und viele von ihnen wissen es gar nicht.

Wenn man mich heute als erwachsene Frau danach fragt, wer die starken Frauen sind, die ich als meine Vorbilder sehe, denke ich zuallererst an meine Großmutter. Sie lebte bereits als Teenagerin in ihrer Familie Feminismus aus und ist bis heute noch aktiv in mehreren Frauenorganisationen tätig, und das obwohl sie kaum mehr gehen kann.

Eines Sommers war ich in meiner Geburtsstadt Alexandria zu Besuch und – damals trug ich noch kein Kopftuch – saß mit blondiertem Haar und blauen Kontaktlinsen mit ihr im Taxi und beschwerte mich. Der Müll bedecke die Straßen, der Geruch sei unerträglich, die Menschen seien ungebildet, man könne keine Konversation mit ihnen führen, und ich beklagte mich darüber, dass ich hier geboren worden war und dass dies meine Heimat sei. Sie sah enttäuscht zu mir und schimpfte regelrecht mit mir. Ich sei unverantwortlich, unreif, ein verhätscheltes Kind und dumm noch dazu, ja, dumm nannte sie mich. „Du behauptest, dass du eines Tages die Geschichten anderer schreiben möchtest, hast aber nicht den Mut, von deinem hohen Ross abzusteigen, damit du ihre Geschichten hören kannst. Das, was du versuchst zu tun, ist, Trophäen zu sammeln. Nicht die Geschichten dieser Menschen sind für dich von Bedeutung, sondern der Applaus, den du dir danach erhoffst. Sollten dir tatsächlich die Geschichten der Menschen am Herzen liegen, dann müssen dir die Menschen wichtiger sein, denn um sie geht es schließlich. Deine Oberflächlichkeit macht dich blind, und obwohl du Arabisch kannst, verstehst du die Sprache der Menschen hier nicht, denn du hörst nicht zu. Geh auf die Straße und begegne den Menschen auf Augenhöhe, ohne dabei auf sie herabzusehen, nur weil du privilegierter bist als sie. Du hast dir dieses Privileg nicht erarbeitet, sondern du hast es geschenkt bekommen. Die Menschen hier können nichts für ihre Armut, du kannst aber etwas dafür, wenn du ihre Armut gegen sie hältst. Es macht dich zu einem hässlichen Menschen, ganz egal, wie viel Schminke du trägst."

Mit diesen Worten verabschiedete sie sich von mir, und ich musste nach Hause laufen, denn sie wollte sich kein Taxi mehr mit mir teilen. Sie wollte, dass ich über meine Einstellung nachdächte, und das habe ich damals auch getan, denn diese Situation hatte mir die Augen geöffnet.

Auf dem Weg nach Hause sah ich viele Straßenkinder – ich hatte sie zwar schon oft gesehen, aber noch nie so hautnah. Einige von ihnen waren viel jünger als ich, andere wiederum in meinem Alter oder etwas älter. Ich trug an jenem Tag ein enges Top, zerrissene Jeans und High Heels. Ich war gestylt und fand es fast schon fahrlässig von meiner Oma, mich so auszusetzen – bis ich diese Kinder sah. Ich weiß noch, dass ein etwa vierjähriges Mädchen, das auf dem Gehsteig auf dem Schoß seiner Mutter eingeschlafen war, meine Aufmerksamkeit auf sich zog. Ich blieb kurz stehen und hielt inne. Die Frau sah müde aus, vor ihr lag ein Stapel Taschentücher, den sie zu verkaufen versuchte. Ihre Tochter schlief zwar friedlich, hatte aber keine sauberen Sachen an, sah unterernährt aus und zitterte im Schlaf. Ich zog meine schmerzenden Schuhe aus, ging auf die Mutter zu und kaufte ihr alle Taschentücher ab, die sie hatte, und gab ihr sogar noch ein wenig extra, damit sie nach Hause gehen konnte. Das war das letzte Geld, das ich besessen hatte. Damit hatte ich mir eigentlich ein anderes Taxi rufen wollen, aber der Anblick des schlafenden Mädchens hatte mich schnell auf den Boden der Realität fallen lassen.

Es dauerte fast drei Stunden, bis ich zu Hause ankam. Meine Oma schlief schon fast, da kroch ich zu ihr ins Bett und flüsterte: „Wieso hast du mich gehen lassen?"

Sie flüsterte, die Augen geschlossen haltend, zurück: „Damit du die Schönheit deiner Heimat spürst und das Wesentliche siehst."

„Aber hast du dir keine Sorgen um mich gemacht?"

„Nein. Ich mache mir nie Sorgen um dich."

„Wieso nicht? Hast du mich nicht lieb?"

„Nichts auf der Welt habe ich lieber als dich. Aber nichts auf der Welt kann dich brechen. Merke dir das."

„Aber brechen wir nicht alle irgendwann ein bisschen? Gehört das nicht zum Leben dazu?"

„Ja, aber das ist nicht das Ende. Zum Ende wird es, wenn du aufgibst, und nur dann zählt es als Bruch. Wir gehen zu Boden, wir brechen manchmal zusammen, das ist vollkommen in Ordnung, nur müssen wir deswegen nicht dort liegen bleiben. Solange du atmest, muss dein Leben einen Sinn haben. Dann wird es unmöglich sein, dich zu brechen. Es geht nicht darum, nicht zu fallen. Es geht aber sehr wohl darum, nach jedem Fall wieder aufzustehen."

Ich küsste sie, ging mich duschen und danach entfernte ich die blauen Kontaktlinsen. Ich hatte schon fast vergessen, wie meine richtige Augenfarbe war. Fast schwarz.

„Deine Augen sind so dunkel, dass man die Pupille von der Iris fast gar nicht unterscheiden kann", hatte Michael einmal zu mir gesagt. Michael, mein allererster Schwarm aus dem Kindergarten, der es sich nie verkneifen konnte, meine Locken zu berühren, „weil er so schöne Haar noch nie zuvor gesehen hatte". Nun waren sie blondiert und geglättet, damit die Integration stimmte. Damit die Akzeptanz stattfinden konnte. Aber das tat sie nicht, denn nicht alle Österreicher sind wie Michael.

In jener Nacht schlief ich nicht. Ich dachte nach. Ich hatte tatsächlich keine Ahnung über mein Heimatland.

Am Tag darauf verließ ich schon bei Sonnenaufgang das Haus. In meiner Umhängetasche hatte ich Stift, Papier, Pfefferspray, etwas Geld und Taschentücher. Ich wollte die Menschen auf der Straße beobachten. Ich suchte nach etwas, ich wusste aber nicht genau wonach. Ich wartete, ich wusste aber nicht worauf. – Dann sah ich sie. Eine Gruppe von Straßenkindern, die öfter an unserem Haus vorbeikam. Der Anführer – das schien er jedenfalls zu sein – war etwas jünger als ich. Es waren noch zwei andere Burschen und drei Mädchen dabei, eine davon – auch jünger als ich damals – war hochschwanger. Ich improvisierte einfach und ging zu ihnen. Ich wollte, dass sie mich einen Tag lang mitnahmen. Sie sahen mich an, als sei ich von einem anderen Stern.

Der Anführer machte einen Schritt auf mich zu und sagte: „Wir können dich nicht mitnehmen, du bist blond, trägst schicke Kleidung, bist sauber und deine Fingernägel sind lackiert. Würden wir dich mitnehmen, machen wir keinen Gewinn, und wir haben genug andere Mäuler zu stopfen." Ich versprach, am nächsten Tag seinen Anforderungen zu entsprechen, wenn er mir nur eine Chance geben würde. Ich würde sie sogar dafür bezahlen und mein an jenem

Tag verdientes Geld nicht haben wollen. Es ginge mir nur um die Erfahrung, betonte ich. Er sah mich an, als würde ich in die Klapse gehören, willigte aber ein.

Sofort kaufte ich mir eine schwarze Haartönung, entfernte den Nagellack und steckte meine Hände im Garten in die Erde. Ich tauschte mit der Tochter des Hausbesorgers Kleidung – auch sie hielt mich für verrückt – und ich duschte mich, ohne mir danach die Haare zu glätten.

Als sie mich am nächsten Tag sahen, erkannten sie mich nur an der Umhängetasche.

„Wieso um Gottes willen bist du barfuß", fragte mich der Anführer der Bande.

Ich stotterte: „Ich dachte, das soll so sein."

Er schüttelte den Kopf: „Was seht ihr Leute bloß für Filme über uns?"

Sie nahmen mich an jenem Tag mit. Einige von uns verkauften Blumen, die anderen Taschentücher. Nicht nur auf den Gehsteigen, sondern auch auf der Straße, zwischen den Autos bei roter Ampel, wenn die Autos gerade stillstanden. Von früh bis spät sah ich diesen Kindern nicht nur zu, ich wurde genauso eingeteilt wie sie. Ich beobachtete sie dabei, wie sie schufteten, geschubst, angeschrien, geschimpft und ignoriert wurden. Wir Mädchen wurden wie Ware angesehen, uns wurde Geld für sexuelle Dienste angeboten, und als der Tag zur Nacht wurde, war ich so erschöpft wie noch nie zuvor. Die Geschichten dieser Kinder, was sie durchmachten und wie sie behandelt wurden, und meine Blindheit davor, waren unbeschreiblich. Ich saß nach diesem Tag in der Badewanne, wissend, dass sie wahrscheinlich in irgendeiner Scheune schlafen würden. Ich konnte mir etwas zu essen bestellen, während sie den Luxus dieser Auswahl wahrscheinlich niemals haben würden. In diesem Moment war ich dankbar. Dankbar für das Leben, das ich hatte und immer für selbstverständlich gehalten hatte, ohne zu wissen, wie es anderen erging.

Ab diesem Zeitpunkt färbte und glättete ich mir die Haare nicht mehr und ich verabschiedete mich auch von den Kontaktlinsen. Nie zuvor hatte ich ein so starkes Bedürfnis gehabt, zu meiner Identität zu stehen und mehr über sie zu erfahren. Ich hatte mich auf der Suche nach der gesellschaftlichen Akzeptanz in Österreich so sehr verstellt, dass ich beinahe vergessen hatte, wer ich überhaupt war und woher ich kam – und daran können keine Kontaktlinsen und blondierten Haare etwas ändern.

Auf der Suche nach Geschichten fand ich also unerwartet etwas, was wesentlich ist, um die Geschichten anderer überhaupt schreiben zu können: mich selbst.

Heute bin ich selbst Mutter einer Tochter und vergangenen Sommer habe ich mit ihr meine Großmutter besucht. Sie kann nicht mehr so gut hören wie früher, sie kann nicht mehr so gut laufen wie früher, sie braucht sogar eine Gehhilfe für zu Hause, und sieht auch nicht mehr so gut wie früher, aber als sie im Bett gelegen ist und ich ihre Hände gestreichelt habe, hat sie meinen Namen geflüstert. Sie hat mir erzählt, dass mein allererster Kuss von ihr stammte: „Als du das Licht dieser Welt erblickt hast, hab ich dich aufgefangen und dein erstes Bussi kam von meinen Lippen. Wie kann ich also nicht spüren, wenn du mich berührst?" Sie und ich, wir haben schon immer einen speziellen Draht zueinander gehabt. Für mich ist sie die weibliche Stärke, mein Fels in der Brandung und die Geborgenheit meiner Herkunft. Selbst als sie schon krank gewesen ist und ihre Sinne nicht mehr so gut funktioniert haben, ist sie mit ihrer Gehhilfe vor mir gestanden und hat gesagt: „Ich mag vielleicht nicht mehr tanzen können. Ich mag vielleicht nicht mehr richtig gehen können, aber, verdammt noch einmal, ich stehe. Und so oft, ich kann dir gar nicht sagen wie oft, hat mich das Leben zu Boden geworfen, aber scheiß drauf, ich stehe. Und du stehst auch."

Diese Worte von ihr waren nicht neu. Ich denke, sie sind ihr Lebensmotto. Denn die gleichen Worte hat sie auch zu meiner Tante gesagt, als sich diese scheiden ließ. Das war damals ein Familienskandal. Meine Tante war die allererste Frau in der Familie und im Bekanntenkreis, die sich scheiden ließ, und das, obwohl sie einen Sohn hatte und nun als alleinerziehende Mutter auch noch arbeiten ging. Sie wohnte wieder bei meinen Großeltern und ihr Sohn wurde von ihnen betreut, solange sie im Büro war. Keiner der Nachbarn, keiner unserer Bekannten und Familienmitglieder hat sich nicht das Maul darüber zerrissen. Damals war das in Ägypten, vor allem in den ärmeren Vierteln, ein Spektakel, zu dem jeder seinen Senf dazugeben musste. Meine Tante erinnerte mich damals sehr an Monica Bellucci in dem Film „Der Zauber von Malèna", denn es gab so viele Parallelen. Meine Tante ist sehr hübsch und als junge geschiedene Frau wurden die Männeraugen im Viertel sehr aufmerksam auf sie. Die geschiedene Frau mit ihren langen, schwarzen Locken, die mit dem Wind schwingen, ist gut gekleidet und duftet wie der Frühling, sobald er in den Sommer übergeht. Plötzlich hatten viele Männer Interesse daran, sie zu heiraten, die Ausbildung ihres Sohnes zu finanzieren oder sie als Geliebte zu gewinnen. Es entstanden sehr schnell Gerüchte, die die Wut und den Hass vieler Frauen im Viertel auf sie schürten. Das Ganze ging so weit, dass sie aus dem Viertel auszog, da sie es nicht mehr aushielt. Dies war die härteste Zeit im Leben meiner Tante, denn sie musste sich auf so vielen Ebenen beweisen und stand fast mittellos da. Und auch damals sagte meine Oma zu ihr: „Du magst vielleicht nicht mehr tanzen wollen. Du magst vielleicht das Gefühl haben, nicht mehr richtig gehen zu können, aber, verdammt noch einmal, du stehst. Und so oft, ich kann dir gar nicht sagen wie oft, wird dich das Leben noch zu Boden werfen, aber du wirst danach immer wieder aufstehen. Und du stehst noch."

Heute, so viele Jahre später, hat meine Tante ein zweites Glück gefunden und mittlerweile drei erwachsene Söhne. Und wenn ich mir meine drei Cousins ansehe, bewundere ich die Arbeit, das Leid, die Liebe, aber vor allem die Zeit, die meine Tante in sie gesteckt hat, und was aus ihnen geworden ist.

Aber nicht nur die Frauen meiner Familie haben mich als Kind geprägt, sondern auch viele andere, allen voran Christa. Sie war vor über achtzehn Jahren unsere Nachbarin in Floridsdorf und sie war – aber das habe ich erst später realisiert – eine der ersten Frauen gewesen, die mich damals prägten. Sie wohnte in der Wohnung direkt unter uns und hatte einen Sohn im Alter meines Bruders. Meine Brüder und ich verbrachten viel Zeit bei ihnen. Sie war alleinerziehende Mutter, und weil ich damals noch keine alleinstehende Frau kannte (meine Tante war damals noch nicht geschieden), dachte ich, mit ihr würde etwas nicht stimmen. Ich war als Kind tatsächlich der Überzeugung, dass eine Frau unbedingt einen Mann brauchen würde. Und das sagte ich ihr damals als Kindergartenkind auch. Sie lachte und sagte: „Pass mal auf, ich sage dir jetzt etwas, wofür du mir eines Tages dankbar sein wirst. Eine Frau kann machen, was sie will. Und eine Frau braucht niemanden. Sie kann einen Mann haben, wenn sie will, aber sie braucht nur sich selbst. Wenn eine Frau einen Mann verliert, dann kann sie sich wieder in einen neuen Mann verlieben, aber was macht eine Frau, wenn sie sich selbst verliert? Das Einzige, was du niemals verlieren solltest, bist du selbst."

Damals verstand ich diese Worte nicht. Ich vergaß sie auch. Erst bei meinem ersten Liebeskummer war die Erinnerung daran wieder sehr lebendig. Aber nicht nur in dieser Hinsicht hat mich Christa geprägt. Sie ist der Grund, warum mir Weihnachten so ein Freudenfest ist. Wir hatten davon keine Ahnung, wir kannten die Bräuche nicht und wir empfanden dies auch nicht als wichtig. Am Abend vor dem Weihnachtstag bat Christa meine Mutter darum, unsere Schuhe nur für diese Nacht vor der Wohnung aufzustellen. Meine Mutter vertraute ihr und tat dies, ohne es zu hinterfragen. Als meine Mutter am nächsten Morgen die Tür öffnete, waren unsere Schuhe voller Erdnüsse, Mandarinen und Schokoriegel, und eine Karte lag daneben. Sie wünschte uns fröhliche Weihnachten, und auch wenn wir nicht feierten, sollten doch all unsere Tage fröhlich sein. An diesem

Tag schickte meine Mama meine Brüder und mich mit ägyptischen Leckereien zu Christa und ihrem Sohn, damit wir uns richtig bedanken konnten. Dieses Gefühl, anerkannt zu werden, gewürdigt zu sein, als Mensch einem anderen Menschen, einem Nachbarn, so viel zu bedeuten, und dass so eine kleine Geste so viel Dankbarkeit und so ein enormes Wohlgefühl auslösen kann, auch das habe ich erst als erwachsene Frau verstanden.

Und Christa tat viel mehr. Sie kontrollierte, während sie abends in der Küche stand und Grießkoch für uns kochte, unsere Hausaufgaben. Auf das leckere Grießkoch machte sie mit Kakaopulver immer lachende Gesichter – das war dort sehr oft unser Abendessen. Einmal gab sie mir lächelnd meinen lachenden Grießkochteller und den guten Rat gleich mit auf den Weg: „Wenn dir das Leben keine Blumen schenkt, dann kauf sie dir selber."

Ich habe damals so vieles von dem nicht verstanden, was sie mir sagte. Mit diesen Weisheiten konnte ich als Kind nichts anfangen, ich habe sie als erwachsene Frau allerdings umso mehr gespürt, aber noch wichtiger: Ich habe sie aufgeschrieben. Sie waren in dunklen Zeiten meine Stütze.

So viele Erinnerungen. So viele starke Frauen, die ihre Blumen nicht vom Leben geschenkt bekommen, sondern selbst gekauft haben. So viele Frauen, die wir nicht im Fernsehen sehen oder auf Titelblättern von Magazinen, aber sie sind Zeuginnen unserer Leben und wir die ihrer. Und sie bleiben samt ihren Taten in unseren Herzen gut aufgehoben – egal, wohin sie gehen. Dann aber möchte mir jemand erzählen, dass all dies nicht von mir erzählt werden kann, weil ich die falschen Wurzeln habe. Aber das ist nicht das Schlimmste daran. Das Schlimmste ist, dass ich diesem Professor damals glaubte. Ich glaubte ihm, dass eine Frau mit ägyptischen Wurzeln keine in Österreich anerkannte Autorin werden kann. Mit all dieser weiblichen Power um mich herum, mit all diesen Prägungen von klein auf, waren seine Worte trotzdem valid genug, um meinen Traum von mir zu schieben.

Ich habe nie aufgehört zu schreiben, sondern fast täglich aus meiner Verzweiflung heraus aufgeschrieben, was ich empfinde, wem ich begegne und was es in mir auslöst, nur habe ich nicht mehr darüber gesprochen. Es wurde für mich nur ein Traum, der zwar sehr wohl existierte, nur in der realen Welt würde dieser niemals Platz finden, so wie die Geschichte mit der Meerjungfrau. Ich kann ja daran glauben und davon träumen, nur werde ich niemals eine.

Was mir dann ein wenig Hoffnung gab, war die Veröffentlichung meines ersten Artikels in einem Multikulti-Magazin aus Wien. Später wurden es immer mehr Artikel in verschiedenen Medien. Langsam bewegte sich etwas.

Meine Mutter arbeitet am Fließband einer Verpackungsfirma. Sie verpackt manchmal Schokoladentafeln, manchmal Magazine, manchmal Shampoos. Und einmal verpackte sie eine Zeitschrift, die eine Kolumne von mir beinhaltete. Ist das der Kreis des Lebens, der sich hier schließt?

Meine Mutter stand am Fließband und verpackte stolz diese Zeitschrift, die meine Worte, mein Foto und meine Unterschrift enthielt. Tränengerührt öffnete sie die Seiten, die meine Gedanken trugen, und zeigte sie in der Arbeit herum. Dabei brüllte sie: „Das ist meine Tochter, meine Tochter ist Journalistin. Das Magazin, das wir da verpacken, schaut auf diese Seite da, das ist mein Kind!" Sie wurde angefeuert, es wurde applaudiert, und ich hätte meinem damaligen Professor so gern von dieser Szene, von der mir meine Mutter aufgeregt erzählt hatte, berichtet. Und ich hätte ihm gerne die Szene gezeigt, als unsere türkische Nachbarin weinend, lachend und stolz bei uns an der Tür anklopfte, um uns mitzuteilen, dass ihr Sohn nun Arzt geworden war. Sie tanzte in unsere Wohnung hinein, umarmte meine Mutter, sie sah sie an und sagte: „Kannst du das glauben? Mein Sohn ist Arzt, er ist Arzt! Ich habe jahrelang Toiletten im Krankenhaus geputzt und heute ist mein Sohn Arzt. Seine Lehrerin hat gesagt, es wird aus ihm nichts, aber er ist Arzt geworden. Glaubst du das?"

Ich bin mit Mustafa aufgewachsen, wir konnten im Kindergarten beide kaum Deutsch. In der Volksschule haben unsere Lehrerinnen unseren Eltern empfohlen, uns für die Hauptschule anzumelden, denn ein Gymnasium wäre „mit unserem Hintergrund" viel zu schwer für uns. Ich würde diesen Menschen am liebsten die Freudentränen unserer Mütter und die Schweißperlen unserer Väter, die sich all die Jahre und durch all die Emotionen angesammelt haben, spürbar machen. Aber wie?

Mustafa durfte sich nun tatsächlich Arzt nennen, aber ich hatte immer noch das Gefühl, mich nicht Journalistin oder Autorin nennen zu dürfen, obwohl ich gerne schrieb. Die Zweifel saßen noch tiefer als der Glaube an mein Können. Ich bat eine erfahrene Journalistin um ein Treffen und wollte, dass sie meine Texte bewertete.

„Ich kann dir nicht sagen, ob du schreiben kannst oder nicht. Das ist Geschmackssache. Ich mag einige deiner Texte, aber was willst du jetzt von mir? Einen Preis? Du bekommst maximal einen feuchten Händedruck. Du hast in deinem Kopf einen Filter eingebaut, der dich glauben lässt, dass deine eigene Meinung über dich nicht zählt. Werde diesen Filter los und grabe dort, wo du stehst. Du hast Potenzial, du triffst viele Menschen, kennst deren Geschichten und sprichst mehrere Sprachen – mach etwas daraus. Verwende alles, was du hast, um das zu sein, was du sein möchtest. Dir kann niemand absprechen, was du bist, das kannst nur du."

Kurz vor diesem Gespräch war etwas geschehen: Mir ging es damals nicht gut. Ich war im dreißigsten Lebensjahr, hatte keinen Job und nur wenig berufliche Erfahrung vorzuweisen, lediglich ein paar Praktika im Medienbereich und viele dokumentierte Gespräche mit Frauen, die ich weltweit getroffen hatte, aber keine Plattform, um diese zu präsentieren. Ich war zwar für einen Journalistenpreis nominiert – der letzte Strohhalm, der mir Halt gegeben hatte –, gewann diesen aber nicht. Ich war am Boden. Ich hatte nichts. Damals, wir hatten bereits einige Monate in Kuwait verbracht, war ich kurz davor, wieder nach Wien zurückzugehen, ich putzte die Wohnung und packte all unsere Sachen ein. In Wien würde ich dann viele Bewerbungen ausschicken, aber große Hoffnung hatte ich nicht. Da klopfte es an der Tür und die Nachbarin von gegenüber fragte, ob ich Hilfe bräuchte. Ich verneinte. Sie bestand aber zumindest darauf, dass ich zu ihr kam, denn unsere Kinder würden dann miteinander spielen und wir könnten ja gemeinsam etwas kochen. Sobald unsere Männer nach Hause kommen würden, könnten wir dann miteinander essen und das würde uns freundschaftlich verbinden (das ist ein arabisches Sprichwort; sie war Ägypterin). Es war mir sehr unangenehm, weil ich nur einen Pyjama trug, dessen Hose ein Loch hatte, ich roch nach Staub und Schweiß und mein Turban verrutschte ständig. Sie bestand aber so sehr darauf, und ich wollte auch nicht unhöflich wirken, also stand ich kurz darauf in ihrer Küche und dachte über mein Leben nach, das beruflich einfach nicht brauchbar war. Es brach mir das Herz, dass ich nichts aus mir gemacht hatte, obwohl ich es so sehr gewollt hatte. Ich schnitt gerade Gemüse klein, als sie plötzlich sagte: „Sie sind die stärkste Frau, die ich jemals gesehen habe."

Ich war sehr verwundert. Hatte ich mich verhört? „Haben Sie denn noch nie andere Frauen gesehen?"

„Ihr Mann hat meinem Mann gesagt, dass Sie schreiben, und ich habe Sie dann gegoogelt. Ich habe auch Texte auf Englisch gefunden und gelesen. Ich finde es sehr tapfer, dass Sie so viel reisen, auch noch mit Kind, und was Sie erzählen, das kann ich so gut nachempfinden. Sie haben mich einmal so sehr motiviert, dass ich WhatsApp heruntergeladen habe."

„Wie bitte? Was? Wieso ... ich verstehe nicht, wieso sollten Sie WhatsApp nicht herunterladen?"

„Mein Mann wollte das nicht. Er ist sehr eifersüchtig. Ich darf das Internet nicht oft benutzen. Aber ich habe Ihren Artikel gelesen und mit ihm diskutiert. Ich brauche die App für die Klassengruppe der Kinder. Er hat dann eingewilligt. Jetzt benutze ich die App ohne Ende."

Ich stand in meiner löchrigen Hose da und trauerte um einen Preis, der mir, so dachte ich, Selbstbewusstsein gebracht hätte, aber dann kam unerwartet diese Frau, für die eine einfache App ein Traum war, um mit ihrer Schwester, die im Ausland lebte, schreiben und in Kontakt sein zu können. Sie meinte, dass das für sie eine Errungenschaft sei, die sie mithilfe meines Artikels für sich entdeckt hätte – ich brauchte den blöden Preis also nicht mehr.

In der Nacht darauf verabschiedete ich mich von ihr und machte mich auf den Weg zum Flughafen. Als sie mich umarmte, flüsterte sie: „Ich schreibe dir auf WhatsApp." Ich musste lachen.

Und als ich im Flieger saß, musste ich den ganzen Flug über daran denken, dass ich nichts mehr zu verlieren hatte. Dass alle Stimmen, die den Selbstzweifel in mir gepflanzt hatten, all die Kritiker, die mit Besserwisserei meine Identität hinterfragt hatten, all diese Angst, die mein Können in Stillstand verwandelt hatte – dass all das nichts war im Vergleich zu den Menschen und den Erlebnissen, die mir den Rücken stärkten, und meiner Feder, die noch Tinte hatte. Viel Tinte. Ich sammelte in diesem Moment die gebrochenen Teile meines Herzens auf und machte das, was ich am besten kann: Ich schrieb. Ich schrieb die Geschichten wieder auf. Ich beschrieb die Gefühle. Ich begab mich gedanklich noch einmal dorthin und erlaubte mir, mich wieder im Damaligen zu verlieren, um mich im Heute wieder finden zu können.

Und eben weil es Menschen wie die erwähnten Lehrer, Rassisten, Besserwisser und viele andere dieser Sorte gibt und immer geben wird, müssen so viele Geschichten wie nur möglich erzählt werden. Es sind erst Menschen wie dieser Professor, die beweisen, dass unsere Geschichten relevant sind. Unsere Mütter und Väter, die vor jedem Morgengrauen halb verschlafen die U-Bahn-Fenster putzen, tun das, damit wir es nicht tun müssen. Unsere Mütter und Väter, die nicht reich an Geld, aber reich an Hoffnung dieses und andere Länder betreten, tun es, weil sie ihren Träumen Glauben geschenkt und keine

Angst gehabt haben. Oder vielleicht hatten sie Angst, aber sie ließen es uns nicht spüren. Freilich werden wir Tag für Tag daran erinnert, dass unser Platz hier temporär ist, nicht von Dauer und nicht zweifelsfrei akzeptiert. Wir jammern aber nicht. Nein, wir kämpfen. Haben wir je etwas anderes getan? Als Kind kämpft man manchmal darum, sein Jausenbrot in der Schule zu beschützen, später schützt du deine Identität als „Ausländerin", kämpfst um Zugehörigkeit und kämpfst auch noch als Frau Tag für Tag um Respekt, Gleichstellung und Anerkennung, was deine Berufswahl betrifft. Dann begegnen dir auf dieser langen Reise Menschen, die dir Blumen schenken, um dir das Leben zu versüßen oder dir zu sagen, wo du zu graben hast, um dich selbst zu finden. Man wird von Geschichten anderer Menschen überwältigt und spürt, dass die ganze Welt etwas daraus lernen und über die Vielfältigkeit des Lebens lesen sollte. Erst durch das Kennenlernen unterschiedlicher Frauen und deren Geschichten bestätigte sich mir, dass Weiblichkeit meine Muse ist – und das ist ein unglaublich starkes Gefühl.

Aber das Allerwichtigste ist, dass jene Menschen, die uns verstummen lassen wollten, heute womöglich unsere Geschichten lesen und gar nicht realisieren, dass sie jenen ersten Stein geworfen haben, mit dem wir angefangen haben, nach unseren Träumen zu graben.

Ich konnte dem Mädchen also nicht sagen, wieso ich angefangen hatte zu schreiben, denn das wäre so, als würde man mich fragen, wieso ich atmete. Aber wann ich damit angefangen habe, das weiß ich genau: Es war in jenem Moment, als ich mich dazu entschied, mir meine Blumen selbst zu kaufen und diese dann mit der ganzen Welt zu teilen.

Reise zu mir

Die Erzählerin lernte ich während einer Zugfahrt kennen, als ich gerade meine Tochter stillte. Sie sprach mich an, da sie noch nie zuvor gesehen hatte, dass eine kopftuchtragende Frau mit entblößter Brust in der Öffentlichkeit saß. Sie erzählte, dass auch sie Kinder habe, und schnell entwickelte sich das Gespräch weiter zu Berufen und zu den jeweiligen Leben, so verging nicht nur die Fahrt schneller als sonst, sondern sie war auch voller Spannung, denn ich hörte ihre Geschichte.

*

Wenn es passiert, dann plötzlich. Unerwartet. Schmerzhaft und schockierend. Keiner kann einen darauf vorbereiten, dass die Person, die man liebt, plötzlich zuschlägt – mitten ins Gesicht, mehrmals, ohne dabei mit der Wimper zu zucken und ohne Reue zu zeigen.

Wir hatten einen Streit – wieder einmal –, weil er zu selten zu Hause war. Das übliche Schema passte nicht auf uns, er war kein ungebildeter Trinker, er ist heute ein anerkannter Universitätsprofessor. Und wissen Sie, was er unterrichtet? Psychologie! Dass ich nicht lache! Da hat man fast Mitleid mit ihm, und das hatte ich leider auch. Ich verzieh ihm, immer wieder. Als er mich das erste Mal schlug, erstarrte ich in der Sekunde und rührte mich nicht, ich fragte mich, was ich in meinem Leben getan hatte, um das zu verdienen, und wie es überhaupt sein konnte, dass die Hände, die mich so oft streichelten, nun blutig schlugen. Man verzeiht, weil man weiß, dass der eigene Partner so etwas eigentlich nicht tun kann. Es muss ein Ausrutscher gewesen sein, ein Einzelfall, der sich nicht wiederholen würde. Dann vergeht Zeit. Und nach einigen Wochen, man hat fast vergessen, dass man geschlagen worden ist, passiert es wieder und wieder und wieder, bis man es schon erwartet, und wenn es geschieht, ist man so abgestumpft, dass man es gar nicht mehr spürt und nicht vor Schock erstarrt, sondern vor Hilflosigkeit. Aber das war nicht der Anfang, so fing unsere Geschichte nicht an …

Als wir einander kennenlernten, waren wir noch Maturanten. Er war in der Parallelklasse gewesen und an einem Abend, an dem eine größere Gruppe fortging, kamen wir uns näher. Vielleicht etwas zu nah, denn ich wurde in jener Nacht schwanger. Zu meiner Überraschung stand er zu mir und vor allem auch zu dem Kind. Ich hatte erwartet, dass er eine Abtreibung verlangen oder sich einfach wortlos aus dem Staub machen würde, aber er blieb bei mir, bei uns. Wir heirateten nicht, aber bezogen nach der Matura gemeinsam eine Wohnung. Seine Mutter mochte mich nicht, und meine mochte ihn nicht. Wir hatten deshalb wenig Kontakt zu unseren Familien, was ich sehr schade fand, denn ich hätte wirklich Hilfe brauchen können. Als das Kind kam, war ich böse auf das neugeborene Wesen. Ich mochte das Muttersein überhaupt nicht. Ich mochte mein Kind nicht. Ich liebte es, ja, aber ich mochte es nicht, wenn ich an all das dachte, was ich verpasste. Ich wollte keine Windeln wechseln, sondern studieren. Ich wollte nicht stillen, sondern feiern, leben, reisen, mich weiterbilden, so wie er es auch tat. Sein Leben wurde durch das Kind praktisch nicht beeinträchtigt, er lebte eigentlich normal weiter, ihn hinderte das Kind an nichts, mich hinderte es an allem. Ich muss zugeben, er hatte neben dem Studium zwei Jobs und sorgte finanziell gut für uns, aber ich war mit dem Kind in dieser Wohnung isoliert und von der Außenwelt fast schon abgeschottet. Ich hatte das Gefühl, ich würde verdummen, während er immer gebildeter wurde.

Sobald unser Kind – ein Mädchen – alt genug für den Kindergarten war, wollte auch ich mich weiterbilden. Als ich ihm davon berichtete, lachte er, er dachte, es sei ein Scherz. Und zum ersten Mal merkte ich, dass er mich für wenig intellektuell einschätzte. Ich war schließlich diejenige, die zu dumm gewesen war, um die Pille zu nehmen, und jetzt Babykotze von ihrer Kleidung wischte. Er hingegen war Student, der neben schlauen und vor allem wunderschönen Studentinnen in einem Hörsaal saß, die nicht nach Babyscheiße rochen, sondern nach Parfüm und noch das ganze Leben vor sich hatten. Alles, was es draußen gab, war viel verlockender als seine Freundin, die ihm ein ungeplantes Kind geschenkt hatte, das weder er noch sie haben wollten. Ich mutierte also zur stillen Hausfrau, glaubte ihm, dass ich nicht aus seinem Schatten hinauswachsen konnte, und kümmerte mich um unsere Tochter, weil ich sonst nichts im Leben und vor allem niemanden hatte, der mich brauchte.

Irgendwann wurden ihm das Studium und die beiden Jobs zu viel. Um seinen Magister zu schaffen, musste er sich viel mehr auf das Studium konzentrieren. Wenn er etwas – mit seinen Worten „für uns" – erreichen wollte, damit „wir" ein besseres Leben haben konnten, musste ich dringend auch arbeiten gehen. Wir träumten davon, eines Tages ein Haus zu besitzen, er würde Professor sein und ich die Frau des Professors. Dafür müssten wir allerdings jetzt gemeinsam Geld verdienen, verzichten und uns eine gemeinsame Zukunft bauen. Die Kleine war nun in der Volksschule, und ich jobbte als Leiharbeiterin und Kassiererin, um ihm finanziell unter die Arme zu greifen. Immer wenn ich eine junge Frau sah, die ein Buch in der Hand hielt, verachtete ich mein Leben umso mehr, denn ich wäre gerne die Frau gewesen, die so unbeschwert Bücher lesen konnte und vielleicht auch irgendwann welche schreiben würde, die einer Tätigkeit nachging, die sie sich ausgesucht hatte, aber das Leben hatte etwas anderes für mich vorgesehen. Ich war nur die Frau des angehenden Professors, der nichts anderes in mir sah und dachte, dass ich mich damit glücklich schätzen sollte.

Mit der Zeit kam er immer öfter später nach Hause. Und irgendwann fing er an, auswärts zu übernachten und war dann auch telefonisch nicht erreichbar. Als er nach Hause kam, gab es immer Streit, und da schlug er mich zum ersten Mal, weil ich ihm vom Geruch der anderen Frauen erzählte, den ich nicht mehr an ihm riechen konnte. Er sollte wissen, dass ich wusste, dass er mich betrog. Aber das interessierte ihn nicht. Es war ihm egal. Ich denke, er war sogar erleichtert, dass es nun ausgesprochen war und er nicht mehr verheimlichen musste, dass er mit anderen Frauen schlief. Ich musste immer dann meinen wöchentlichen „ehelichen Pflichten" nachkommen, wenn er wollte – ohne meine Einwilligung abzuwarten und ohne Ring am Finger; da „es meine Aufgabe sei" und „es mir sowieso gefiel", war ich tatsächlich überzeugt davon, es sei sein Recht. Er hatte mich damals als Schwangere nicht verlassen, deswegen war ich ihm dankbar und ließ ihn alles mit mir machen, was er wollte. „Du bist nichts ohne mich." Diesen Satz sagte er fast täglich zu mir. Und ich glaubte ihm, weil ich sonst nichts hatte. Ich fühlte mich ohne ihn auch wie nichts. Ohne ihn hätte ich nur das Kind am Hals, aber was wäre ich? Darauf hatte ich keine Antwort.

Ich weiß nicht, was mehr wehtat, der Schlag ins Gesicht oder jener in mein Leben. Er verschwand danach für einige Tage und als er zurückkehrte, entschuldigte er sich aufrichtig bei mir. Ich verzieh ihm, und es war vergessen, bis es wieder geschah und bald zum Alltag gehörte.

Eines Tages wollte unsere Tochter unbedingt das Klettern lernen. In der Kletterhalle traf ich eine Bekannte wieder, die ich vom Abholen der Kinder von der Schule her kannte. Bei einem ungeplanten Gespräch öffnete sie mir die Augen. Sie hatte eine körperliche Behinderung und schilderte mir, wie dankbar sie für ihren Ehemann war, der sie als vollkommene Frau sehen und behandeln würde. Ich erzählte ihr meine Geschichte, so, als sei sie die einer Freundin, die um Rat bat. Ich werde ihre Worte nie vergessen: „Sag ihr, sie soll abhauen. Männer, die schlagen, schlagen immer. Es hört nie auf, er wird immer wieder zuschlagen. Und eines Tages wird er auch ihre Tochter schlagen."

Mein Vater schlug meine Mutter. Ich dachte, es sei normal. Ich dachte, es passiere eben mal, so wie bei meinen Eltern und bei mir. Ich dachte, es käme vor, wenn Frauen zu laut werden, provozieren und zu weit gehen. Ich dachte, ich sei zu weit gegangen. Ich dachte, es sei meine Schuld. Ich fing an, mich mit mehreren Frauen aus der Kletterhallengruppe zu unterhalten und ihnen meine Situation auch so zu schildern, als sei sie die einer Freundin. Ich schämte mich für mein Leben. In diesen Gesprächen realisierte ich, dass meine Lage nicht normal war, und ich traf eine Entscheidung. Ich musste sie nur noch umsetzen. Ich weiß nicht mehr, wie viele Nächte ich wach gelegen bin, weinend und am Boden zerstört. Aber es war noch nicht mein Ende, das spürte ich. Da war noch ein wenig verstaubtes Potenzial, das die Jahre und die Zweifel meines Mannes an mir vergraben hatten. Ich durfte nicht zulassen, dass ich unsichtbar wurde. Ich musste handeln.

Ich wollte dieses Leben nicht. Ich wollte mich weiterbilden, arbeiten, in der Straßenbahn lesen. Ich wollte ein anderes Leben, eines, worin ich Platz hatte, aber nicht irgendeinen Platz, sondern die Hauptrolle. Ich sagte ihm, dass ich mich trennen wollte. Er lachte: „Geh doch, wenn du denkst, dass du es schaffen wirst. Du bist nichts ohne mich, aber bitte, die Türen stehen dir offen, und nimm das Kind mit, ich habe keine Zeit zum Babysitten." Unsere gemeinsame Tochter und ich waren ihm egal. Er war sich so sicher, ich würde wieder zu ihm zurückkehren, dass er mich gehen ließ, einfach so, ohne Wenn und Aber. Er hatte dabei einen sehr kalten Blick und eine fast beängstigende Selbstsicherheit und ein Desinteresse, dass es wehtat. Was dachte dieser Mann, wer er war? Aber vor allem: Was dachte er, was ich war? Und wieso blieb er noch bei mir? Das weiß ich bis heute nicht.

Ich ging. Ich hatte einen Job und besuchte abends einen Kurs über Pädagogik, der mich sehr interessierte. Meine Tochter ließ ich oft bei meiner Mutter, zu der ich nun eine bessere Beziehung hatte und die ich fast jeden Tag besuchte, denn sie holte meine Tochter von der Schule ab, während ich arbeitete. Am Heimweg stoppte ich meistens beim Supermarkt, kaufte ein, nahm meine Tochter von meiner Mutter mit und wir fuhren gemeinsam nach Hause. Er hatte sich nicht gemeldet. Es vergingen Wochen und er meldete sich nicht.

Ich fand sehr kurz danach heraus, dass ich schwanger war. Das war kein Kind der Liebe, es war das Ergebnis der vielen Vergewaltigungen, die er als meine Pflichten betitelte, denn immerhin war ich seine Partnerin – aber nur im Bett. Ach was, nicht einmal dort. Aber ich wollte nicht abtreiben. Das arme Kind konnte nichts dafür. Es war auch mein Kind, es hatte auch etwas von mir, und ich hatte es satt, immer auf seine Erlaubnis warten zu müssen, wenn Dinge auch mich betrafen, ich wollte es behalten. Als ich es ihm sagte, bezeichnete er mich als Hure. „Ich will dein Geld nicht, nichts will ich von dir, mach bitte nach der Geburt nur den DNA-Test, dann weißt du, dass es dein Kind ist", flehte ich ihn an. Ich drohte ihm, seinen Ruf an der Universität zu schädigen, sollte er den Test nicht machen. Ich wollte kein Geld, nichts wollte ich von ihm, außer, dass er wenigstens am Papier dazu gezwungen war, seine Kinder anzuerkennen. Ich besuchte bis zum Tag der Geburt den Kurs, legte die Prüfungen ab und in derselben Nacht bekam ich noch ein zweites Mädchen. Meine Mutter stand mir bei. Heute bin ich sehr dankbar, sie an meiner Seite zu haben, und verstehe ihren damaligen Standpunkt, sie hatte seinen Charakter erkannt, bevor ich ihn sehen konnte. Meine Trennung von ihm ermöglichte es uns, wieder zueinanderzufinden, als Mutter und Tochter, aber auch als Freundinnen.

Die Zeit nach der Trennung sehe ich als meine Aufbaujahre an. Ich schuftete viel. Mein Alltag war voll von Arbeit, Ausbildung und Kindern. Ich hätte all das ohne meine Mutter niemals geschafft. In der Früh brachte ich die Kinder in die Schule und in den Kindergarten, dann fuhr ich in die Arbeit, danach holte ich beide Kinder wieder ab, ging mit ihnen noch einkaufen, anschließend kochten wir zu Hause gemeinsam, machten Aufgaben, spielten, duschten und meine Mädchen schliefen, während ich lernte. Oft schlief ich beim Lernen ein. Ich hatte keine Zeit, um zu überlegen, ob ich es konnte oder nicht, ich tat es einfach, weil ich keine andere Wahl hatte. Ich sammelte viel berufliche Erfahrung, meine Töchter wurden älter und selbstständiger, und ich beendete meine Weiterbildung.

Jahre später traf ich ihn zufällig auf der Straße, das Leben kann schon witzig sein, ironisch. Ich war mit meinem neuen Freund, der mich an diesem Tag ausnahmsweise abholte, gerade auf dem Weg von der Arbeit nach Hause. Ich hatte mich richtig schick gemacht, da ich ihm meine Kinder vorstellen wollte. Und da sah ich meinen Ex-Mann auf dem Gehsteig auf uns zukommen. Sein Blick traf mich, aber ich denke, dass er mich auf den ersten Blick nicht erkannt hatte. Ich trug die Haare kürzer und hatte eine Tönung, ich war gut gekleidet, glücklich und mich hielt ein ihm fremder Mann im Arm, der Blumen in der anderen Hand hatte. Ich war hemmungslos und hatte keine Angst. Er hingegen sah ungepflegt und verbittert aus. Als er an uns vorbeiging, drehte ich mich nicht um, ich tat so, als hätte ich ihn nicht gesehen. Ich bin mir sicher, dass er sich umgedreht hat, aber ich glaube, dass ihn der andere Mann an meiner Seite eingeschüchtert hat. Er war schon immer ein Feigling.

Meine ältere Tochter, zu der ich anfangs keine mütterliche Bindung hatte, ist heute diejenige, die mir Trost spendet, wenn mir alles zu viel wird – und das wird es mir als alleinerziehende Mutter jeden Tag ein bisschen. Manchmal sehe ich sie an und frage mich, woher all diese Liebe mir gegenüber kommt, immerhin bekam sie nicht viel von mir. Ich brauchte meine Zeit, bis ich sie liebevoll in die Arme nehmen konnte, mir verzeihen konnte, dass ich ihr die Schuld für etwas gab, wofür sie nichts konnte. Ich hoffe, dass sie sich nicht an diese Zeit erinnern kann.

Heute bin ich leitende Kindergartenpädagogin. Ich übe diesen Beruf nun schon seit fast zehn Jahren mit ganz viel Liebe und Freude aus, habe zwei wunderschöne, gesunde und glückliche Töchter und einen lieben festen Freund, der eine Katze mit in die Familie gebracht hat.

Ihn sehen wir nicht, ich habe ihn erpresst, würde er in unsere Nähe kommen, würde ich seinen Ruf an der Universität mit der ganzen Wahrheit über ihn schädigen, und da er nichts außer diesem falschen Ruf besitzt, bleibt er fern. Er würde seine Töchter nicht einmal erkennen, wenn er ihnen zufällig auf der Straße begegnete. Die Ältere vielleicht schon, aber die Jüngere mit Sicherheit nicht, er hat sie kein einziges Mal gesehen, obwohl sie ihm wie aus dem Gesicht geschnitten ist. Sie fragten nie nach ihm. Ich weiß, dass die Ältere ein paar Mal mitbekommen hat, dass er mich geschlagen hat. Ich habe nie mit ihr darüber gesprochen, aber ich weiß, dass sie es gesehen und Angst bekommen hat. Ich kann aber noch nicht darüber reden, noch nicht jetzt, nicht mit ihr.

Ich habe gelernt, dass eine Frau keinen Mann braucht, um zu leben. Die Frauen sollten nicht hinter den Männern stehen, sondern daneben und mit ihnen Hand in Hand gehen, wir sind nicht deren Schatten, beide Schatten sollten nebeneinander stehen und ihrer nicht den unseren verdecken. Wenn das so nicht möglich ist, dann eben nicht. Bei ebenbürtigen Partnern funktioniert es nicht so, dass einer den anderen vergewaltigt und schlägt. Wenn ich zurückblicke, bin ich wütend auf mich selbst und stolz zugleich. Wütend, weil ich so viel zugelassen habe, das mich zerbrochen hat, und stolz, weil ich mich da wieder herausgeholt habe. Und ich empfehle es jeder anderen Frau: Die Ketten der Zwänge kann dir kein anderer anlegen. Nicht ohne deine Erlaubnis. Brich sie!

Eine Christin, eine Jüdin und eine Muslima

Die Erzählerin war die erste Frau, mit der ich jemals ein Interview geführt hatte. Es fand im Sommer 2006 statt, sie war die Nachbarin meiner Oma und die einzige Jüdin im Viertel, in dem sie schon seit zig Jahren lebte. Sie verdiente sich als Schneiderin ihren Lebensunterhalt. Damals erfand ich meine Geschichten noch, bis mich meine Mutter darauf aufmerksam machte, dass das Leben die besten Geschichten schreibt. Sie schlug mir die genannte Dame vor und meinte, mehr als absagen könne sie nicht. Als diese mir die Türe öffnete, hielt ich einen Notizblock und einen Bleistift in der Hand. Auf die Frage, wer ich sei und was ich wolle, sagte ich ihr stotternd, wessen Enkelin ich sei, daraufhin lächelte sie mich an, und ich log sie an, ich nannte ihren Beruf als Interviewgrund. Mit ernstem Blick meinte sie: „Ich habe kein Interesse." Auf meine Frage, weshalb nicht, antwortete sie: „Weil ich nicht mit Lügnern spreche. Du bist wegen der anderen Geschichte hier. Du bist hier, weil ich Jüdin bin. Eine Jüdin in Ägypten." Ich entschuldigte mich mehrmals, da sagte sie: „Du erwartest, dass eine Person dir ihr Innerstes zeigt, du bist aber selbst nicht ehrlich, findest du das nicht unfair?" Ich war zutiefst beschämt, sie hatte recht. Ich verabschiedete mich höflich und legte ihr am nächsten Tag Blumen mit einer netten, handgeschriebenen Entschuldigung vor die Haustüre. Drei Tage später teilte mir meine Oma mit, dass mich ihre Nachbarin sehen wollte. Ich solle aber ohne Notizblock und Bleistift kommen. Neugierig ging ich zu ihr. Bei einer Tasse Tee sah sie mir tief in meine Augen, so, als würde sie durch diese meine Geschichte ablesen wollen. Ich konnte nicht wegschauen, aber das Hinschauen fühlte sich entblößend an. Endlich brach sie die Stille: „Ich habe mich umentschieden. Ich werde dir meine Geschichte erzählen. Ich möchte aber, dass du sie festhältst. Ich möchte, dass du sie schätzt. Ich möchte, dass du sie spürst. Ich möchte, dass du sie weitererzählst. Ich möchte, dass sie dir etwas bedeutet."

„*Okay, danke, ich werde nur meinen Notizblock holen.*"

„*Nein. Ich möchte, dass du mir zuhörst. Dass du dich in mich hineinversetzt. Ich möchte, dass dein Herz meine Geschichte in sich trägt. So, dass du sie danach wieder erzählen kannst, ohne sie abschreiben zu müssen. So, als sei sie deine Geschichte. Mit den Gefühlen, die sie in dir auslöst.*"

„*Aber wieso?*"

„*Weil es das Einzige ist, das im Leben zählt. Dass man andere Menschen spürt.*"

„*Wieso haben Sie sich umentschieden, was das Interview betrifft?*"

„*Weil jeder Mensch eine zweite Chance verdient.*"

„*Woher wussten Sie, warum ich wirklich gekommen war?*"

„*Weil jeder Mensch die Sensation sucht. Nur ist die Sensation oft schon im Normalen vorhanden. Für mich sind meine Nation und Religion keine Sensation, für die meisten hier schon. So wie du. Du bist eine in Wien aufgewachsene Muslima, also eine österreichische Muslima. Das ist für dich normal, aber für viele andere eine Sensation. Ist das dein erstes Interview?*"

Ich lachte: „Ist das so offensichtlich?"

Sie hielt meine Hand: „Wenn du so gut bist, wie deine Großmutter sagt, dann wirst du noch viele solche Interviews führen. Merke dir eines: Was zählt, sind die Menschen. Behandle sie nicht als Geschichten, Nummern oder Trophäen, sondern als Lehrer. Sei ehrlich und wage es, auch alle Fragen zu stellen, die man sich zunächst nicht zu fragen traut, die dir aber während des Gespräches in den Sinn kommen. Wer will schon ein unvollkommenes Interview abgeben?"

„*Aber ich weiß gar nicht, ob ich gut bin, ich schreibe nur gerne, das muss nicht heißen, dass ich es kann. Das ist Geschmackssache, ich weiß auch noch nicht wo und wann ich es veröffent…*"

Sie unterbrach mich: „Es genügt schon, dass du es vorhast. Das reicht vollkommen. Der Wille führt dich auf den Weg." Sie lehnte sich zurück, nahm einen Schluck vom Tee und sagte: „Ich bin bereit. Wir können anfangen. Was willst du wissen?"

Es war das aufregendste Interview, das ich jemals geführt hatte, weil ich gar nicht wusste, was ich wissen wollte. Ich fragte einfach drauflos und versuchte, all ihre

Tipps zu beherzigen, ohne zu wissen, was ich mit ihrer Geschichte genau anstellen würde, denn ich war damals gerade erst siebzehn. Ich genoss jede Sekunde dieses Gesprächs und hatte keine Ahnung, dass ihre Geschichte meine so sehr beeinflussen würde. Sie ist nur wenige Monate nach dem Interview gestorben.

*

Ich wurde 1920 in diesem Haus geboren. Im Zimmer nebenan. Ich habe mein ganzes Leben hier gewohnt und kenne diese Stadt in- und auswendig. Seit Mitte der 1940er-Jahre arbeitete ich als Schneiderin, anfangs noch von zu Hause aus. Die Leute hatten mich immer auf meine selbst genähten Kleider angesprochen und gefragt, wo ich sie kaufen würde. Das war ein gutes Zeichen. Es gab mir Mut, mein Erspartes in eine Nähmaschine zu investieren. Ich entwarf Kleider, die zwar ägyptisch geprägt waren, aber einen westlichen Touch hatten. Unsere Farben, Formen und Stile, aber in europäischer Eleganz. Damals war das mit der Kleidung anders. Damals war *alles* anders.

Heute trägt man Kleidung, die etwas über einen aussagt. Die meisten Menschen suchen sich aus dem großen Angebot ihre ganz persönliche Auswahl, kreieren ihren eigenen Stil. Man hat in puncto Bekleidung eine Art Wurstigkeitsgefühl entwickelt, das aber gesund ist. Man kleidet sich für sich. Das war damals mit Sicherheit nicht so, man kleidete sich für den Rest der Welt. Die Hochsteckfrisuren dauerten Stunden, es gab weder Glätteisen noch Schönheitsprodukte, Kosmetika, also solche Produkte, die ihr heute habt. Die Augenbrauen trug man schmal und die Wangenknochen mussten richtig hervorstechen oder eben so geschminkt sein. Wollte man dem Gesicht ein Extra verpassen, kam noch ein aufgemaltes Muttermal auf eine der Wangen. Bei den Wimpern galt das Gleiche wie heute: je länger, desto besser. Und ich kann mich noch an die Korsetts erinnern. Ich hasste sie, aber sie wurden von vielen Frauen getragen, das war definitiv für die Welt, nicht für einen selbst. Was mir heute fehlt – und das liegt daran, dass ich es liebte, ins Kino zu gehen –, sind die Rituale von damals. Ins Kino oder Theater zu gehen, war eine Sensation, ein Ereignis. Das machte man nicht einfach so jede Woche. Es wurde richtiggehend zelebriert: Man duschte vorher, zog seine schönste Kleidung an, bürstete sich die Haare und ging dann voller Erwartung und Sehnsucht ins Kino, in die Oper oder ins Theater. Es gab einen unvereinbarten, aber sehr wohl vorhandenen Respekt zwischen Männern und Frauen. Man konnte problemlos als Frau bis spät in die Nacht draußen bleiben. Alle Leute waren gebildet, sprachen mehrere Sprachen, waren belesen, hatten eine für damals fortgeschrittene Eleganz im Umgang miteinander. Mir tut jeder Ägypter leid, der das nicht erlebt hat oder nur aus Filmen kennt. Den Respekt im Umgang miteinander, die großartige Wirtschaft damals, die Mode war vergleichbar und sogar besser als die in Europa, und der US-Dollar war weniger wert als der ägyptische Pfund. Die Straßen waren sauber, nicht alle Menschen waren reich, aber man hatte mehr vom Leben, und überall sah man nur Schönes. Meiner Meinung nach kippte all das, als der König 1952 vertrieben wurde. Mit dem Militär kam die Plage. Mit dem Militär in der Regierung kam eine gewisse Verschlossenheit. Ein Stillstand. Ein Rückstand.

Aber in meiner Wohnung, in diesem Haus, tickte schon damals eine ganz andere Uhr. Ich erinnere mich an meine Nähmaschine, meinen Tee mit Milch und einem Stück Zucker und das Allerwichtigste: an meine Pfeife. Ja, ich habe Pfeife geraucht. Natürlich nicht in der Öffentlichkeit, das schickte sich nicht für eine Dame, aber ich rauchte sie. Ich trug nie eine Hochsteckfrisur, sondern ließ meine Haare offen oder flocht sie zu einem Zopf. Ich war eine der wenigen, die sich gegen diese scheußlichen Korsetts stellte und stolz ihr Bäuchlein präsentierte. Wenn ich an der Nähmaschine saß, war ich eine andere Person. Die Maschine musste man noch mit dem Pedal bedienen, das machte ich immer barfuß. Ich wollte mein

Pedal spüren, und rauchend zu nähen, versetzte mich in eine Art Rausch. Es war meine Passion. Aber ich war nicht alleine ... wir waren zu dritt.

Eine Muslima – Amira, eine Christin – Yvonne und eine Jüdin – ich. Wir waren gebürtige Ägypterinnen und wohnten im selben Haus. Wir waren Nachbarn in einer Zeit, in der es normal war, dass Muslime, Juden und Christen sich als Ägypter sahen und hier in Frieden gemeinsam lebten. Religionen spielten damals keine Rolle. Ich wohnte in der Mitte, die Muslimin über mir und die Christin ein Stockwerk darunter. Jeden Morgen, wenn unsere Männer das Haus verließen und in die Arbeit gingen, kamen die beiden zu mir.

Die Muslimin war eine begnadete Köchin. Ihr Essen roch man bis auf die Straße, man konnte oftmals fremde Passanten beobachten, die mit geschlossenen Augen dem Geruch folgten, um diesen ausfindig zu machen. Unsere Nachbarn wussten immer, woher das kam. Sie war die großzügigste Person auf Erden. Sie kochte oft Unmengen an Essen und ließ dann ihren Sohn unten im Viertel aus vollen Töpfen der Gaumenfreude den Vorbeigehenden Essen ausgeben. In jeder Nacht backte sie Kekse. Meine Pfeife waren ihre Kekse, sie liebte es zu backen. Und diese mit Dattelpaste gefüllten Kekse, Ma'amoul genannt, brachte sie jeden Morgen mit.

Yvonne brachte auch jeden Morgen etwas mit: ihren Frust gegen Männer, obwohl sie ihren Mann vergötterte – er war auch ein sehr netter Mann. Sie war leidenschaftliche Feministin und Lehrerin an einer Mädchenschule. Man kündigte sie aber immer wieder, da sie den Mädchen ungeschönt, ehrlich – einige würden sagen unverschämt – über Fortpflanzung und Selbstbefriedigung erzählte. In Ägypten. Vor über fünfzig Jahren. Das würde sie sogar heute in Schwierigkeiten bringen. Also war sie lange arbeitslos, aber ambitionierte und aktive Feministin. Sie hielt viele Vorträge, meistens kostenlos, half geschiedenen Frauen, die alleinerziehend waren. Sie selbst hatte drei Töchter.

An jedem Tag verbrachte ich mit diesen beiden wunderbaren Menschen die Vormittagsstunden. Während ich nähte, Amira ihre Kekse an uns verteilte und Yvonne immer wieder fluchte, redeten wir über Mode, Schauspieler, Liebe, Männer, Paris, Musik, Politik und alles, worüber Freundinnen eben so reden – fast 30 Jahre lang. Wir haben aber nie über Religion gesprochen, weil sie keine Rolle spielte. Wir haben nur darüber gesprochen, worin sich unsere Religionen voneinander unterscheiden, aus Neugier und um Wissenslücken zu füllen, aber nicht um über sie zu diskutieren, sie infrage zu stellen oder einen Fehler zu finden. Wir wollten nicht streiten. Wir wollten verstehen. Aus diesem Grund bin ich heute eine Jüdin, die einiges vom Koran aufsagen kann und die religiösen Rituale der orthodoxen Kirche kennt.

Damals gab es in jeder Stadt in Ägypten, auf den Straßen, nur ein *Uns*, ein *Wir*, ein Miteinander. Wir alle sprachen dieselbe Sprache, beteten zu demselben Gott, aber auf verschiedene Arten und in verschiedenen Häusern. Das war damals normal. Irgendwann waren Juden jedoch wegen der beiden Kriege gegen Israel (1967 und 1973) in Ägypten nicht mehr willkommen. Aber Israel repräsentierte – und repräsentiert auch heute – nicht alle Juden. Viele ägyptische Juden gingen nach Israel, viele aber auch nicht. Mein Mann wollte auch dahin, er war von der Idee besessen, nach Israel zu ziehen. Einige Freunde, Bekannte und Verwandte von ihm waren schon gegangen. Die einen schwärmten davon, die anderen meinten, dass die Juden aus dem Westen in den Kibbuz besser behandelt werden würden als jene aus dem arabischen Raum. Das verunsicherte meinen Mann zwar, aber sein Traum vom Leben im eigenen Heimatland, den er seit seiner Kindheit hatte, blieb bestehen. Er sah Ägypten nicht als seine Heimat an. Also unterbreitete er mir seine Entscheidung und wartete auf meine. Ich sagte ihm, ich müsse einen Spaziergang machen. Ich weiß noch genau, ich zog meine Schuhe an, nahm meine Pfeife und ging die Straße hinauf bis zum Meer. Das Meer in Alexandria ist atemberaubend. Wenn man davor steht, hat man das Gefühl, es umarmt einen und spricht zu einem. Ich wandelte den Gehsteig auf der Meeresseite entlang und rauchte dabei. Ich hatte die Gesichter der Palästinenser vor mir – weil ich Ägypterin war und diese arabische Ader auch in mir trug. Ich war zwiegespalten. Ich verstand meinen Mann sehr gut, er verhielt sich wie jeder andere Jude, der eine Heimat haben wollte. Aber ich mochte die Umstände nicht und nie im Leben könnte ich mein Glück auf dem Unglück anderer bauen. Ich hatte meine Heimat. Er nicht. Er hatte seine Entscheidung ohne mich getroffen, er informierte mich nur darüber, er entschied nicht mit mir. Ich erinnerte mich an meine vergangenen Jahre, mein Leben hier, das war es, was mich ausmachte. Ich sagte ihm, ich würde nicht gehen. Ich konnte nicht.

Ich war in Alexandria geboren worden und wollte diese Stadt nicht verlassen. Ich sah nicht ein, wieso ich eine neue Heimat suchen sollte. Er blieb nach meiner Entscheidung, ging allerdings, als man ihn kündigte und ich die finanzielle Überhand hatte. Ich blieb. Und ich würde jetzt lügen, wenn ich sage, ich hätte es nie bereut. Sobald ich eine Synagoge verließ, wurde ich von den Menschen blöd angemacht, weil ich Jüdin war. Einmal war meine Haustüre mit einem Hakenkreuz beschmiert. Ich hatte Angst. Die Dinge hatten sich geändert – ich war ganz alleine.

Yvonne zog mit ihrer Familie nach Kanada. Sie gab bei der Botschaft an, man würde sie aufgrund ihrer politischen und feministischen Einstellung in Ägypten diskriminieren. Sie wollte eine bessere Zukunft für ihre Kinder, und in Ägypten fing gerade alles an, den Bach hinunterzugehen. Zwischen mir und Amira gab es keine Gespräche mehr. Fast 30 Jahre lang hatten wir einander tagtäglich gesehen, teilten so viele Erinnerungen miteinander und nun sah sie mich nicht mehr als ganze Ägypterin an, sondern als Feindin: „Wenn du mich siehst, dann grüße mich nicht. Für mich bist du gestorben, du Zionistin!"

Das Problem waren damals ganz klar die Medien, aber auch die überkochenden Emotionen. Jeder Dieb, jeder Mörder war plötzlich Jude, jede Gefahr hatte jüdische Wurzeln. Und auf der anderen Seite standen die nichtjüdischen Ägypter, die mit Palästina fühlten und auch Angst um ihr eigenes Land hatten. Immerhin waren schon zwei Kriege geschehen. Jeder hatte seine Meinung, seine Erfahrung, sein Leid und sein Unverständnis der anderen Seite gegenüber – das macht es bis heute kompliziert. Ich entschied, mich aus dieser Thematik herauszuhalten. Ich kannte meine Religion und ich kannte meine Heimat. Auch wenn ich von meiner Umgebung nicht als Ägypterin gesehen wurde, so war ich für mich selbst sehr gut als solche sichtbar. Ich hatte das Gefühl, der Zweite Weltkrieg würde sich wiederholen, diesmal in Ägypten. Ich verstand zwar ihre allgemeine Haltung, dass sie sich nun von der israelischen Politik bedroht fühlten, doch nicht jene mir persönlich gegenüber. Mein Onkel ist in einem Konzentrationslager gestorben, ich würde aber niemals auf die Idee kommen, einem Deutschen oder einem Österreicher die Schuld dafür zu geben, nur weil er Deutscher oder Österreicher ist. So wurde ich jedoch behandelt. Mich schmerzte die Distanz zu Amira. Dennoch gab es Tage, an denen ich sie verstand. Ihr jüngster Bruder war im Krieg gegen Israel gestorben. Ich weiß, dass ich nichts damit zu tun hatte, aber für sie verkörperte ich jetzt den Staat Israel. Ich weiß auch, dass es für sie schwer war, ausgerechnet mit mir darüber zu reden, also sprach sie gar nicht mit mir. Jahrelang.

Jahre später gab es nur noch sehr wenige Juden in Ägypten und die meisten von ihnen lebten anonym. Ich war eine von ihnen, aber ich lebte offen als Jüdin, ich hatte vor nichts Angst. Ich war für das bekannt, was ich gut konnte: Menschen einkleiden. Ich verdiente mit meiner Schneiderei gutes Geld, sogar Schauspielerinnen standen bei mir Schlange, ich wohnte noch in demselben Haus und roch noch immer das Essen, das meine ehemalige Freundin kochte. Jede Nacht roch ich ihre Kekse und jeden Morgen wollte ich ihr etwas Neues erzählen. Auch sie war meine Heimat. Sie war eine gute Frau, so werde ich sie immer sehen, egal was inzwischen geschehen ist.

Mein Mann, den ich seit vielen Jahren nicht mehr gesehen hatte, schickte mir via Boten die Scheidungspapiere. Auch das hatte er alleine entschieden. Dieser endgültige Beschluss flatterte einfach eines Tages bei der Tür herein. Danach lag ich nur noch im Bett. Ich konnte mich kaum bewegen, fühlte mich schwach und war müde. Amiras Sohn bekam mit, dass etwas nicht stimmte, denn normalerweise traf er mich jeden Morgen – er ging in seine Arbeit und ich machte mich zeitgleich zu meinem Spaziergang auf. Er grüßte mich. Immer. Er besuchte mich auch ab und zu heimlich und brachte mir meine geliebten Ma'amoul mit. Zugegeben, manchmal hatte ich ein schlechtes Gewissen, aber die Kekse waren zu gut. Ich bekam zusätzlich noch eine starke Grippe und fühlte mich so hilflos wie ein Baby. Depression in Kombination mit Influenza ist einfach das Allerletzte.

Da klopfte es an der Tür. Ich konnte mich nicht bewegen und dachte mir: Die Person wird schon bald wieder verschwinden, wenn keiner aufmacht. Aber die Tür ging auf. Nur zwei Personen hatten einen Ersatzschlüssel, und eine davon war in Kanada. Da kam sie, stürmte nach so vielen Jahren der Ignoranz, meinen Namen rufend, in mein Schlafzimmer und sagte zu mir: „Du siehst ja scheiße aus!" Ich lachte: „Und du bist immer noch die unfreundlichste Person auf Erden." Sie hatte mir Essen und frisch gewaschene Kleidung mitgebracht, setzte sich zu mir ans Bett und fütterte mich, aber wir redeten nichts. Bis wir zeitgleich beschlossen, das Schweigen zu brechen: „Es tut mir leid", sagten wir unisono. Sie verwundert: „DU? Wieso du? Du hast nichts getan."

Ich nickte: „Doch, ich habe dich gehen lassen."

Stille.

„Ich rechne es dir hoch an, dass du nicht nach Israel gegangen bist." Sie hob ihren Kopf und sah mich an: „Ich habe dich immer als Schwester gesehen, auch, wenn ich zu dumm war, um mit dir zu sprechen. Ich habe dir immer über Hussein Kekse geschickt."

Ich lachte: „DAS wusstest du?"
Sie lachte auch: „Aber natürlich."
Es war wie damals. So, als wäre keine Zeit vergangen, als sei kein Blut in Kriegen geflossen, als seien Religionen in einer Freundschaft nicht von Bedeutung. Ich hatte das Gefühl, unsere Gespräche hätten nie ein Ende gefunden. Es war, als wären wir erst gestern zusammengesessen. Sie war noch sie und ich noch ich, und trotzdem hatten wir so viele Jahre miteinander verloren. Sie badete mich an diesem Tag. Ich hatte keine Scham, mich ihr nackt zu zeigen, sie war meine Schwester, und ich hatte keine Kraft, es selbst zu tun. Sie wusch mich mit einer mütterlichen Fürsorglichkeit, und da sah ich wieder ihr Lächeln, das Wohlgefühl in mir auslöste, und in diesem Moment verschwand das Bedauern, die letzten Jahre vergeudet zu haben, denn wir hatten ja noch die kommenden vor uns.

Sie starb fünfzehn Jahre später. In diesen fünfzehn Jahren hatten wir viele süße Morgen, einige verrauchte Nächte und zahllose Gelächter. In solchen Momenten zählt eine Sekunde so viel wie ein ganzes Leben. Wir schöpften das Leben miteinander aus, und dennoch war es nicht genug. Ihr Tod traf mich wie ein vergifteter Pfeil, der gerade auf mein Herz gerichtet war und dieses in Stücke zerbrach. Ich konnte an ihrer Beerdigung nicht teilnehmen, da ich es psychisch nicht schaffte. Ich wollte dabei sein, aber ich konnte nicht. Ich war bei ihrer Waschung, ihre Tochter hatte mich in den Waschraum gelassen, wo man die Leiche reinigt, bevor man sie begräbt. Und da lag sie, so rein, so friedlich, ich bildete mir ein, dass sie lächelte. Sie sah angekommen aus. Ich wusste nicht wo, aber es schien ihr dort zu gefallen. Zu meiner eigenen Überraschung war ich sehr ruhig, als ich sie leblos daliegen sah. Ich dachte zumindest, dass ich ruhig war, aber man erzählte mir, ich sei zusammengebrochen. Deswegen konnte ich an der Beerdigung nicht teilnehmen. Ich verfiel in eine Depression, ich konnte ein Leben ohne sie nicht mehr ertragen.

Monate später besuchte ich zum ersten Mal ihr Grab, aber ich stand nicht alleine davor. Ich traf auf eine andere, in etwa gleichaltrige Frau, die Designerkleidung trug und nach teurem Parfüm roch. Es mochte sein, dass sie die Welt bereist, Frauen weltweit mit ihren befreienden Theorien belehrt hatte und nun in Markenklamotten gehüllt war, aber dieses Gesicht kannte ich gut: Es war das meiner Yvonne. Sie war um so vieles älter geworden, wie ich auch, aber ich merkte erst an ihr, wie viel Zeit vergangen war. Auch sie erkannte mich sofort! Wir plauderten lange über das Leben, den Tod und die Jahre. Ihre Schwägerin kannte eine Nachbarin bei uns im Haus, die ihr vom Tod unserer Freundin erzählt hatte, und sie hatte ihrem Bruder die Nachricht, dass Amira gestorben war, weitergegeben und der wiederum hatte es seiner Schwester Yvonne, die gerade in Ägypten war, mitgeteilt. Die Welt ist ein Dorf, sagt man, nicht wahr?

Yvonne reiste bald ab und kehrte nur sehr selten zurück, da ihr die Entwicklung des Landes nicht gefiel. Damals waren wir drei und sind es auf eine gewisse Art und Weise nach wie vor, weil ich in Gedanken mit ihnen spreche. Immer dann, wenn ich daran denke, Amira wäre in der Zeit gestorben, in der wir nicht miteinander gesprochen hatten, dreht sich mir der Magen um. Die Tatsache, dass wir die Jahre nachholen konnten, war wie ein letztes Geschenk und eine umfangreichere Erinnerung. Denn die Erinnerung bleibt.

Ich hätte – was diese Freundschaft betrifft – vieles geändert, würde ich die Zeit zurückdrehen können. Ich hätte Amira nicht gehen lassen. Ich hätte mich nicht von ihren Worten zurückschrecken lassen und meinen Stolz über die Freundschaft gestellt. Ich hätte nicht Jahre vergehen lassen. Ich hätte den ersten Schritt gewagt. Ich hätte Yvonne geschrieben. Ich hätte mir die Zeit dafür genommen und es täglich getan. Ich hätte ein besonderes Papier dafür verwendet und es einparfümiert. Ich hätte meinen Tagesablauf bis ins kleinste Detail beschrieben und sehnlichst auf ihre Antwort gewartet. Ich hätte auch mehr gelebt. Ich hätte nicht auf meinen ehemaligen Mann gewartet.

Ich hätte nicht so oft an ihn gedacht. Ich hätte weniger überlebt und mehr gelebt.

Nicht Religionen sind böse, sondern manche Menschen sind es. Wir können uns aber auch dagegen entscheiden, böse zu sein. Ich habe meinen ehemaligen Mann seit damals nicht mehr gesehen. Es war so, als hätte ich für ihn nie existiert. Ich habe mir aber oft den Kopf darüber zerbrochen, was er in Israel tut und wie es ihm geht. Ist er noch dort? Wahrscheinlich hat er Frau und Kinder und ist glücklich. Ich wünsche es ihm jedenfalls, es scheint, als hätte er seine Entscheidung nicht bereut. Ich auch nicht. Ich würde mich immer wieder so entscheiden. Ich würde bleiben.

Flamingos fressen Krebse

Die Erzählerin lernte ich auf einem Boot in Indonesien kennen. Es war unser erster wirklich langer Urlaub als Familie. Wir hatten uns für Bali entschieden. Wir wollten aber auch einige Tage auf einer Insel in der Nähe verbringen, unsere Wahl fiel auf Nusa Lembongan. Auf dem Weg dorthin machten mein Mann und ich Bekanntschaft mit einer Dame. Sie war mit den Worten auf mich zugetreten: „Sind Sie die Hotel Mama? Ich lese Ihren Blog." Ich war sehr geschmeichelt, dass sie mich erkannte, aber peinlich berührt, da ich ihr keinen Platz neben uns anbieten konnte, weil es einfach keinen Platz mehr bei uns gab. Es war sehr dicht gedrängt. Unsere Zeit sollte noch kommen. Die Insel war wunderschön, aber auch sehr klein. Jene Strände, die tatsächlich zum Schwimmen geeignet waren, waren an einer Hand abzuzählen. Der Coconut Beach war deswegen die Tage darauf unsere bevorzugte Destination. Für ein Paar mit Baby waren die ruhigen Wellen dort perfekt. An diesem Strand saß auch die Dame, die mich mitten im Nirgendwo erkannt hatte. Sie malte. Als sich unsere Blicke trafen, kamen wir ins Gespräch. An den folgenden Tagen trafen wir uns öfter und sprachen miteinander. Es war ein unvergessliches Erlebnis, das ich endlich teilen darf.

*

Ich bin anders aufgewachsen als die meisten Menschen. Der Zugang zu Geld war für mich bereits als Kind eine Selbstverständlichkeit, sodass ich mir nie Gedanken darüber machen musste, ob oder was ich eines Tages arbeiten würde, wie viel etwas kosten, was ich tragen oder kaufen würde, wie viele Autos ich haben und wohin ich wann wie oft verreisen würde. Es verhielt sich so, als hätten sich ein paar arme Schweine ihr ganzes Leben lang für die Finanzierung meines Lebens abgeschuftet. Diese armen Schweine waren die Männer meiner Familie, väterlicherseits, von meinem Urgroßvater angefangen bis hin zu meinem Vater und eigentlich auch zu mir. Ich bin eine Ausnahme, ich bin die einzige Frau in meiner Familie – väterlicherseits –, die arbeitet.

Ich mache Vasen. Wenn ich das jetzt so erzähle, klingt das fast lächerlich. Wissen Sie, wie viel eine Vase von mir kostet? Manche über 10.000 Euro. Und wollen Sie wissen, was daran der wahre Witz ist? Es gibt Menschen, die das zahlen. An diesem Punkt muss ich aber fair sein, wahrscheinlich ist der große Name meiner Familie der wahre Grund, warum man mir diese Kunst abkauft, denn die ganze Familie väterlicherseits hatte dafür gesorgt, dass sich alle weiteren Generationen nicht mehr um Geld sorgen mussten. Trotzdem verbirgt sich darin eine traurige, fast – wirklich nur fast – witzige Ironie. Ich hatte dieses nicht enden wollende Geld geerbt, aber ich war mir aufs Sterben sicher, dass ich keinen einzigen Menschen um mich hatte, der mich als Mensch mochte und würdigte. Die Männer wollten mit mir nur ins Bett, und am liebsten wäre es ihnen gewesen, ich hätte sie auch noch dafür bezahlt, die Frauen warteten nur auf den Fall der Schönen und Reichen, die perfekt zu sein schien, denn immerhin fehlte es mir an nichts. Ich hatte das Aussehen, ich hatte das Geld, ich hatte die Karriere, ich war selbstständige Künstlerin und unabhängig. Heute in Paris auf der Fashionshow, morgen in Wien in der Oper und am Tag darauf in Rom oder Spanien, warum auch nicht?

Das sahen die Menschen von außen. Es gab aber auch eine bittere Seite: Ich hatte eine sehr einsame Kindheit gehabt. Ich war ein Einzelkind, meine Eltern waren immer beschäftigt gewesen und Tiere hatte ich keine haben dürfen. Das Einzige, das ich hatte, war Mademoiselle Elena. Sie war eine ehemalige – angeblich sehr gute – Balletttänzerin, die sich bei einem Sturz auf der Bühne ihr Knie so sehr verletzt hatte, dass sie ihr rechtes Bein nicht mehr ausstrecken oder biegen konnte. An diesem Tag wurde nicht nur ihre Karriere beendet, sondern auch ihre Beziehung zu der Liebe ihres Lebens, ebenfalls ein Tänzer, der sich nach ihrem Unfall eine andere Tänzerin angelte. Sie durfte dann beide gemeinsam auf der Bühne bestaunen, während sie Geschichte geworden war. Jahre später kam dann eine verbitterte Mademoiselle Elena zu uns nach Hause und wurde nicht nur meine Ballettlehrerin, sondern auch meine Nanny. Ich verbrachte meine ganze Kindheit mit dieser Frau. Sie war damals um die 30 Jahre alt, sah aber viel älter aus. Das lag wohl an ihrem gebrochenen Herzen, nicht am kaputten Knie. Sie hatte Klasse und Eleganz, selbst mit ihrer Gehbehinderung. Ein Stock, dessen Kopf die Form eines Schwanenkopfes hatte, erwies ihr bei der Fortbewegung gute Dienste. Sie lebte, atmete und war Ballett. Einmal nach dem Training, ich hatte mein Handtuch vergessen, kehrte ich in unseren Trainingsraum zurück – ja, wir hatten so etwas in unserem Haus – und da sah ich sie heimlich tanzen. Sie beobachtete sich dabei im Spiegel und weinte. Das war das Traurigste, das ich jemals gesehen hatte. Als sie mich bemerkte, fiel sie zu Boden. Ich wollte sie trösten, aber sie stieß mich weg. In Wahrheit hatte sie mich erzogen, zu meinen Eltern hatte ich keine Beziehung, ich hatte nur Mademoiselle Elena. Sie prägte mich. Einmal vertraute sie mir an, dass der Kuss der wahren Liebe nichts mit den Lippen zu tun hätte. Den Kuss der wahren Liebe bekommt man immer auf das Innere der Handfläche. Weil es unsere Hände sind, mit denen wir unser Leben bauen, und wer das schätzt und küsst, hat unsere Seele gesehen. Ich bekam aber auch Klapse von ihr, wenn ich zu viel Schokolade aß, zu wenig trainierte, mich nicht immer wie eine Dame benahm, sondern auch mal rülpste oder mit einem gebückten Rücken dasaß.

Als sie starb, war ich mit dem Sohn eines Freundes meines Vaters verlobt. Sebastian war ein sehr gut aussehender, junger Mann, der mir gefiel. Aber ich liebte ihn nicht. Er liebte auch mich nicht. Doch das Business unserer Väter liebte sich gegenseitig, und uns haben sie diese Heirat gut verkauft. Als ich Mademoiselle Elena am Sterbebett besuchte, lächelte sie, so, als sehe sie eine alte Freundin, ich glaube, ich hatte sie nie so lächeln gesehen. Ich hielt ihre Hand, küsste ihre Handinnenfläche und sagte ihr, dass ich sie sehe, die wirkliche Elena. Sie gab mir den Rat, ich solle mit nicht weniger als der wahren Liebe zufrieden sein, denn das Leben sei einsam, wenn man es alleine durchmarschiere. Geld mag vieles erleichtern, aber es tröstet dich nicht nachts, wenn du in deinen Tränen ertrinkst.

Mich brachte das sehr zum Nachdenken. Ich lag in dieser Nacht neben Sebastian, in einem riesigen Bett, er lag an der einen Bettkante und ich an der anderen. Zwischen uns waren Welten, die uns trennten. Zwischen uns hätten noch vier andere Personen Platz gefunden. Ich rollte mich zu ihm, nahm seine Handinnenfläche, küsste sie und er fragte: „Willst du Sex?" Ich verdrehte die Augen und rollte mich zurück. Das war es definitiv nicht. Aber was war die Alternative? Ein armer Schlucker, der es auf mein Geld abgesehen hatte und mir die Handinnenfläche bis zum Abwinken küsste?

Ich war keine Freundin von Veränderung. Was ich kannte, war gut, und in diesem Rahmen bewegte ich mich auch. Ich heiratete Sebastian. Die Ehe hielt nicht lange. Ich wusste von Anfang an, er würde mir nicht treu bleiben, aber er war dabei weder elegant noch nahm er besonders Rücksicht darauf, seine Untreue zu verbergen. Ich war ihm gleichgültig, nicht nur als seine Frau, sondern generell als Mensch. Er hatte sich nicht einmal bemüht, es zu verheimlichen. Ich würde jetzt lügen, wenn ich sagte, mich hätte das total verletzt. Das hat es nicht. Ich war ein paar Jahre mit ihm verheiratet, war aber nie eifersüchtig gewesen und mir machte es nichts aus, dass er andere Frauen hatte. Auf eine bestimmte Art und Weise betrogen wir uns wohl gegenseitig. Die Gesellschaft, die uns umgab, hatte ein sehr großes Interesse an den Details unserer Trennung, plötzlich wollten mich viele junge Alleinstehende trösten und mir emotional beistehen. Bei der Scheidung war ich dreißig Jahre alt. Ich war so alt, wie Mademoiselle Elena, als sie zu uns kam. Ich musste oft an sie denken, besonders daran, dass ihr Leben nicht mit ihrem Tod geendet hatte, sondern mit dem Verlust ihres Knies. Ich wusste, dass auch mir etwas fehlte, aber ich wusste nicht, was es war.

Es war kurz nach der Scheidung, als ich mit meinem Ferrari die Straßen unsicher machte und mir unerwartet eine Art Vogelscheuche vor den Wagen sprang. Ich konnte noch rechtzeitig bremsen, da sah ich, ich hätte fast eine Frau in meinem Alter überfahren. Sie hatte kurze rote Locken, war bunt gekleidet – fast wie ein Clown – und fing an, zu schimpfen und zu fluchen: „Ihr reichen Schnösel, denkt ihr, die Straßen gehören nur euch? Was fällt euch ein, ihr Deppen?" Ich wollte ihr Geld anbieten, da wurde sie lauter und frecher. Sie wurde persönlich und wollte, dass ich mich entschuldige, sonst würde sie mich anzeigen und es an die Medien bringen. Sie befahl mir, mit ihr zu gehen, sie hätte heute in einer Obdachlosenhilfe Suppe ausgeschenkt, würde es aber nun aufgrund des Schocks nicht schaffen, ich müsse ihren Platz einnehmen. Ich hatte solche Panik, dass ich tatsächlich mitging.

Ich hatte nie zuvor Obdachlose gesehen. Ich wusste, was Hunger war, denn ich hatte ihn fast ständig durch die vielen Diäten, aber es war meine eigene Entscheidung zu hungern. Diese Menschen machten das nicht freiwillig, sie hatten wirklich nichts. Annie – die Nervensäge, die ich fast angefahren hätte – wurde meine beste Freundin. Meine einzige Freundin. Auch sie war geschieden, trank schon am helllichten Tag Wein, lachte von ganzem Herzen, war Sozialarbeiterin, verdiente fast nichts und selbst das wenige spendete sie an wohltätige Organisationen. Sie schenkte Suppe aus, besuchte und pflegte Waisenkinder, half in Frauenhäusern, fluchte wie ein Bauarbeiter und trug diese schreckliche Frisur. Sie nannte mich Barbie. Ich nannte sie Pumuckl.

Als sie mich das erste Mal in meiner Villa besuchte, verspottete sie mich und meinen Lebensstil. Diese Frau verstand keine Diplomatie. Sie war direkt, ehrlich und sprudelte vor Energie. Ich kannte niemanden, der so war wie sie. Die Frauen aus der gehobenen Gesellschaft, mit denen ich üblicherweise verkehrte, hassten sich gegenseitig, spielten einem aber Freundschaft vor. Mir waren nur diese Regeln der gespielten Höflichkeit geläufig. Das hier mit Annie war neu. Und ich mochte es, genau deswegen, und weil es sich echt anfühlte.

Damals, als Computer erstmals auf den Markt kamen, kaufte ich mir einen; wer seinerzeit so eine technische Errungenschaft hatte, konnte sich etwas leisten. Aber mein Gerät hatte ein Problem, eine Banalität im Grunde, es schaltete sich nach einiger Zeit von selbst aus. Mehrmals, während ich eigentlich arbeiten wollte. Da dies ein paar Tage hintereinander geschah, rief ich den Kundendienst an und sie schickten jemanden vorbei. Ich sah an seinem Blick, sobald ich ihm die Tür öffnete, dass ich ihm gefiel. Er gefiel mir auch. Ich hatte noch nie zuvor so einen Mann gesehen. Mit einem Dreitagebart, einem Bauch – aber nicht zu viel – und einer Kappe, die er nicht abnahm. Er reparierte den Computer, versuchte, mir irgendwas zu erklären, was ich allerdings nicht verstand (ich war wirklich schlecht mit der Technologie, ich bin es noch immer); damals kapierte sowieso niemand, wie diese Gerätschaften funktionierten – dieser Mann schon. Er gab mir seine Karte, für den Fall, sollte sich das mit dem Computer wiederholen. Er hieß Leon. Ich mochte seinen Geruch. Er roch nach Tabak und nach noch etwas Süßem, aber ich konnte nicht sagen, was es war. Er hatte sehr raue Hände, war nicht fesch, aber auf jeden Fall interessant und anziehend. Er hatte diese sexy Ausstrahlung und sah älter aus. Er war sicher noch keine vierzig gewesen. Auch ihm war Gebrochenheit anzusehen. Ich wusste, dass er mich mochte, so sah er mich zumindest an. Er musterte mich, wenn ich nicht hinsah. Ich rief ihn am nächsten Tag an und lud ihn auf ein Abendessen bei mir ein.

Wenn ich jetzt darüber nachdenke, hätte er ein Serienkiller sein können, ich kannte ihn ja kaum, aber ich war damals so einsam und fühlte mich so allein gelassen, dass ich mit irgendwem reden wollte. Ich führte sogar vor lauter Einsamkeit Selbstgespräche, ich hasste die

Nächte allein zu Hause und hatte sogar überlegt, eine viel kleinere Wohnung zu nehmen, statt in dieser riesigen Villa zu wohnen, die mich nur an meine Einsamkeit erinnerte.

Beim Abendessen ertönte leise Hintergrundmusik, wir lachten, erzählten einander von unserer Kindheit und er sowie auch ich staunten über die Unterschiede. Ich fühlte mich gut in seiner Gegenwart. Er versuchte nicht, mich anzufassen oder mich zu küssen, aber als ich seine Hand nahm und seine Handinnenfläche küsste, traf mich etwas. Ich hatte dies öfters bei Sebastian gemacht, Sebastian hatte glatte, gepflegte Hände, die immer eingecremt und deswegen etwas schmierig waren. Sebastian hatte niemals einen Finger gekrümmt, außer er wollte eine Frau vögeln. Leons Hand hingegen war trocken, roch nach Tabak und war wirklich – angenehm – rau. Er errötete, als ich ihn küsste. Ich bat ihn darum, die Nacht hier zu bleiben. Er tat dies, nützte es aber nicht aus. Wir hatten in dieser Nacht keinen Sex, ich wollte nur nicht alleine sein und er anscheinend auch nicht. Während wir schliefen, hielt er mich fest an sich gedrückt und sobald ich mich auch nur ein wenig bewegte, wachte er auf und sah nach mir. Das war ein wunderschönes Gefühl, das ich zuvor nicht gekannt hatte.

Wir gingen es langsam an. Wir wollten beide nichts überstürzen. Mir war bewusst, dass es für einen Mann wie ihn sicher nicht leicht sein würde, eine Frau wie mich zu lieben, da er sich und seine Absichten mir gegenüber immer wieder beweisen würde müssen.

Nach dem ersten Jahr wollte er mich heiraten, aber ich hatte keine gute Einstellung zur Ehe. Ich brauchte sie nicht. Ich brauchte die Gültigkeit der Beziehung nicht auf dem Papier. Er war auch geschieden, verstand mich dennoch nicht, für ihn war es wichtig, dass wir eines Tages heiraten würden. Wir einigten uns dann darauf, dass wir heiraten würden, wenn ich mich dabei wohlfühlte. So vergingen fünfzehn Jahre und drei Fehlgeburten. Er holte in dieser Zeit erfolgreich sein Studium nach und arbeitete danach als Rechtsanwalt, ich hatte mittlerweile ein Kunststudio gleich neben unserem gemeinsamen Haus. Unser Leben war perfekt. Wir hatten keine Kinder, ich muss gestehen, ich bin eine Frau, die niemals Kinder haben wollte. Mehrere Fehlgeburten waren für mich ein Zeichen, dass auch die Natur keine Mutter aus mir machen wollte. Er wollte prinzipiell auch keine Kinder, aber durch das Kind die Garantie, dass ich ihn tatsächlich irgendwann in diesem Jahrhundert noch heiraten würde. Wir waren ein unabhängiges, jung gebliebenes Paar, ich hatte Annie, die jeden Freitagabend mit uns zu Abend aß, das war eine Phase, die ich als den Höhepunkt meines Lebens sah. Ich hatte alles, was man sich nur wünschen konnte.

Aber so läuft das Leben nicht, nicht wahr? Irgendwo muss doch ein Haken sein. So perfekte Spuren kann man nicht hinterlassen ... Auch ich hatte einen Haken. Mein Haken war Leukämie. Als mir meine Ärztin nach einer Routineuntersuchung die Diagnose mitteilte, Sie werden es nicht glauben, aber im ersten Moment lachte ich. Ich hatte alles Geld der Welt, aber es half mir in diesem Fall, in dem es für mich echt darauf ankam, gar nichts. Was soll ich sagen, ich war schockiert, aber gefasst. Ich hatte mich immer gesund ernährt, Sport getrieben, wenig Alkohol getrunken und Leute belächelt, die das Gegenteil taten – und nun hatte ich Leukämie.

An einem Freitag sagte ich es Leon und Annie gleichzeitig, ich wollte es nicht zweimal laut sagen müssen. Ich hatte damit gerechnet, dass beide zum Heulen anfangen würden, denn sie waren beide solche Weicheier. Sie waren aber mein Fels in der Brandung. Leon schluckte seine Emotionen runter, informierte sich wochenlang über meine Krankheit und kam zu allen Terminen der Chemotherapie mit. Annie versuchte nicht, nicht darüber zu reden, sondern war offen und wir sprachen ehrlich miteinander, wenn es zum Gespräch kam. Sie nahm sich oftmals frei, um mich zu pflegen. Bei der Chemotherapie wechselten sie sich ab, damit ich nicht allein sein musste.

Die Klinik wurde ab sofort mein zweites Zuhause. Ich schrie meine Erkrankung nicht in die Welt hinaus, sondern behielt sie für mich. Als wir eines Abends einige Bekannte zum Abendessen zu uns eingeladen hatten, meinte eine Freundin zu mir, ich würde erschöpft aussehen. Ich erzählte es ihnen dann. Tränen flossen, an den Tagen danach gab es nonstop Anrufe, ob ich „eh nichts brauche", und „Wir sind für dich da"-Nachrichten.

Wenn man eine so schlimme Krankheit hat, bei der man weiß, dass das Leben vielleicht bald aus ist, dann sieht man alles viel genauer. Das wahre Wesen der Menschen im eigenen Umfeld wird sichtbar und alle Masken fallen. Irgendwann rief mich eine Nummer aus dem Ausland an, und als ich abhob, vernahm ich eine sehr vertraute Stimme einer in Vergessenheit geratenen Freundin. Wir hatten uns vor über zehn Jahren gestritten und seitdem nicht mehr miteinander gesprochen. Sie hatte von meinem Zustand erfahren und wollte den Kontakt wiederaufnehmen. Ich hatte in den letzten Jahren oft an sie gedacht, mich aber nie getraut, mich zu melden, zumal ich der Bösewicht in der ganzen Angelegenheit gewesen war und Angst hatte, sie würde mich abweisen – das hätte mein Ego nicht ertragen. Sie wagte den Schritt, auf mich zuzugehen. Sie lebte auf einem anderen Kontinent, aber von da an schafften wir es, fast täglich zu videochatten.

Mit dem Krebs ist nicht zu spaßen, aber er ist ein guter Lehrer. Er bringt einem bei, dass jede Sekunde lebenswert ist und dass es auch jede Sekunde vorbei sein könnte. Wir reden im „normalen" Alltag nie über den Tod, als sei er nicht real, als würde er niemals geschehen, obwohl er das Einzige auf dieser Welt ist, das garantiert eintritt und woran alle Menschen glauben. Er ist das Ende von uns allen.

Als mir die Haare ausfielen und meine stolze Lockenmähne nur noch aus vereinzelten Strähnchen bestand, beschloss ich, Tücher zu tragen, so wie afrikanische Frauen es tun. Ich hatte diese Turbane schon immer sehr schön gefunden. Man sah mir die Krankheit an. Und man sah mir an, dass es mir schlecht ging.

Annie besuchte mich an einem dieser Tage, an denen man keinen sehen möchte, aber sie ließ sich nicht abwimmeln. Mir war nach streiten zumute. Egal, was sie sagte, ich wurde wütend.

„Hey Flamingo", so nannte sie mich nach der Diagnose, „ich denke, wir werden heute zu Couch-Potatoes und schauen mal, was so in der Glotze läuft. Wann kommt Leon nach Hause?"

„Leon kommt nicht."

„Wieso nicht?"

„Weil ich mich von Leon getrennt habe."

„Du hast was?"

„Ich habe ihm eine Trennung angeboten, er muss das hier nicht mitmachen."

„Und was hat er gesagt?"

„Er hat um meine Hand angehalten."

„Und? Was hast du gesagt?"

„Schau mich an, Annie. Was denkst du, was ich gesagt habe?"

„Fucking JA!?"

„Nein, ich habe NEIN gesagt."

„Spinnst du, Flamingo? So einen Techniker-Rechtsanwalt findest du nie wieder."

„Was soll die Flamingo-Scheiße? Wieso nennst du mich so? Ist es, weil meine Glatze rosa ist? Denkst du, dass das witzig ist?"

„Nein, es ist weil Flamingos Krebse fressen, du bescheuerte Kuh, aber im Moment ist der Krebs das Ding, das dich auffrisst. Du hast die Liebe deines Lebens durch die Tür gehen lassen, weil du Angst hast."

„Ich sterbe, Annie, ich sterbe."

„Das tun wir doch alle. Du hast jetzt nur den Vorteil, dass du die Kostbarkeit des Lebens spürst. Ignoriere das nicht. Du hast den einzigen Mann, der dich deinetwegen liebt, verscheucht, weil du eine Krankheit hast, die dich vielleicht bald sterben lässt oder auch nicht. Vielleicht stirbst du tatsächlich bald, aber wäre das nicht ein Grund mehr, um im Jetzt zu leben?"

„Du redest so leicht, weil du es nicht verstehst."

„Mein Mann ist an Krebs gestorben, sag mir nicht, dass ich es nicht verstehe. Ich lass dich nicht gehen, nicht so schnell und sicher nicht so leicht. Merke dir das."

Nach einer Chemotherapiesitzung überraschte mich Leon im Warteraum der Klinik. Die ganze Zeit hatte er seinen Schmerz für sich behalten und sich selbst unter Druck gesetzt, um alleine damit klarzukommen. In jener Nacht sprachen wir uns aus, es war eines der besten Gespräche, die wir als Paar hatten. Er offenbarte mir auch, dass sich eine unserer engen Bekannten ihm nähern wollte, seitdem ich meine Krankheit offiziell gemacht hatte. Ich hatte es gemerkt, ich dachte aber, es sei vielleicht ein Hirngespinst. Sie hatte ihm SMS, die deutlich als sexuelle Anmache zu verstehen waren, und halbnackte Fotos von sich geschickt. Ich brach abrupt den Kontakt zu ihr ab. Ohne etwas zu klären, dazu hatte ich keine Zeit. Zeit, war das Einzige, das ich nicht hatte.

Eines Tages saß ich im Garten der Klinik, ich war an eine Infusion gebunden, als ich eine Dame – auch sie mit einer Infusion – auf einer Bank neben mir telefonieren hörte. Leon war gerade etwas zu essen holen gegangen, ich war alleine und las ein Buch. Ich konnte genau vernehmen, was die Dame sagte: „Schatz, ich möchte bitte, dass du mich in den nächsten paar Wochen nicht besuchen kommst. Nein, du und dein Bruder, ihr kommt bitte nicht morgen. Der Papa weiß, dass ich das nicht möchte, ihr unternehmt stattdessen etwas ganz Cooles. Natürlich können wir telefonieren, immer, ich möchte nur nicht, dass ihr die nächsten Wochen herkommt. – Doch natürlich geht es mir gut, aber ich will nicht ... *(schluchzen)* ... ich möchte nicht, dass ihr eure Sommerferien in der Klinik verbringt. Fahrt auf Urlaub, habt Spaß. Ich liebe dich. Ich habe dich so lieb, das weißt du gar nicht, wie lieb ich dich habe. Und *(mit zitternder Stimme)* wenn ich wieder gesund bin, dann schauen wir uns gemeinsam die Welt an, bauen das Baumhaus fertig und die Männer bleiben draußen – das ist unser Mädelsbau. Pass auf dich auf. Und auf deinen Bruder auch."

Ich musste mich wegsetzen, mir kamen die Tränen. Ich hatte mich immer für so stark und gefasst gehalten und dann hörte ich neben mir eine Mutter, die sich von ihrer Tochter schon fast verabschiedete, und musste weinen. Das war einer der Momente, in denen ich dankbar war, keine Mutter zu sein.

Die Chemotherapie war zu Ende, die Krankheit jedoch nicht. An diesem Punkt war mir der Krebs zwar nicht egal, aber ich fand meinen Frieden damit, dass meine Zeit abgelaufen war. Die Ärztin meinte, wir bräuchten einen Stammzellenspender. Mein Mann kam nicht infrage. Ein Stammzellenspender ist jemand, der genetisch gesehen quasi dein Zwilling ist, da die Gewebemerkmale aufeinander abgestimmt sein müssen. Erstaunlicherweise klappt das in Europa ziemlich gut, in einer Studie las ich, dass vier von fünf einen Spender finden. Vielleicht war ich die Fünfte? Vielleicht war diese Studie auch Humbug, ich weiß es nicht. Ich verließ die Klinik, fest entschlossen, mein Geld und meine übrige Zeit für Gutes einzusetzen. Ich wollte nicht nur in Reichtum gelebt haben und in Vergessenheit gestorben sein.

In dem Moment, als ich in der Küche am Esstisch saß und eine Liste der Organisationen aufschrieb, denen ich Geld spenden wollte, klopfte es an der Tür. Es war Annie, sie hielt eine hässliche, pinke Perücke in der Hand und sagte: „Leon hat mich angerufen."

Ich erwartete kein Mitleid. Nicht von ihr. Ich sagte nichts, sie sprach weiter: „Ich kann dich nicht so sterben lassen, du siehst beschissen aus. Ich hab dir Haare und meinen Schminkkoffer mitgebracht, wir gehen heute aus und feiern."

„Was, die Tatsache, dass ich sterbe?"

„Nein, die Tatsache, dass du noch lebst, Flamingo."

„Aber Annie …"

„Heute bin ich nicht Annie und du nicht du … heute sind wir keine Frauen über vierzig, die eine eine durchgeknallte Witwe und die andere eine stinkreiche Krebskranke. Heute sind wir Mitte zwanzig, tragen verrückte Perücken und leben so, als würde uns die Zukunft gehören. Kommst du mit?"

Wir sahen bescheuert aus. Aber so komisch es auch klingen mag, ich vergaß in dieser Nacht, dass ich krank war. Wir gingen in eine Schwulenbar. Ich wusste gar nicht, dass es so etwas gab. Annie natürlich schon. Mademoiselle Elena hätte sich im Grab umgedreht, wenn sie das gesehen hätte. Wir tanzten, tranken, hatten Spaß und ich fühlte mich wirklich wie zwanzig. Dann saßen wir an der Bar und machten tatsächlich Pläne für die Zukunft.

„Hey, Flamingo, zu unserem Fünfziger, wenn wir beide noch leben, dann lädst du mich nach Paris ein. Ich wollte schon immer nach Paris. Deal?"

Zum ersten Mal seit der Diagnose überlegte ich nicht. Ich schlug ein: „Deal." Und ich meinte es auch so. Würden wir dann noch leben, würde ich dann noch leben, würden wir miteinander nach Paris fliegen. Ein paar Jahre waren es noch bis dahin, aber ich hatte Hoffnung, weil Annie sie mir gab.

Dann, aus dem Nichts, stieß Leon zu uns. Sie hatte es mit ihm vereinbart: „Jetzt bist du dran, pass auf sie auf", sagte sie, zwinkerte mir zu und flüsterte dann noch: „Du lebst nur einmal. Und das ist jetzt. Wenn du morgen stirbst, kommst du sicher in die Hölle, da du nicht den Ring dieses Mannes am Finger trägst."

Klingt es verrückt, wenn ich sage, dass wir die Wochen darauf zu dritt eine Hochzeit planten? Ich liebte Leon. Ich wollte ihn nur nicht an eine sterbende Frau binden. Ich freute mich sehr auf unsere Hochzeit, sie musste aber schnell stattfinden, denn ich wollte nicht vorher sterben.

Annie kam zu den Anproben mit, und weil meine Haare noch nicht nachgewachsen waren, dachte ich an einen schönen Turban, auch wenn mir Annie ihre verrückte Perücke angeboten hatte. Mir gefiel nichts. Kein Kleid schien das Richtige zu sein, bis ich *es* in Händen hielt. Es vor dem Spiegel an mir zu sehen, war schmerzhaft. Genau in dem Moment, als es Annie vor lauter Schönheit die Sprache verschlug, sagte ich weinend: „Ich werde es vielleicht gar nicht tragen."

Sie sah mich an, hielt meine Hände und umarmte mich: „Du wirst es tragen. Ich verspreche es dir. So wahr ich hier stehe."

„Du hast mir nie gesagt, dass dein Mann gestorben ist. Ich dachte, du bist geschieden."

„Ich bin auch geschieden. Er wurde erst später krank. Er sagte nichts, ich habe es zu spät erfahren, er war zu stolz, es mir zu sagen, und ging den Weg allein. Ich hatte keine Chance, ihm zu helfen. Er ließ mich nicht daran teilhaben."

„Ich will noch nicht gehen."

Nun hielten wir beide unsere Tränen zurück.

„Wirst du nicht."

„Wieso weißt du das?"

„Du wirst niemals gehen. Denk an jene Menschen, denen du geholfen hast. Denk an deine Spenden, denk an alles, was du in letzter Zeit getan hast. Und sollte sich dein Körper von uns verabschieden, so haben deine Taten unzählige Menschen beglückt, ihnen geholfen und wieder anderen vielleicht das Leben gerettet. Man wird an dich denken. Es werden Herzen daran zerbrechen, solltest du gehen, aber genau deswegen wirst du immer da sein. Weil du geliebt wirst."

Ich machte aus meinem Studio eine Kunstschule und unterrichtete kostenlos Kunstbegeisterte. Ich spendete fast mein ganzes Geld und das nicht nur in Europa, sondern weltweit und für viele Zwecke.

Als ich mit Annie eines der Waisenhäuser besuchte, lernte ich ein Kind – einen Buben, circa zehn Jahre alt – kennen. Er hatte eine Hautkrankheit, die man Vitiligo nennt. Dabei handelt es sich um eine „gutartige" Erkrankung ohne körperliche Beschwerden, auf seiner dunklen Haut hatten sich weiße Flecken gebildet. Die Kinder im Waisenhaus nannten ihn „Pongo", wie den Dalmatiner aus dem Animationsfilm. Als ich ihn sah, entdeckte ich etwas von mir in ihm, ich wusste aber nicht, was es war. Er hatte ein sehr angenehmes, ruhiges

Wesen, und ich fühlte mich ihm verbunden. Leon und ich adoptierten ihn kurz nach unserer Hochzeit. Ich genoss die Zeit, die mir noch blieb – ganz egal, wie lange sie dauern mochte –, und dachte nicht mehr an die Krankheit oder das Vergehen der Zeit.

Eines Tages läutete mein Telefon, ich hatte schon aufgehört, über meine Krankheit nachzudenken. Es gab tatsächlich einen Spender für mich. Es war, als küsste mich das Universum ins Leben zurück. Ich wurde behandelt und mir wurde ein längeres Leben geschenkt. Meinen Spender durfte ich allerdings nicht sofort kennenlernen, dazu muss man fast zwei Jahre warten. In der Zwischenzeit hatte ich viel gelernt – über Menschen, Freunde, den Wert von Geld und über mich selbst. Ich zählte die Tage, bis ich diese Person kennenlernen durfte. Wie dankt man jemandem, der einem das Leben gerettet hat? Wie begrüßt man so jemanden? Wie oder was sagt man?

Mein Mann und ich arrangierten in einem Kaffeehaus ein Treffen mit dem Spender. Wir waren zu früh und warteten. Da kam eine rothaarige, große und verjüngerte Version von Julia Roberts herein, ich wusste sofort, dass sie es war. Sie hatte ein himmlisches Lächeln und hätte vom Alter her meine Tochter sein können. Ich sah ihr in die Augen und sah pures Leben – mein Leben. Sie nippte dann schüchtern an ihrem Kaffee, als hätte sie nichts Bedeutendes getan, dabei hatte sie mir das Leben gerettet.

Sie ist Lehrerin und ich bot ihr eine Menge Geld als Dankeschön an, aber sie lehnte ebenso dankend ab. Sie hatte überhaupt kein Interesse daran, obwohl sie es hätte brauchen können. Sie hatte ihren Vater nie kennengelernt und ihre Mutter war an Leukämie gestorben, als sie sieben war. Sie war zu einer netten Pflegefamilie gekommen und als sie alt genug war, spendete sie Stammzellen, da ihre Mutter keinen Spender gehabt hatte.

Von dem Tag an war sie für uns wie eine Tochter, und obwohl ich nie Kinder haben wollte, so könnte ich mir heute ein Leben ohne sie und Pongo nicht mehr vorstellen.

Pünktlich zu unserem Fünfziger saß ich mit Annie im Flieger nach Paris, als mich noch vor dem Abflug die Erkenntnis traf, dass ich noch lebte, aber vor drei Jahren hätte tot sein können. Ich dachte daran, dass ich ohne Annie heute wahrscheinlich unverheiratet wäre und niemals mit Waisenhäusern, mit Menschen, die anders aufgewachsen sind als ich, und mir selbst in Berührung gekommen wäre. Ich sah, wie sich mein Leben vor meinem inneren Augen abspielte und stellte erneut fest: Ich lebe. Ich atme, ich liebe, ich bin Mutter, Ehefrau, Freundin und es ist noch Zeit übrig. Ich nahm Annies Hand, küsste ihre Innenseite, sah sie an, und da sprach sie zu mir: „Ich hab dich lieb, Flamingo."

Der Geschmack von Schokolade

Die Erzählerin stammt aus meinem Bekanntenkreis in Ägypten.

*

Kennen Sie den Geschmack von Schokolade? Ja, natürlich kennen Sie den. Wahrscheinlich kennen Sie ihn schon seit Ihrer Kindheit. In meiner Kindheit gab es keine Schokolade – zumindest für mich nicht.

In der Schule saß ich neben einer Klassenkameradin, die einmal in der Woche Schokolade mithatte. Wenn sie in ihre Schokolade biss, konnte ich kaum wegschauen. Und weil sie das wusste, schloss sie bei jedem Bissen theatralisch die Augen und sagte mehrmals „Mmmmhhh", um es mir noch schwerer zu machen. Heute lache ich darüber, aber damals wollte ich unbedingt diese Schokolade. Ich habe mir dann selbst versprochen, eines Tages, wenn ich groß bin, werde ich einen Job haben, der es mir ermöglicht, mir jeden Tag eine Tafel zu gönnen. Damals kostete eine Tafel Schokolade in Ägypten fast zwei Pfund. Damit konnte man Lebensmittel für drei Tage kaufen. Meine damalige Klassenkameradin bekam nur deshalb eine Schokolade, weil ihre Mutter eine Bauchtänzerin war und sich damit das nötige Kleingeld verdiente. Wissen Sie, warum mich das mit der Schokolade so beschäftigt? Weil ich mir meine allererste Tafel erst mit zwanzig Jahren leisten konnte. Es dauerte deswegen so lange, weil mir etwas dazwischenkam. Ich stand hier, meine Träume waren dort und dazwischen fand das Schicksal statt …

Ich war damals dreizehn und sehr kindlich für mein Alter. Ich spielte noch mit Puppen, trug meine Haare in zwei hüftlangen Zöpfen und fand Jungs ekelhaft und langweilig. Ich las gerne und träumte davon zu studieren. Ich sparte Woche für Woche mein ganzes Taschengeld, um mir am Freitag in der Früh neue Postkarten zu kaufen, auf denen Orte von der ganzen Welt abgebildet waren, aus Europa, Amerika, Asien und den arabischen Ländern. Ich sammelte sie und starrte sie das ganze Wochenende über an. Diese Bilder brannten sich mir in mein Gedächtnis ein. Ich war fasziniert und hungrig nach dieser Welt.

Meine Welt war klein. Meine sechs Schwestern – ich bin die Älteste –, meine Eltern und ich lebten in einer Kammer im Dachgeschoss eines Wohnhauses in Alexandria. Mein Vater schlief auf dem Boden, meine Mutter auf dem Sofa, meine Schwestern und ich teilten uns das Bett. Es war unmöglich, sich im Schlaf zu bewegen, denn es gab kaum Platz. Ich weiß noch genau, ich hasste es. Ich habe mir immer vorgestellt, in einer anderen Situation zu sein, in einer größeren Wohnung zu leben, mehr Bücher kaufen zu können und natürlich Unmengen an Schokolade im Kühlschrank zu haben. Ich habe damals, wenn ich nachts nicht schlafen konnte, meine Träume auf die Wand gemalt, neben der ich schlief. Ich weiß noch, dass ich die Motive der Postkarten aus meiner Erinnerung gezeichnet habe, aber mit einem Zusatz: mir.

Wenn ich jetzt daran denke, war dieses Leben nicht schlecht. Wir waren alle gesund, meine Schwestern und ich gingen in die Schule, wir hatten zwar nicht alles, was wir wollten, aber dafür alles, was wir brauchten. Mein Leben veränderte sich jedoch von einem Tag auf den anderen. Zu schnell. Zu früh.

Es war die Hochzeit meiner Cousine, die mein Leben veränderte. Eines Tages kam ich von der Schule nach Hause und sah, dass meine Mutter meine Schwestern und sich umzog. Sie meinte, ich solle schnell etwas essen und mich dann bitte auch umziehen, wir gingen auf die Hochzeit meiner Cousine. Wir sind mit der Familie meiner Mutter nicht sehr eng, ein älterer Familienstreit lange vor meiner Geburt, aber hin und wieder sehen wir sie doch: wenn jemand stirbt oder heiratet. Ich aß dann ein Brot mit schwarzem Honig und stellte mir vor, es sei Schokolade. Bei der Feier sah ich, dass meine Cousine, die kaum älter war als ich, die Braut war. Ich dachte, ihre ältere Schwester sei die Braut, aber da hatte ich mich getäuscht. Es war damals üblich, dass Kinder in meinem Alter verheiratet wurden, aber für mich war das befremdlich. Ich wusste nicht einmal richtig, was das bedeutete.

Plötzlich merkte ich, dass zwischen all den fremden und bekannten Gesichtern eine Person ihren Blick auf mich heftete. Es war ein Mann. Er war Mitte zwanzig. Wenn man als Mädchen aufwächst, lernt man ziemlich früh, was Blicke älterer Männer bedeuten, die einen mit den Augen fixieren und sich dann mit der Zunge über die Lippen fahren. Mir grauste es. Ich bekam auf der Stelle eine Gänsehaut und mir wurde schlecht. Er sah, dass ich verstand und es mir nicht gefiel. Er unterließ es dennoch nicht. Und was am wichtigsten war: Er sah auch, dass ich noch ein Kind war. Ich sagte zu meinem Vater, dass mir schlecht sei und ich mich übergeben müsse. Er fuhr mich nach Hause, meine Mutter und meine Schwestern blieben noch auf der Hochzeit. Auf dem Heimweg träumte ich von den Sommerferien und wohin ich reisen würde, hätten wir das nötige Geld dazu. Ich erfand meine eigene Sprache und stellte mir vor, so müsste sich Französisch anhören. Zu Hause schlief ich sofort ein. Ich hatte nur selten das ganze Bett für mich. Als ich aufwachte, lag Nini, meine jüngste Schwester, auf mir. Sie war drei Jahre alt und für mich fast wie eine Tochter. Ich fühlte mich für sie mitverantwortlich. Das empfand ich all meinen Schwestern gegenüber, aber Nini war meine ganz persönliche Schwachstelle.

Ein paar Tage nach der Hochzeit kam mein Vater nach Hause und ich konnte sehen, dass er heftig mit meiner Mutter diskutierte. Als ich fragte, ob alles in Ordnung sei, sahen mich beide so an, als wäre jemand gestorben. Ich bekam richtig Angst. Mein Vater meinte, ein junger Mann hätte mich auf der Hochzeit gesehen, Gefallen an mir gefunden und er würde mich sehr gerne heiraten. Ich wusste sofort, wen er meinte, und protestierte, ich sei doch erst dreizehn. Er zuckte mit den Achseln und brachte dann Hunderte Beispiele von anderen Mädchen, die in meinem Alter oder sogar jünger geheiratet hatten. Ich fing an zu weinen, wie wild mit den Armen zu fuchteln, zu schreien und fühlte mich so, als würde ich ertrinken – zwischen schwerem Atem, endloser Hilflosigkeit und Enttäuschung. Ich habe so laut geschrien, so laut ich nur konnte, bis mein Vater meinen Kopf mit den Worten „Wenn du ihn nicht heiratest, bring ich dich um" gegen die Tischkante schlug. Die Narbe ist bis heute noch sichtbar. Es waren vierzehn Stiche. Ich verstehe jene Eltern nicht, die ihre Kinder blutig schlagen und sich dann wundern, dass da tatsächlich Blut herauskommt. Dann machen sie sich besorgt die Mühe und hetzen nachts mit dem Kind ins Krankenhaus, damit alles wieder gut wird. Er hatte meinen Kopf gegen eine Kante geschlagen, was hatte er erwartet? Nachdem der Arzt die Wunde genäht hatte, war ich mit meiner Mutter alleine im Zimmer. Ich weiß noch, dass sie viele Tränen vergoss und mich umarmte, ohne etwas zu sagen. Ihr Blick aber sagte alles, als würde sie ahnen, dass sie mich nie wieder sehen würde. Sie sah mich so an, wie ich meine Postkarten betrachtete. So, als würde sie sich mein Gesicht einprägen wollen, um es nicht zu vergessen.

Am nächsten Tag gingen mein Vater und ich in die Schule, um mich abzumelden. Meine damalige Direktorin schrie ihn an. Er sei ein Barbar, ein Unmensch, er würde seine Tochter umbringen und für den Rest seines Lebens nie mehr ruhig schlafen können, weil ein fremder Mann mit seiner Tochter das Bett teilen würde, ein Mann! Ich sei ja noch ein Kind – das Universum würde schon dafür sorgen, dass mein Vater unruhige Nächte und tiefe Gewissensbisse haben würde. In diesem Moment sah ich die Reue in seinen Augen, doch hier an diesem Ort konnte er ihr nichts antun, nicht in der Schule und sicher nicht vor mir. Dennoch wusste er, dass sie recht hatte.

Am Tag darauf fand meine Hochzeit statt. Ich wachte in der Früh auf und als Erstes bemerkte ich auf meinem Bauch zwei lange, abgeschnittene Zöpfe. Meine Zöpfe! Als ich meine Mutter entsetzt zur Rede stellte, meinte sie: „Ich weiß, du hängst an ihnen und hättest sie mich nicht freiwillig abschneiden lassen." Sie badete und schminkte mich sorgfältig und gab mir ein weißes Kleid zum Anziehen. Während sie die letzten Feinheiten an meinem Aussehen zu seinem Gefallen änderte, mein kindhaftes Wesen versuchte zu kaschieren, sagte sie: „Du opferst dein Leben nicht umsonst, deine Schwestern werden dir danken, denn er wird ihre Ausbildung finanzieren. Du bist die Älteste und musst deswegen Verantwortung übernehmen, so habe ich es auch getan, so tun es die ältesten Mädchen jeder armen Familie." Sie weinte, umarmte mich und sah mich erneut so an wie im Krankenhaus und ließ mich fast nicht mehr los. Dann teilte sie mir eindringlich mit: „Wenn er mit dir schläft, zieh dir deinen Nachtrock über dein Gesicht, dann musst du sein Gesicht nicht sehen, das macht es ein bisschen erträglicher."

Ich hatte keine Ahnung, wovon sie sprach. Aber eines weiß ich genau: In meinem Leben hatte ich noch nie so viel Angst gehabt. Und noch nie zuvor hatte ich mich so hilflos gefühlt. Ich kann mich an meine Hochzeit nicht wirklich erinnern. Es war laut, es waren viele Leute da, die Hälfte davon kannte ich nicht, die meisten Menschen tanzten ... Als mein Blick auf meinen zukünftigen Mann fiel, wurde mir wieder schlecht. Er war zwar erst Mitte zwanzig, aber er sah viel älter aus, er war riesig, sehr dick, hatte gelbe, schiefe Zähne und einen Furcht einflößenden Blick. Ich hatte Angst vor ihm. Er versuchte während der Hochzeit meine Hand zu halten, aber das war so befremdlich. Ich sah zu meiner Mutter, die mich vor Scham kaum ansehen konnte. Von meinem Vater hatte ich mich nicht verabschiedet. Ich wollte es so. Als mein Zukünftiger einen Kuss von mir forderte, willigte ich gegen eine Bedingung ein: Er sollte meinem Vater den Abschied von mir verweigern. Es sollte von ihm kommen. Mein Vater hatte diesen fremden Mann zwischen uns gestellt. Nun sollte er auch mit dieser Entscheidung leben – nicht nur ich alleine. Von meiner Mutter und von Nini verabschiedete ich mich lange und innig.

Später saß ich mit ihm in seiner Wohnung. Es war eine große Wohnung, keine Kammer im Dachgeschoss. Das Bett würde für vier Personen reichen, wir waren nur zu zweit. Es gab sogar ein Badezimmer, das hatten wir nicht. Dennoch fühlte ich mich nicht wohl. Er hatte Puppen und Spielzeug für mich gekauft – es lag alles noch neu verpackt in einer Ecke. Erst jetzt fiel mir auf, dass ich nicht einmal seinen Namen kannte. Er sprach nichts, aber er versuchte mich auszuziehen und den versprochenen Kuss einzufordern.

Am Anfang war er geduldig, aber als mein Körper das ablehnte, was er tat, wurde er aggressiv. Im Hinterkopf hatte ich immer diese Verantwortung meinen Schwestern gegenüber und vor allem Ninis Gesicht vor mir, aus diesem Grund sagte ich nichts. Mir würde es das Herz brechen, müsste Nini mit dreizehn Jahren heiraten. Ich schwieg und wehrte mich nicht. Er entkleidete mich ganz. Ich konnte mir also nichts über mein Gesicht ziehen. Er zog meinen Körper an sich, er wollte, dass ich liege, er spreizte meine Beine, hielt meine Hände fest am Boden und plötzlich war sein Gesicht zwischen meinen Beinen. Es war alles andere als angenehm. Das Licht im Zimmer war an und ich konnte nur zur Decke schauen. Der Boden war hart und kalt. Mein ganzer Körper schmerzte, ich wollte nur, dass es vorbei war. Einfach nur vorbei. Aber so schnell sollte es nicht vorbei sein. Als er fertig war, warf er seinen schweren Körper auf mich und in dem Moment, in dem er in mich eindrang, verstand ich den Spruch mit dem Nachthemd. Sein Gesichtsausdruck und die Art, wie er mich dann küsste, festhielt und zu seinem Objekt machte, raubte mir damals innerhalb von Sekunden die Kindheit. Die Vergewaltigung eines Körpers ist schon schlimm genug, die Vergewaltigung einer Kindesseele ist es, die niemals verheilen kann, egal wie erwachsen dieses Kind eines Tages wird. Ich ließ es über mich ergehen. Ich war leise, hörig, dachte an meine Schwestern. Ich war aber endlos wütend. Ich fühlte mich von meinen Eltern verraten, denn sie hatten mich nicht beschützt. Ich fühlte mich schmutzig, denn ich hatte ihn in und auf mir. Meine Tränen konnte ich nicht zurückhalten, aber diese waren ihm egal. Ich war ihm egal. Ich habe jede Nacht unter der Dusche geweint, nachdem er mit mir fertig war. Tagtäglich habe ich versucht, ihn von mir abzuwaschen, aber dieses Gefühl der Schmutzigkeit ging nicht weg. Ich weiß noch, dass ich mich einmal so fest geschrubbt habe, dass ich blutete. Nacht für Nacht lag ich da, fast regungslos, erstarrt vor Angst, er würde wieder mit mir schlafen wollen. Wenn ich mich schlafend stellte, schlief er trotzdem mit mir. Bei jeder Gelegenheit, bei der ich mich bückte, war er plötzlich in mir.

Der Alltag war schrecklich, ich vermisste die Schule. Ich vermisste das Lesen und ich hatte außerdem noch Angst, das Lesen zu verlernen. Ich las beim Kochen immer die Lebensmittelverpackungen, damit ich das Lesen ja nicht verlernte. Die Routine brachte mich fast um. Jeden Tag ging er in seine Arbeit – er war Maurer –, und ich fuhr zu seiner Mutter, um ihre Wohnung aufzuräumen und für sie zu kochen und danach räumte ich seine Wohnung auf und kochte für uns. Ich hatte oft überlegt abzuhauen, wusste aber nicht wohin. Ich wusste, er würde mich finden. Ich wusste, ich hätte keinen anderen Ort. Ich hatte keine Freunde, die mir helfen konnten, ich hatte auch keine Eltern, die mich beschützen konnten, ich war vor dem Gesetz seine Frau und hatte zudem kein Geld. Nicht einen einzigen Pfund. Ich hatte sogar Selbstmordgedanken. Täglich. Jede Nacht stellte ich fest, dass Nini nicht neben mir lag, dass ein riesiges Bett nicht glücklich macht, wenn es mit der falschen Person geteilt wird, und der Tod eine Befreiung aus seinem Gefängnis wäre. Ich wollte ernsthaft mein Leben beenden – bis ich erfuhr, dass ich schwanger war. Ich hasste diesen Umstand. Ich weinte mir die Seele aus dem Leib. Für mich war das damals die schlimmste Nachricht meines Lebens. Noch schlimmer als die Nachricht, ich müsse ihn heiraten, war die Tatsache, dass ich sein Kind austragen musste. Die Schwangerschaft war für mich ein Horror. Ich war damals vierzehn Jahre alt. Zu jung, zu zierlich, zu schwach und viel zu einsam. Was für mich die Schwangerschaft noch schwieriger machte, war meine Einstellung zum Kind. Ich hasste es. Es war seines. Aber umbringen konnte ich es nicht – ich konnte es einfach nicht. Das heißt aber nicht, ich hätte es nicht versucht ...

Dann war es da. Als meine Augen auf das Kind fielen und ich es im Arm hielt, stellte ich fest: Das ist *mein* Kind. Es hatte nichts von ihm. Es sah aus wie Nini. Es fühlte sich an wie Nini. Mit meiner Tochter wurde der Grund meines Lebens geboren.

Es gibt in Ägypten die Tradition, dass sieben Tage nach der Geburt Familie und Freunde eingeladen werden und das Baby beschenken. Er lud seine Mutter und seinen Bruder ein, der gerade aus Saudi-Arabien zurückgekommen war. Auch er war Maurer, er pendelte aber alle paar Monate zwischen Saudi-Arabien und Alexandria. Das hatte der Vater meiner Tochter vor Jahren auch gemacht, daher das viele Geld. Meine Familie ... nun ja ... ich lud sie nicht ein. Ich wollte meine Eltern nicht sehen. Sein Bruder brachte meine Schwestern zu mir, denn die wollte ich sehr wohl sehen. Sein Bruder war nur ein paar Jahre älter als ich. Er hatte eine positive Ausstrahlung, war höflich und freundlich. Er sah mich nie direkt an, so, als würde er zwischen ihm und mir eine Art Distanz aufbauen wollen. Immerhin war ich die Frau seines älteren Bruders. Ich hatte ihn bis zu diesem Tag nicht gekannt. Ich hatte nicht einmal gewusst, dass der Vater meiner Tochter Geschwister hatte. Die Feier verging, die Gäste verabschiedeten sich, und sobald wir alleine waren, fiel er über mich her. Meine Tochter war erst sieben Tage alt. Ich blutete danach so stark, als hätte man mich im Intimbereich angeschossen. Warum tut man einer Person bloß so weh und wundert sich dann, dass man die halbe Nacht mit ihr im Krankenhaus verbringen muss? Meine Tochter blieb bei meiner Schwiegermutter, sein Bruder begleitete uns ins Spital. Ich war mir sicher, dass der Vergewaltiger, mit dem ich lebte, sich nicht um mich sorgte, sondern nur Angst hatte, ich würde krepieren und er müsste dann ins Gefängnis. Als er vom Arzt auf ein Wort nach draußen gebeten wurde, blieb sein Bruder bei mir. Er bückte sich zu mir und flüsterte mir ins Ohr: „Wenn er wieder in deine Nähe kommt, dann tu so, als würdest du beten. Ein Gebet darf durch nichts gestört werden, das weiß er, und es ist das Einzige, das er respektiert. Vertrau mir. Bete, bis er einschläft. Wenn er einmal schläft, wecken ihn keine zehn Pferde." Dann öffnete er meine Hand, legte Geldscheine hinein und schloss sie wieder. Ich werde nie vergessen, wie er mich dabei anlächelte, es war unbeschreiblich. In diesem Moment hatte ich zum ersten Mal das Gefühl, etwas wert zu sein.

Die nächsten Monate putzte ich nicht bei seiner Mutter, sondern sorgte für mein Kind. Es schrie den ganzen Tag, ich war noch zu schwach und zu krank, zudem überfordert und hatte große Angst, etwas falsch zu machen oder meine Tochter nicht satt zu bekommen. Ich war eben selber noch ein Kind. Also klopfte ich bei den Nachbarn an, die schon Kinder hatten, damit sie mir halfen.

Als er das erfuhr, schlug er mich grün und blau. Er zog seinen Schuh aus und schlug mir damit ins Gesicht. Mehrmals. Von da an hatte er mir verboten, die Wohnung zu verlassen, und nahm den Schlüssel immer mit. Ab diesem Zeitpunkt wusste ich, dass jegliche Chance abzuhauen, verloren war.

Einige Tage später brachte er seinen Bruder mit. Dieser hatte den Job in Saudi-Arabien verloren und würde nun in Alexandria bleiben und mit meinem Vergewaltiger arbeiten. Sie würden also jeden Tag gemeinsam nach Hause kommen, er würde mit uns essen und dann genug für seine Mutter mitnehmen, bevor er ging, denn ich durfte die Wohnung nicht mehr alleine verlassen. Als der Blick seines Bruders auf mich fiel, erschrak er. Ich hatte eine aufgeplatzte Lippe und ein geschwollenes Auge. Ich wollte nicht, dass er mich so sah. Ich war auf einer neuen Ebene in meiner menschlichen Würde verletzt.

Als wir zu Tisch saßen, blickte er unauffällig zu mir. Ich merkte es. Ich spürte es. Seine Augen sprachen zu mir. Sie umarmten mich. Er aß nicht viel. Er sah mir sehr tief in die Augen, und ich erzählte ihm durch meine Blicke alles, was meine Seele an Schmerzen trug. Er nickte, verschloss seine Augen, schluckte schwer und ging dann. Alles andere wäre aufgefallen.

Auch die Einkäufe durfte ich nicht mehr erledigen. Das machte von nun an sein Bruder in seiner Mittagspause und brachte sie mir nach Hause. Das waren die glücklichsten Minuten an jedem Tag. Wenn er mir an der Türschwelle die Einkaufstaschen übergab, berührte sein Daumen den meinen. Nicht unabsichtlich natürlich, aber er ließ es so wirken. Da war diese respektvolle Distanz, und dennoch spürte ich sie nur bedingt, denn er war so zuvorkommend und höflich, dass seine Nähe guttat. Sobald er mich berührte, blieb mein Herz ganz kurz stehen. Jedes Mal. Da fing ich an, mich wie eine Frau zu fühlen, zum allerersten Mal. Schön. Als Person begehrt.

Er hinterließ mir immer kleine Botschaften in den Einkaufstaschen. Und ich legte jeden Abend Botschaften in seine Schuhe. Wir hatten also einen Briefaustausch. So lernten wir einander kennen. Dann und wann legte er auch Geld in die Einkaufstaschen, was mir unendlich unangenehm war, aber ich brauchte es. Zudem legte er mir jeden Freitag nach dem Gebet eine Postkarte dazu, immer waren darauf Orte anderer Länder abgebildet. Er war ein guter junger Mann. Ein wirklich guter junger Mann. Ich hätte mein Leben so weitergelebt. Ich hatte mit all meinen Träumen, Zielen und vor allem mit meinem vorherigen Leben abgeschlossen. Ich glaubte, dass ich meinem Vergewaltiger gehörte und als Mensch nicht viele Möglichkeiten hätte. Denn dieses Leben, das wir führten, war für meinen Vergewaltiger das normale Leben. Für ihn war das eine ganz normale Ehe. Was ich darin als Boshaftigkeit und Gewalt wahrnahm, waren für ihn Liebkosungen gewesen. Für ihn war das normal. Bei meinen Eltern war das nicht anders. Und bei keinem, den ich kannte, war das anders. Ab diesem Moment fing ich an, an meiner Einstellung zu zweifeln. Vielleicht war ich ja die Abnormale?! Vielleicht war ich nur noch zu sehr selber ein Kind, um das zu verstehen?! Deswegen kam ich dann irgendwann an den Punkt, an dem ich dieses Leben akzeptierte. Ich stellte meine – im Vergleich zu anderen – völlig unterschiedliche Einstellung infrage – bis ich eines Morgens in den Einkaufstaschen Falafels von seinem Bruder fand.

Falafels werden in Ägypten in Zeitungspapier eingewickelt verkauft, damit das Fett dort austropfen kann und weil sie als Tüten fungieren. Der Zeitungsmantel, in dem die Falafels von jenem Morgen zu mir gelangten, war an einer Stelle rot markiert. Dort war zu lesen, dass eine Schneiderin außerhalb der Stadt, die reich und bekannt ist, weil sie anderen talentierten Frauen hilft, die zwar auch gute Schneiderinnen sind, aber keine Mittel haben, wieder auf der Suche nach neuen Talenten sei. Die Adresse ihrer Boutique war in dem Artikel angegeben. Meine Mutter hat mir nicht viel beigebracht, aber nähen konnte ich wie keine andere. Sein Bruder hatte mir heimlich einen Schlüssel für die Wohnung angefertigt und so konnte ich unbemerkt von zu Hause aus als Schneiderin arbeiten und mir Geld ansparen. Solange mein Vergewaltiger in der Arbeit war – ich kannte seine Arbeitszeiten –, hatte ich Kundinnen in der Wohnung empfangen. Ich war nicht mehr das naive Kind von früher. Dieser Zeitungsartikel hatte mich wachgerüttelt. Das war nicht mein Leben. Ich hatte keine falsche Einstellung. Ich musste wieder zu mir finden, zu meinen Träumen – ich wollte einmal Rechtsanwältin werden. Ich wollte meiner Tochter alles bieten, was eine Mutter ihrem Kind bieten konnte. Ich wollte nicht, dass sie eines Tages als Kind heiraten musste. Aber vor allem wollte ich mein Leben nicht mit dieser Kreatur verbringen. Ich sparte jeden Pfund, verfolgte mit der Zeitung lesend diese Frau, übte das Nähen und wurde immer kreativer. Ich wusste, dass ich nur diese eine Chance hatte, um diesen Mann loszuwerden, ich wusste nur noch nicht genau wann.

Meine Vorstellung von der Ehe war eine andere. Genau genommen hatte ich in diesem Alter eigentlich keine Vorstellung davon gehabt, ich wusste aber, das, was ich lebte, war nicht, was ich wollte. Ich war lediglich seine Sexpuppe. Wir sprachen nie. Es gab auch nie Streit, sondern nur Prügel. Wortlos. Ich träumte nachts oft davon, wie es wohl wäre, eine normale Ehe zu führen. Ich würde nach einem langen anstrengenden Tag mit dem Kind ein Bad nehmen, und sobald es schlief, mit meinem Mann– der natürlich nicht mein Vergewaltiger war, sondern wer anderer, ein guter Mensch – essen, mit ihm reden, wir würden einander umarmen und irgendwann gemeinsam müde ins Bett fallen. Bei dieser Vorstellung sah ich oft seinen Bruder als Mann in meinem Leben. Er sah in mir etwas, das ich selbst vergessen hatte. Ich nahm mir jeden Tag vor zu fliehen. Ich tat es nicht, weil ich Angst hatte und nicht wusste wie. Jeden Tag habe ich aufgegeben. Aber um mich selbst zu ermutigen, sagte ich mir auch jeden Tag aufs Neue: „Und wenn es mir tausendmal nicht gelingt, so spielt das keine Rolle, denn es muss nur einmal funktionieren, dann bin ich hier raus."

Das Zeichen zum Aufbruch kam als Botschaft in einer der Einkaufstaschen, sie bestand nur aus einem Wort: „Heute." Ich wollte mit meiner Tochter weg. Weg von ihm und weg von der Gegend, weg von diesem Leben. Am besten irgendwohin, wo mich keiner kannte. Für eine Mutter sind die eigenen Kinder das Allerwichtigste, alles andere verliert seine Priorität. Ich habe jahrelang geplant, ihn zu verlassen. Ich habe jahrelang darauf hingearbeitet, ohne zu wissen, ob es funktionieren würde. Und endlich hatte ich das Zeichen erhalten.

Mitten in der Nacht schnappte ich mein Kind und das bisschen Geld, das ich nach jahrelanger Arbeit beisammenhatte, nahm all meinen Mut zusammen und ging. Er schlief so fest, ich hatte ihm etwas in den Saft gemischt, es würde ihn nicht umbringen, aber für tiefen Schlaf sorgen. Er merkte unseren Weggang nicht. Meine Tochter war damals vier Jahre alt. In diesen vier Jahren hatte sie ihn niemals „Papa" genannt. Er war mir kein Ehemann und ihr kein Vater gewesen.

Ich war damals neunzehn. In dem Moment, in dem ich die Wohnung verließ, rollte ein Fuhrwerk vorbei. Wie eine Wahnsinnige stellte ich mich vor den Esel und fuchtelte vor dem Fahrer wild mit den Armen. Ich hatte ihm drei Äpfel angeboten, denn ich hatte keine Ahnung, wie lange mein Geld für uns reichen würde. Er sah mein Kind an, dann mich. Er konnte die Narben in meinem Gesicht nicht übersehen. Er nahm uns mit. Er hatte keine Ahnung, wozu er mir gerade verholfen hatte. Ich saß mit dem Rücken zu meiner Vergangenheit, als er wegfuhr, und ich sah nicht zurück. Aber ich hätte gerne zurückgesehen. Nicht zu meinem Vergewaltiger, aber zu seinem Bruder, der mir in den letzten Jahren eine Stütze und vielleicht auch meine erste Liebe gewesen war. Ich hätte gerne zurück zu Nini gesehen, denn ich vermisse sie an jedem Tag. Trotzdem sah ich nur nach vorne und zu meiner Tochter, die, in eine Bettdecke gewickelt, tief in meinen Armen schlief. Dieses Gefühl der Befreiung war unbeschreiblich. Es war, als würde ich seit Langem wieder so richtig saubere Luft einatmen. Wie lange hatte ich die Straßen nicht gesehen? Wie schön war diese Stadt bei Nacht? Wie pur und endlos kann sich Freiheit anfühlen? Ich weinte vor Lachen und lachte Tränen. Ich umarmte mein Kind so innig, dass es aufwachte und auch mich festhielt. Ich konnte es kaum fassen, dass ich diesen Schritt tatsächlich gewagt hatte, und stellte in diesem Augenblick fest, dass sich alles, was wir uns wünschen, und dass sich unser ganzes Glück hinter unseren Ängsten versteckt und genau dort auf uns wartet. Dieses Gefühl wünsche ich jedem Menschen. Das Ausbrechen aus diesem Leben hatte etwas Bittersüßes an sich. Ich realisierte genau in diesem Moment, dass ich mein ganzes Leben noch vor mir hatte. Und ich durfte entscheiden, was ich machen wollte – das war mir neu.

Diesen Moment und was ich damals fühlte, werde ich nie vergessen. Andere werden Klassenbeste, herausragende Unternehmer, berühmt oder erfolgreich, man bewundert ihre Fotos auf dem Cover diverser Magazine, ich aber hatte mein Leben zurückgewonnen.

Mich kennen nicht viele Menschen, aber ich kenne meine Wahrheit. Ich weiß, was ich geschafft habe, damit meine Tochter niemals ihren Nachtrock über ihr Gesicht ziehen muss. Und was danach geschah, ist unglaublich.

Ich habe diese Schneiderin aufgesucht und ihr meine Geschichte erzählt. Sie hatte schwarze Haare, vorne aber eine weiße Strähne, die ihr sehr prominent über das Gesicht hing. Sie trug einen auffälligen roten Lippenstift und hatte ein sehr liebes, rundes Gesicht. Sie musterte mich von oben bis unten, sah meine Tochter genau an und mit den Worten „Zeige mir, was du kannst" habe ich – zwar sehr nervös, aber voller Ehrgeiz – ihr vorgenäht. Ich wusste, das war meine einzige Chance, ich durfte das nicht vermasseln, sonst würde ich auf der Straße landen. Sie nickte, sagte, ich hätte Potenzial und sie würde mich gerne vorerst behalten, könnte aber nicht viel garantieren, denn ich hätte noch viel zu lernen. Sie nahm mich bei sich auf und half mir dabei, meinen Namen zu ändern. Ich blieb lange bei ihr im Geschäft, nähte aber nicht nur, sondern erledigte auch die Buchhaltung und ein paar andere Kleinigkeiten. Ich wurde zu ihrer rechten Hand. Sie war für mich die Mutter, die ich mir immer gewünscht hatte.

Viel später, als ich schon mein eigenes Geld verdiente und das Gefühl hatte, die Zeit war nun wirklich reif, kaufte ich mir meine allererste Schokolade. Sie war in ein rotes Papier gewickelt und ich teilte sie mit meiner Tochter. Sie schmeckte viel besser, als ich es mir je vorgestellt hatte. Ich habe das Papier sogar aufgehoben. Es ist nun über vierzig Jahre alt.

Neben der Arbeit habe ich die Schule fertig gemacht, ich habe daran anschließend jedoch nicht studiert, sondern meine Nähkunst professionalisiert und damit die Ausbildung meiner Tochter finanziert. Ich habe mich nie an einen Mann gebunden, weil ich einen besonderen Mann vermisste, den ich nie wieder gesehen habe. Unsere letzte Begegnung war die Übergabe der für mich lebensentscheidenden Einkaufstasche. Er trug damals ein neues Hemd und hatte einen lieblichen

Duft aufgetragen. An der Türschwelle berührte er meinen Daumen etwas länger als sonst und sah mir tiefer in die Augen als sonst. So, als würde er mich mit seinen Blicken zum Abschied umarmen. Ich konnte aber keinen Kontakt mehr zu ihm aufbauen, ohne dass mich sein Bruder gefunden hätte. Und ich wusste genau, würde der Vergewaltiger mich zufällig sehen, er würde mich auf der Stelle umbringen, ohne auch nur mit der Wimper zu zucken. Ich musste damit leben, ihn nie wieder zu sehen. Das war der Preis, den ich zahlen musste.

Meine Tochter genoss ein schönes Leben, sie war umgeben von starken Frauen, las gern, war neugierig auf alles und wusste, was sie wollte. Sie wuchs in der Boutique auf, in der viele andere Frauen mit mir arbeiteten, die ähnliche Geschichten wie ich hinter sich hatten. Meiner Familie schickte ich anonym monatlich Geld, in der Hoffnung, meinen Schwestern würde mein Schicksal erspart bleiben, vor allem Nini. Da ich meinen Namen und den meiner Tochter geändert habe und in eine ganz andere Stadt gezogen bin, bin ich meiner Vergangenheit nie wieder begegnet.

Die letzte Postkarte, die er zwischen Milch und Eier gesteckt hatte, zeigte den Eiffelturm. Als ich vor drei Jahren in Paris war, dachte ich, vielleicht würde ich ihm dort begegnen. Als ich dann vor dem Eiffelturm stand, suchte ich mit meinen Blicken nach ihm. Ich suchte ihn in jedem anderen Mann und fragte mich, ob er das sein könnte? Was macht er mittlerweile? Ist er verheiratet, hat er Kinder, ist er glücklich? Aber vor allem: Würde er mich wiedererkennen? Dann schließe ich ihn erneut in meine Gedanken ein und hoffe, dass er es – wo immer er auch sein mag – gut hat.

Wenn ich jetzt an all das zurückdenke, so gibt es einen Moment, der mich immer fast zu Tränen rührt: der „Spiegelmoment". Als die Familie meines Schwiegersohnes das erste Mal zu uns in unsere kleine Wohnung kam, um um die Hand meiner Tochter zu bitten – wie es der Brauch verlangt –, hatte ich zur Feier des Tages eine Schokoladentorte gebacken. Als ich diese dann aus der Küche ins Wohnzimmer zu den Gästen trug, ging ich bei unserem großen Spiegel vorbei. Ich blieb kurz stehen. Kennen Sie das, wenn Sie aus der Ferne jemanden erblicken, der nicht fremd zu sein scheint? Dann stellen Sie fest: „Ach, das bin ja ich im Spiegel." Ich stellte die Torte ab und sah mich an. Ich sah mir tief in die Augen. Ich war schon älter geworden und fragte mich: Wo waren die Jahre bloß geblieben? War dieser Moment der Leichtigkeit echt? War dieses Leben echt? Ich hatte meine Haare nie wieder lang getragen, ich hatte kurze Locken und sah, dass sich schon erste Falten gebildet hatten. Ich streichelte mir über mein Gesicht, über meine Narben, die ich wahrscheinlich für immer haben werde, und über die Falten, die ich schon länger tief in meiner Seele trug und die sich erst jetzt auf meiner Haut abbildeten. Dabei musste ich kurz an meine ehemalige Chefin denken, denn auch ich hatte nun diese weiße Strähne, die sich über meine Stirn hinweg einen Platz erkämpft hatte und nicht zu übersehen war. In diesem Moment sah ich, dass nach allem, was ich überlebt hatte, noch ein Kind da war. In mir. Ich hatte meine Kindheit nicht völlig verloren. Ein kleines Bisschen hatte ich mir zurückerkämpft. Das hat mir dieser Moment der Innehaltung bewiesen. Ich strich dann mit meiner Fingerspitze etwas Schokoladencreme von der Torte und kostete sie – die heiß geliebte Schokolade. Es war ein schönes Gefühl.

Wenn ich heute meine Enkeltochter in meinen Armen halte und weiß, dass ihre Eltern einander lieben, meine Tochter die Ausbildung ihrer Wahl beendet und ihren Mann als erwachsene Frau kennengelernt hat und ich diese Kette des Zwanges als Kind gebrochen habe, damit dieses Kind und die darauf folgenden Kinder frei sein können, dann weiß ich, dass es nichts Schöneres geben kann als den Glauben an die eigenen Fähigkeiten und – natürlich – den Geschmack von Schokolade.

Beim Leben meiner Schwester

Die Erzählerin habe ich bei einem Workshop für Homeschooling in New York kennengelernt. Sie war nur für kurze Zeit in der Stadt, hatte deutsche, französische und schwedische Wurzeln, lebte jedoch in Kalifornien. Wir trafen einander zufällig in der Metro, und obwohl meine Tochter damals erst sechs Monate alt war, interessierte mich das Thema „Homeschooling" sehr. Noch vierzehn andere Damen nahmen an dem Kurs teil. Es war eine sehr angenehme und informative Runde. Trotz des Altersunterschieds zwischen der Erzählerin und mir waren die Parallelen zwischen uns unübersehbar. Auch sie ist Redakteurin, auch sie ist Mutter, aber vor allem wird auch sie oftmals von der Gesellschaft als „Anhängsel" ihres Mannes betrachtet und ständig über ihn definiert, weil dieser Arzt ist und sie zu Hause die gemeinsamen Kinder unterrichtet und „nur" nebenbei als Redakteurin gearbeitet hat. Mir ging es zu jener Zeit ähnlich, weil auch mein Mann der finanziell Überlegene war und für mich die Schreiberei eine Passion, die mir mehr Freude als Geld einbrachte. Wir waren einander sofort sympathisch und tauschten uns in vielen Punkten des Lebens aus. Ich konnte sehr viel von ihr lernen, vor allem über Feminismus in der Mutterschaft und das Abkapseln seiner selbst von der Meinung anderer – vor allem dann, wenn von den anderen nicht gesehen wird, was man täglich leistet, ohne dass man dafür bezahlt wird.

*

Es gibt Frauen, die haben alles. Sie sind intelligent, hübsch, elegant und erfolgreich. Meine jüngere Schwester Megan ist so ein Prachtexemplar. Sie hat wunderschönes langes – naturrotes – Haar, stechend blaue Augen, die manchmal auch grün wirken, rosige Wangen, die an einen Babypopo erinnern, und volle Lippen, einer Erdbeere gleich, in die man am liebsten hineinbeißen möchte. Ihre Haut ist weicher als Kaschmir und dazu ist sie fast zwei Meter groß und wiegt nur 50 Kilogramm. Sie spricht mehrere Sprachen fließend und als Kirsche auf dem Sahnehäubchen ist sie Chirurgin geworden. Ich hasste sie fast mein ganzes Leben lang.

Denn ich bin das komplette Gegenteil von ihr. Ich war nie intelligent. Ich war immer durchschnittlich – in allem. Auch in der Schule hatte ich immer durchschnittliche Noten und nach dem Schulabschluss wusste ich nicht sofort, was ich studieren wollte. Ich habe gerne geschrieben, Gedichte, Geschichten, vor allem über das Kochen. Mich interessieren die Kochkulturen anderer Länder, die Geschichten der Gerichte und Gewürze und wie man etwas womit mischen kann. Ich denke in Gewürzen und Gerüchen. Aber was sollte ich damit anfangen? Ich reiste dann ein Jahr lang in mehrere Länder. In Spanien arbeitete ich als Au-pair, und da es mir dort so gut gefiel, blieb ich länger und machte in einem Hotel ein Praktikum als Küchenhilfe. Als ich mit meinen fast 20 Jahren zurückkam, hatte ich noch immer keine Ahnung, was ich mit meinem Leben anfangen wollte. Meine jüngere Schwester wusste hingegen genau, sie würde Medizin studieren und tat das dann auch mit Bravour. Ich hatte drei unterschiedliche Studienrichtungen angefangen und sie hintereinander wieder abgebrochen, da für mich alles so trocken und nicht greifbar war. Ich bekam dann eine Stelle als Redakteurin im Gourmet-Ressort einer lokalen Zeitung bei uns und war so glücklich darüber, dass mir sogar die enttäuschte Reaktion meiner Eltern egal war. Sie wollten natürlich zwei Chirurginnen haben. Meine Arbeit bestand darin, zu kochen und darüber zu schreiben. Ich änderte Rezepte ab und teilte das mit den Leuten. Ich ging in dieser Tätigkeit richtig auf, und es gab eine große Interaktion mit den Lesern – bis in mir etwas Kleines aufging. Ich war unerwartet schwanger geworden. Für mich war es aber kein „Hoppala", wie es andere in diesem jungen Alter sehen würden, sondern ein „Hallelujah".

Ich wuchs in diese Rolle so hinein, dass sie mich komplett erfüllte. Ich bin gerne Mutter. Das ist das, was ich gut kann. Auf das erste Kind folgte das zweite, dann das dritte und das vierte. Ich war eine Zeit lang entweder schwanger oder habe gestillt. Alle vier kamen hintereinander, und für mich war es das Allerschönste auf der Welt. Das war eben meine Berufung – oder mein Hobby, wie es Außenstehende nannten, die mich mit Megan verglichen. Natürlich verglich auch ich mich oft mit meiner Schwester. Während sie als Chirurgin arbeitete, hatte ich rund um die Uhr mit meinen Schulkindern zu tun, für mich selber blieb da keine freie Zeit oder Zeit zur Selbstverwirklichung übrig.

Einmal, an Megans Geburtstag, den wir bei meinen Eltern und nur in kleiner Familienrunde feierten, wurde mir klar, dass ich ihre Eleganz niemals übertreffen würde. Auch wenn sie in einem Casual Look unter uns saß, sah sie dennoch elegant aus. Kennen Sie diese Menschen, an denen ein weißes Shirt und Jeans bereits so schick aussehen wie eine Abendrobe? Ja, so ist meine Schwester. Sie könnte einen Kartoffelsack tragen, und es würde einem tollen Ballkleid gleichen. Ich fühlte mich hässlich neben ihr. Es war so schwer, mit ihr in einem Raum zu sein. Plötzlich kam meine Tochter mit einem violetten Gesicht in das Zimmer. Sie hatte sich mit einem Lackstift, den sie im Haus gefunden hatte, das gesamte Gesicht bemalt. Alle lachten, sie war ja noch ein Kind, das spielte. Ich aber schämte mich und war mit der Situation komplett überfordert, denn der Lack ließ sich nicht entfernen, und ich fühlte mich unfähig. Megan meinte dann zu mir: „Alice, hast du schon mal darüber nachgedacht, dir Hilfe zu holen? In deinem jungen Alter mit vier Kindern, da kannst du eigentlich froh darüber sein, dass nur eines davon Lack im Gesicht hat."

Ich habe damals nicht darüber nachgedacht. Allein ihre Anwesenheit versetzte mich in eine eigenartige Stimmung. Ich fühlte mich wie ein Fan, der einen Popstar anhimmelt und sein Leben mit diesem Popstar am liebsten tauschen würde, trotzdem aber machte irgendetwas diesen Popstar unglaublich unsympathisch. Mit vier Kindern zwingt dich das Leben allerdings dazu, so eine Einstellung abzulegen, weil die Zeit dafür fehlt. Also habe ich mich wieder auf mein Leben konzentriert.

Ich habe drei Söhne und ein Mädchen. Als das jüngste Kind – Jason – in die Volksschule kam, fing ich wieder zu arbeiten an. Wieder die gleiche Zeitung, wieder das gleiche Ressort – aber diesmal war ich die Leiterin des Ressorts und konnte fast alles im Homeoffice erledigen. Diese Work-Life-Balance gefiel mir unendlich. Ich hatte alles. Ich hatte den Job, aber auch die Mutterschaft im Griff. Das ging viele Monate gut und ich merkte, wie es mich in eine viel bessere mentale Richtung steuerte. Ich konzentrierte mich wieder auf mich und nicht auf Megan – dafür gab es weder Zeit noch das Bedürfnis. Aber dieses Glück war nicht von Dauer.

Mein ältester Sohn ist schon immer übergewichtig gewesen und deshalb in der Schule oft gehänselt worden. Es ging einmal so weit, dass er total zusammengeschlagen nach Hause kam und auf seinem Rücken stand mit einem Filzstift das Wort „Schwein" geschrieben. Weder die Lehrerin noch die Direktorin unternahmen etwas, sie meinten, „seine leichte Form des Autismus" würde es ihm schwer machen, sich in der Klasse zu integrieren. Was für Pädagoginnen?!! Sie wendeten seine Krankheit einfach unverschämt gegen ihn. Es tat mir im Herzen weh, dass diese Leute für mein Kind verantwortlich waren.

Ich bin kein Fan von Selbstjustiz, aber ich habe ihn aus der Schule genommen und beim Abendessen mit meinem Mann darüber geredet, unseren Sohn zu Hause selbst zu unterrichten. Ich würde es neben meiner Arbeit versuchen. Würde es nicht klappen, müssten wir weiterreden.

Beim Hausunterricht wollte ich nicht, dass unser Haus wie die Schule aussieht, ich wollte einen Raum der Fantasie und des Wohlfühlens schaffen. Ich dachte, ich probiere es aus, da er total traumatisiert war. Der zerkratzte Rücken unseres Sohnes, die blauen Flecken, der tiefe Schmerz, den er empfand, und die vielen Nächte danach, die er im Schlaf schrie und sein Bett nässte – Kinder können so grausam sein. Es waren fünf gewesen. Fünf andere Kinder hatten auf mein Kind eingeschlagen. Tief in mir wusste ich, dass ich neben meiner Arbeit keinen Zwölfjährigen unterrichten konnte. Aber ich wollte es dennoch versuchen. Ich belegte nebenbei Pädagogikkurse, las viel online und lernte viel über das Lehren. Vor allem ging es mir darum, ihn in seinen Stärken zu fördern. Er war unbeschreiblich gut mit Zahlen. Alles andere war für ihn schwer, aber mit Zahlen kannte er sich gut aus. Da setzte ich auch an.

Es gefiel ihm so sehr, dass sich seine Noten in kürzester Zeit besserten, und auch mental ging es ihm viel besser, nämlich sogar so gut, dass er von sich aus mehr Sport treiben wollte, was er tatsächlich ganz selbstständig tat. Als dann auch die Kilos purzelten, wurde sein Selbstwertgefühl viel stärker. Er war wie ausgewechselt. Meine anderen Kinder wollten daraufhin plötzlich ebenfalls von mir zu Hause unterrichtet werden, weil der Unterricht in der Schule nicht so kreativ sei wie bei mir, meinten sie. Sie hatten mir ein paarmal bei Alan, meinem Ältesten, zugesehen.

Vier Kinder würde ich aber niemals neben meinem Job unterrichten können, das war unmöglich. Es klappte bei Alan nur, weil es erstens nur ein Kind war und ich zweitens die Homeoffice-Option hatte, aber bei vier Kindern wäre das etwas völlig anderes. Gleichzeitig konnte ich es ihnen nicht abschlagen, ich wollte nicht, dass sie dachten, ich würde ihren Bruder bevorzugen. Ich musste nachdenken.

Ich erzählte meinem Mann vom Wunsch der Kinder. Er unterstützte mich sehr, das hatte er schon immer getan, aber die Gesellschaft tat dies nicht. In unserem Haus lief alles gut, weil jede Lebensweise respektiert wurde. Sobald ich aber das Haus verließ, wurde mir sofort der antifeministische Stempel auf die Stirn gedrückt. Ich sei die Frau am Herd, die alte Frauenrollen lebe, ich hätte mittelalterliche Sichtweisen und würde sich mein Mann von mir trennen, so würde ich mittellos dastehen, solche und ähnliche Meinungen, um die ich nie gebeten hatte, kursierten damals. Wenn mich wer fragte, was ich beruflich machte, erwähnte ich das Homeschooling. Die Reaktion darauf war immer ein „Ah, okay", gefolgt von einem unsicheren Nicken. Ich erwartete nie, dass andere Leute guthießen, was ich tat. Ich liebte es, Mutter zu sein. Ich liebte es zu kochen. Und ich liebte es, dass dies meine Hauptbeschäftigungen waren, ich – die Person, um die es dabei ging – war damit glücklich. Aber ich musste mich sehr oft dafür rechtfertigen, und das war oftmals bitter und ermüdend, denn es ging ja im Prinzip niemanden etwas an.

Mit der Zeitung hatte ich eine Art Abkommen geschlossen, ich hatte Woche für Woche je nach Saison und Thematik Rezepte vorgeschrieben und arbeitete somit nur einen Tag in der Woche für die Zeitung, den Rest der Woche hatte ich für meine Kinder und deren Ausbildung. Ich lenkte meine volle Konzentration auf die Kinder, dabei blieb zu wenig Zeit für meinen Mann und ich vernachlässigte unsere Ehe. Mein Mann – das sollten Sie wissen – ist der Kollege meiner Schwester. Sie sind beide das Vorzeige-Chirurgenpaar in dem Krankenhaus, in dem sie arbeiten. Jeder dort denkt, sie seien verheiratet, mein Mann hat nach unserer Heirat meinen Nachnamen angenommen. Sie sehen beide aus, als wären sie einem Modemagazin entlaufen und hochintelligent. Warum er mich geheiratet hat, das weiß ich nicht. Aber das ist ein anderes Thema.

Der Hausunterricht bereitete mir unendlich viel Spaß. Aus Angst, ich würde meine Kinder vom Rest der Welt isolieren, setzte ich mich mit anderen Müttern in Verbindung, die das Gleiche machten. Wir trafen uns immer am Wochenende mit den Kindern, teilweise sahen die Kinder einander auch alleine. Die meisten Kinder hatten ähnliche Erfahrungen wie mein Sohn gemacht, weshalb es unter ihnen kein Mobbing gab. Das war ein erleichterndes Gefühl. Meine Kinder wurden zwar von mir unterrichtet, legten die Prüfungen aber an den Schulen ab. Für mich ist das die ideale Art und Weise, wenn es um

Bildung geht, und ich habe das nie bereut. Ich wurde zwar oft belächelt, aber ich habe diese Entscheidung niemals infrage gestellt. Ich wusste genau, das Beste für meine Kinder ist auch das Beste für mich. Und ich konnte deren Entwicklung genau vor mir sehen. Vor allem Alan hatte sich in kürzester Zeit zu einer selbstbewussten, sportlichen Person gemausert, die genau wusste, was sie wollte. Seine Krankheit hatte ihn nicht mehr im Griff, sondern er sie. Und das zu sehen, war unbezahlbar.

Trotzdem fehlte mir als Mensch etwas Wesentliches, was vielen Müttern fehlt: die Anerkennung. Die Anerkennung, die man einer Chirurgin schenkt, nachdem sie ein Leben gerettet hat. Die Anerkennung, die man einer intelligenten Frau schenkt, wenn sie etwas Kluges gemacht oder gesagt hat. Die Anerkennung, die einen in dem, was man tut, bestätigt. Egal, was ich im Leben vollbracht habe, und mag es noch so wenig sein, ich habe so oft – vor allem wenn es mir nicht gut ging – auf das Leben meiner Schwester geschaut und wollte am liebsten mit ihr tauschen. Wenn meine Selbstzweifel kamen, dann wirkte ihr Leben so viel schöner als das meine. Ich war im Vergleich zu ihr so ausgelaugt. Natürlich spielte hier auch die Art, wie wir wahrgenommen wurden, eine große Rolle. Für alle anderen war sie die Ärztin und ich die Mutter. Sie war die Lebensretterin und ich die Gebärmaschine. Sie war die moderne, selbstbestimmte Frau und ich die Frau, die noch im Mittelalter lebte und zu dumm war zu verhüten. Sie war die Intelligente und ich die Doofe. Sie die Gutaussehende und ich die Frau mit dem After-Baby-Look. Wie hätte ich da bloß mithalten können? Mit dieser Last lebte ich viele Jahre. Fast jeden Tag. Vor allem an den Tagen, an denen ich mehr die Kinder unterrichtete und weniger für die Zeitung tat.

Ich weiß nicht, welche Vorstellung mein Mann konkret vom Hausunterricht hatte, aber es sah tatsächlich nicht aus wie in einem Klassenzimmer, obwohl Unmengen an Büchern da waren und wir den Lehrstoff bis ins Detail durchgenommen hatten. Er dachte wahrscheinlich, wir würden auf dem Sofa lümmeln und den Schimmel an der Decke bestaunen, oder was weiß ich, was er dachte. Als Alan aber nach unserem ersten Jahr des Homeschoolings mit seinem ausgezeichneten Zeugnis vor der Nase meines Mannes wedelte – und das Zeugnis stellte die Schule aus, nicht ich –, konnte er es nicht fassen. Der Einser in Mathematik war nichts Neues, in den anderen Fächern jedoch schon. Letztlich haben alle vier in allen Fächern die besten Noten erlangt. Ich habe mich mit jeder Faser meines Seins richtig ins Zeug gelegt. Jeden Tag. Erst ab dem Moment fing mein Mann an, sich für die Art meines Homeschoolings zu interessieren. Erst ab diesem Moment kam von ihm die Anerkennung für das, was ich tat. Nicht für die Person, die ich bin, diese Anerkennung war schon immer da. Aber für das, was ich für unsere Kinder tat, was vorher für ihn so unverständlich war, weil er das System nicht wirklich kannte.

Zwei Abende haben für mich vieles geändert. Ich fange mit dem ersten an, an dem eine Spendengala stattfand. Viele Ärzte waren eingeladen, natürlich auch er und natürlich auch Megan. Ich ging zum ersten Mal mit, mir war danach und zwischen uns lief es so viel besser, dass es quasi ein Rendezvous war. Ich trug ein schickes Cocktailkleid, war vorher beim Friseur und fühlte mich gutaussehend. Ich weiß, das klingt eigenartig, wenn ich es so sage, aber ich fühle mich nicht oft so. Dieses Gefühl ist fast ein Ausnahmezustand – deswegen betone ich das so sehr. Als er mich so sah, machte er große Augen, zum ersten Mal, seitdem wir Eltern geworden waren. Er ist ein guter Mann. Wir haben oft unterschiedliche Einstellungen zu bestimmten Dingen, aber ich liebe ihn und ich weiß, dass er mich liebt. Wir vertrauen einander blind, das ist in einer Partnerschaft essenziell. Wir gingen also auf diese Gala und ich fühlte mich unverschämt gut – bis sie kam. Sie trug dieses rote Kleid, das nicht nur ein ausgesprochen tiefes Dekolleté hatte, sondern auch noch diesen enormen Schlitz an der Seite. Sie sah aus wie Jessica Rabbit. Und als sie sich zu uns stellte, legte sie ihre Hand auf eine gewisse Art und Weise auf die Schulter meines Mannes, ganz so, als würde sie mir damit etwas sagen wollen. Sie legte diesen Auftritt hin, und ich fühlte mich plötzlich so groß wie eine Rosine. Meine Selbstsicherheit, mein Selbstbewusstsein und das Gefühl, toll auszusehen, verflogen in Nullkommanix, und ich hätte am liebsten ihre Krallen von der Schulter meines Mannes geschoben, aber ich schaffte es nicht. Ich konnte sehen, dass es ihm unangenehm war, und weil er ein Gentleman ist, machte er einen Schritt näher zu mir, hielt mich an der Hüfte und gab ihre Hand unauffällig und höflich von seiner Schulter weg.

Ein Mann, wohl auch ein Arzt, gesellte sich zu uns und hielt sie für seine Frau. Sie wurde rot, und mein Mann klärte das Missverständnis sofort auf. Dieser Mann wendete sich dann mir zu und fragte, was ich so tue, ich antwortete, ich sei Gourmet-Redakteurin. Er kannte meine Kolumne und sprach voller Begeisterung davon. Seine Frau würde nur nach meinen Rezepten kochen und das schon seit Jahren. Megan hatte bereits viel getrunken und unterbrach uns mit einem hinterhältigen Lachen: „Sie ist aber auch Mary Poppins."

Noch nie war ich so wütend auf sie. Und noch nie zuvor fühlte ich mich so klein. Ich verließ den Saal, weinend und ohne Mantel, dabei regnete es draußen heftig. Matt, mein Mann, folgte mir. Mir war so kalt, aber ich wollte nicht zurück. Dann fing er plötzlich an zu diskutieren: „Du musst sie aus deinem Kopf lassen, du musst sie loslassen." Ich suchte nur verzweifelt unser Auto, das wir viel zu weit weg geparkt hatten: „Wen? Was redest du?" Er sagte dann genervt: „Megan! Du musst aufhören, dich mit Megan zu vergleichen."

Stille. Ich blieb stehen. War es so offensichtlich? Hatte sie es auch gemerkt? War sie deswegen so sicher in ihrer Rolle der Überlegenen? Was hatte mich verraten?

„Was redest du da?"

„Ich liebe dich. Das solltest du aber auch tun. Du bist der liebenswerteste Mensch, den ich kenne. Du verdienst es, von dir selbst geliebt zu werden."

Ich schluchzte: „Ich habe es in meinem Leben aber zu nichts gebracht. Ich habe die Kinder vorgezogen. Unsere Kinder. Und auch wenn es die richtige Entscheidung für mich war, so sieht es von außen so aus, als hätte ich nie etwas in meinem Leben auf die Beine gestellt."
„Du hast *uns* auf die Beine gestellt. Ohne dich hätten wir gar keine Beine. Du hast gearbeitet, als ich studiert habe, du hast mich gestärkt, als ich aufgeben wollte. Wenn ich arbeite, kann ich abschalten, weil ich weiß, dass die Kinder in guten Händen sind – in deinen Händen. Ich weiß, ich sage es viel zu selten, aber du bist der Kleber dieser Familie. Schau dir doch Alan an. Schau dir unsere Kinder an. Sie sind das letzte Jahr aufgeblüht. Was andere Lehrer in mehreren Jahren nicht geschafft haben, hast du in einem Jahr geschafft. Ich weiß, ich sage es dir nicht so oft. Verzeihe mir."

Wir haben die ganze Heimfahrt über weitergeredet, uns ausgesprochen, und seit langer Zeit war ich ihm wieder so richtig nah. Emotional, gedanklich und persönlich. Seit diesem Abend habe ich den Kontakt zu Megan abgebrochen. Sie hat danach über Matt versucht, mich zu erreichen, aber ich habe das nicht zugelassen. Ich wollte sie aus meinem Leben haben. Vor allem wollte ich sie aber aus meinen Gedanken haben.

Ich bin eine jener Mütter, die den ganzen Tag für ihre Kinder schuften, aber niemals von der Gesellschaft eine Anerkennung dafür bekommen. Das Traurige daran ist, die meisten Menschen, die Mütter kritisieren, sind meistens selbst Frauen und oft auch Mütter. Eine Arbeitskollegin von mir ist ein gutes Beispiel dafür. Einmal, als ich kurz im Büro war, um etwas zu erledigen, zeigte sie ihr wahres Gesicht. Ich war in der Redaktion die einzige Mutter. Ich war auch die Einzige, die Homeoffice machen durfte. Aber ich hatte mir dieses Extra verdient, da mein Ressort jenes war, das das ganze Blatt verkaufte. Meine Rezepte wollten die Leser haben und mein Ressort bekam die meisten Leserbriefe. Ich hatte sogar vor, bald Koch-Workshops anzubieten und damit – im Namen der Zeitung – online zu gehen.

Viele namhafte Marken von hochwertigen Produkten für Küche und Lebensmittel hatten dies der Zeitung angeboten. Mir hatte also niemand etwas geschenkt. Ich hatte mir alles erarbeitet. Da kam eben diese Kollegin, die etwa in meinem Alter und erst seit einigen Monaten in der Redaktion war, und ließ in einem Gespräch, das sich um den bevorstehenden Muttertag drehte und darum, welche Geschenkideen und Rezepte wir in der Zeitung präsentieren wollten, folgende Aussage fallen: „Die wirklich wahren Helden der Mutterschaft sind jene Frauen, die gar keine Mütter werden." Da ich in der gesamten Redaktion die einzige Mutter war, ging diese Nachricht also an mich. Ohne nachzudenken, erwiderte ich: „Dann hab doch bitte den Mut, besuche deine Mutter zum Muttertag mit einem Strauß Blumen und sag ihr genau das ins Gesicht. Sag ihr, dass sie keine wahre Heldin ist und die Schwangerschaft mit dir sowie die Schmerzen bei der Geburt und die gesamte Aufopferung für dich keine Heldentaten waren. Und so wie ich das beurteilen kann, war es deine Erziehung auch nicht."

Ich wurde kurz darauf entlassen. Ich wusste nicht, dass sie die Freundin des Chefredakteurs war. Ich war die Einzige, die das nicht gewusst hatte. Aber es war für mich vollkommen in Ordnung. Es war ein hartes Jahr gewesen. Ich war erfolgreich mit den Kindern gewesen, aber auf beruflicher Ebene, na ja, ich war dem Ort einfach entwachsen. Die Redaktion und meine Position waren wie eine Hose, die ich zwar gerne getragen hatte, die mir aber mit der Zeit einfach viel zu eng geworden war.

So, nun zum zweiten Abend, der vieles geändert hat: Ich wollte mir eine Auszeit gönnen. Da kam die Einladung einer Freundin, die in den Bergen lebt, gerade recht. Sie lud mich und eine andere Freundin zu sich auf ein Wochenende ein. Nur drei Frauen, die Berge, viel Wein und eine Freundschaft, die zwar noch bestand, aber seit 10 Jahren hatten wir drei einander nicht mehr gesehen. Tanja war nach Kanada gegangen und erst vor Kurzem wieder als Geschiedene zurückgezogen. Tamara – die Gastgeberin – hatte sich gerade ihren

Kindheitstraum erfüllt und eine Hütte auf einem Berg im Nirgendwo gekauft, und ich war gerade entlassen worden. Ich brauchte dieses Wochenende. Ich brauchte einen Abschluss für mich, damit ich wieder etwas Neues anfangen konnte. Das Zusammenkommen war himmlisch. Ich hatte beide seit Jahren nicht mehr gesehen, aber es fühlte sich so an, als hätte ich Tanja erst gestern weinend zum Flughafen begleitet. Wir hatten einen langen Wandertag, erkundeten die Gegend, die Bergluft und das viele Grün waren so erfrischend. Für mich war dieses Gefühl des „Wochenendes" bereits ein Fremdwort gewesen. Ich habe am Wochenende immer den Wochenplan für vier Kinder mit unterschiedlichen Lehrplänen geschrieben, dann noch die Rezepte für eine komplette Woche. Also Zeit für Entspannung kannte ich nicht mehr.

Beim Abendessen saß Tanja mir gegenüber und starrte mich an. Sie ist eine Freundin, die sich kein Blatt vor den Mund nimmt und gerade heraussagt, was sie sich denkt: „Wieso trägst du deine Haare jetzt so lang? Steht dir überhaupt nicht." Früher trug ich meine Haare immer kurz. So kurz, dass ich sie mir gerade noch hinter die Ohren stecken konnte. Nun waren sie hüftlang. Ich hatte sie deswegen so lang wachsen lassen, weil Megan lange Haare hatte. Ich dachte, ich würde ihr damit ähneln. Oder es würde mich attraktiver machen. Was weiß ich.

Tanja fing an, mit dem Messer herumzufuchteln: „Du siehst beschissen aus mit den langen Haaren." Ich sah sie an und sagte: „Sie gefallen mir so." Sie durchschaute mich: „Sie gefallen dir nicht so. Gefallen sie Matt so?"

„Was hat Matt damit zu tun?"

„Als ich noch verheiratet war, trug ich meine Haare auch so, wie er sie wollte. Ich wollte ihm gefallen. Ich wette, du bist zu einer dieser Frauen geworden, die ihren Männern gefallen wollen. Bist du auch so eine perfekte Mutter, die auf Schulevents mit selbst gebackenen, glutenfreien und veganen Cupcakes anderen Müttern vor dem Gesicht herumwedelt, weil die zu spät dran sind, da alleinerziehend und deswegen keine Zeit haben, um die Küchenfee zu spielen?"

Ich legte mein Besteck hin, aß nicht mehr und sagte dann: „Ja, so eine Mutter bin ich. Ich bin genau die Mutter, die ihren Kindern sorgfältig Jausenbrote zubereitet, ihre Kleidung Abend für Abend gebügelt und sie auch immer pünktlich von der Schule abgeholt hat. Und wenn ich mit Gebäck vor dem Gesicht anderer Mütter gefuchtelt habe, war das nicht, um ihnen ein schlechtes Gewissen zu bereiten, sondern um meines besser zu machen. Um mir zu beweisen, dass ich diese eine Sache – nämlich die Mutterschaft – gut mache. Wir Hausmütter haben sonst nicht viel, weißt du. Und als mein Sohn zusammengeschlagen von der Schule nach Hause kam, wurde ich komplett zur Hausfrau. Und fuchtle mit keinem Essen mehr vor anderen Eltern, weil meine Kinder nur noch die Prüfungen in der Schule ablegen, sonst aber von mir unterrichtet werden, dennoch fehlt mir und vielen anderen Müttern die nötige Anerkennung für jene Arbeit, die wir zu Hause verrichten."

In diesem Moment versuchte Tamara, das Thema zu wechseln: „Apropos Gebäck, ich habe einen ausgezeichneten Kuchen und der ist nicht vegan. Essen wir den jetzt bitte und reden über positives Zeug?"

Tanja ließ nicht locker: „Ich schneide dir jetzt deine Haare ab."

„Was? Spinnst du?"

„Irgendetwas stimmt nicht mit dir. Du bist nicht meine Alice. Das mit dem Muttersein und die hübsche Rede von vorhin ist ja toll, aber du verbirgst etwas anderes. Da steckt etwas im Busch. Ich nehme noch einen Schluck Wein und dann kommen deine Haare ab."

Wir waren beide betrunken. Sie mehr als ich. Tamara aß eine übergroße Portion vom Kuchen und dann fing Tanja an, mir die Haare zu schneiden. Sie hatte das früher schon öfter bei mir getan, aber nüchtern. Als sie fertig war, blickte ich auf den Boden. Wir sammelten die abgeschnittenen Haare zu einem Haufen, um diesen dann zu entsorgen. Dort, in diesem Haarhaufen, sah ich sie. Megan. Und ließ sie endlich los. Ich spürte das. Sie hatte mich jahrelang so festgehalten, dass es mich nun überwältigte, als ich diesen Haarhaufen sah. Es war ein tolles Erlebnis. Ich ging dann unter die Dusche und als ich danach in den Spiegel sah, erblickte ich die junge Alice, die damals ohne jegliche Sicherheit nach Spanien gereist war. Einfach so. Und hier kam mir dann die Idee, mit meinen Rezepten etwas Eigenes zu machen. Ich wusste noch nicht was, aber ich wusste, ich würde etwas tun.

Als ich nach diesem Wochenende nach Hause kam, staunte Matt. Auch er meinte, dass ich mehr wie ich aussah. Ich ließ Megan komplett los. Sie war Geschichte. Ich war endlich wieder bei mir. Das klingt jetzt vielleicht eigenartig, aber für mich fühlte es sich so an, als wäre ich in meinem Leben jahrelang nur die Nebendarstellerin gewesen. Ich hatte meine Schwester zur Hauptdarstellerin in meinem Leben gemacht, sie hatte das gespürt und ausgenützt, um dieses Gefühl bei mir zu stärken, damit sie sich besser fühlte. Sie hatte die Kontrolle über mich gehabt. Und es war nicht nur der Haarschnitt gewesen, aber auch dieser, ihr diese Kontrolle wegzunehmen. Es war dieses Wochenende, es waren diese Freunde, es war diese Zeit, die ich mir selbst schenkte umzudenken, und es war der Erfolg bei den Kindern.

Ich eröffnete dann mit meinen gesamten Ersparnissen, mit finanzieller Hilfe von Matt und einem Kredit ein Café. Nichts Großartiges, eine süße Pâtisserie im Vintagestil, die auch Snacks anbot und später ebenso Back-Workshops. Ich hatte fünf wundervolle Mitarbeiter, die all das mit mir rockten. Das Café wurde für mich ein zusätzliches Zuhause und ich konnte mir zeitlich alles gut einteilen.

Irgendwann, Jahre später, mein ältester Sohn hatte schon den High-School-Abschluss hinter sich und wartete auf die Antwort einiger Universitäten, für die er sich angemeldet hatte, geschah etwas Unvorhergesehenes. Es klopfte an unserer Tür. Es war Megan. Sie wollte „ein paar Tage bleiben." Sie wusste, ich würde sie niemals vor die Türe setzen oder ihr die Tür vor der Nase zuknallen. Das wusste sie einfach. Mein Haus liegt etwas abgelegen, eher im Grünen und in der Nähe von einem See. Es ist nicht nur ruhig, sondern auch sehr angenehm, wenn man der Stadt und ihrem Lärm entkommen möchte. Sie war total außer sich, hatte einen kleinen Trolley dabei und wollte über nichts reden, sondern nur schlafen. Sie trug eine Sonnenbrille und als sie diese abnahm, sah ich deutlich, dass ihre Augen geschwollen waren. Diese Situation hatte es zwischen uns noch nie gegeben. Dass ich die Oberhand hatte. Dass ich in der stärkeren Position war. Sie brauchte nun mich. Das war eine absolute Neuheit. Ich hatte sehr oft davon geträumt. Jetzt war dieser Moment da. Aber er gab mir nichts. Es fühlte sich nicht so gut an, wie ich es mir vorgestellt hatte. Ganz im Gegenteil, ich wollte sie in den Arm nehmen. Ich zeigte ihr das Gästezimmer, stellte einen Jasmintee und ein Stück Kuchen auf die Kommode und ging. Ich ließ ihr völlige Privatsphäre und vergaß in diesem Augenblick alles Böse, was ich jemals ihr gegenüber empfunden hatte. Es war alles weg. Es war verflogen. Alles was geblieben war, war pure Geschwisterliebe.

Als sie dann aufwachte, kam sie zu mir in die Küche und ich gab ihr einen Kaffee. Ich stand mit dem Rücken zu ihr und kochte das Abendessen, während sie aus dem Nichts heraus sagte: „Weißt du was, ich wollte dir das nie sagen, aber ich habe dich schon immer beneidet. Du hast alles, was ich immer wollte. Deswegen war ich immer so fies zu dir. Ich hätte am liebsten mit dir getauscht."

Ich dachte, ich hätte mich verhört. Ich drehte mich um, ging zu ihr und legte meine Hand auf ihre Schulter.

„Ja, mein Job ist super. Du hast diesen Kittel, der dich vom Rest der Menschheit hervorhebt, verdienst viel Geld, bist Ärztin, aber das ist alles nur Schein. Die Wahrheit ist, dass ich um jede OP mit anderen kämpfen musste, mich doppelt beweisen musste, weil ich eine Frau bin oder weil ich nicht mit dem Oberarzt schlafe. Ich habe eine schicke Wohnung, in der ich mich nicht aufhalte, weil ich ständig in die Notaufnahme gerufen werde, und all meine Kolleginnen, die

Kinder haben, beschweren sich, dass sie diese nicht sehen. Du … du hast es richtig gemacht. Wenn ich nicht mehr bin, dann hinterlasse ich einen blöden Kittel, der nicht gibt, was er verspricht. Wenn du nicht mehr bist, hinterlässt du vier wundervolle Menschen, die alle ein Teil von dir sind und das auch noch an Generationen weitergeben werden."

So sah sie mich? Das war also ihre Idee von mir? Ich hatte davon keine Ahnung gehabt. Ich war so sehr damit beschäftigt gewesen, sie zu beneiden, dass ich mein Leben nicht für beneidenswert gehalten hatte. Ich nahm sie in die Arme und erklärte ihr meine Sicht der Dinge. Sie reagierte genauso verwundert wie ich, was wiederum mich sehr verwunderte, denn ich dachte, sie wüsste es. Es stellte sich heraus, dass meine Wahrnehmung durch meinen Neid so verzerrt gewesen war, dass ich sie bei jedem Wort nur falsch verstehen hatte können.

Ich habe an diesem Nachmittag sehr viel gelernt. Es mag sein, dass man sein eigenes Leben nicht immer mag. Es mag sehr wohl sein, dass man ganz viele Dinge anders getan hätte, wenn man könnte, weil man es nun ja besser weiß. Aber abgesehen von all dem, denn das gehört zum Leben dazu, gibt es da draußen Menschen, die das eigene Leben gerne hätten. Es sind meistens Menschen, von denen man es nicht erwartet hätte, weil man sich selbst für deren Leben entscheiden würde – hätte man die Wahl. Das macht uns nicht besser oder schlechter, sondern einfach nur zu ganz normalen Menschen. Wenn man diesen Rivalitätsgedanken, der auch sehr ermüdend ist und nur Negatives in einem auslöst, beiseitelässt und sich auf die eigene Entwicklung konzentriert, diese nährt und daran arbeitet zu wachsen, dann spielt das Leben anderer Menschen keine so große Rolle, aber diese Menschen schon. Megans Leben und was sie darin machte, wurde mir gleichgültig, als ich meines vor ihres stellte. Sie als Mensch, vor allem als meine Schwester, verlor nie an Priorität. Es gibt keinen Menschen, der nicht über sich hinauswachsen kann.

Mein autistischer Sohn kam eines Tages zu mir, mit tränenden Augen und Briefumschlägen von fünf Universitäten, für die er sich angemeldet hatte. Er hatte fünf Zusagen erhalten, und für mich war das der erfüllendste Moment meines Lebens. Ich hielt sein Gesicht in meinen Händen, seine Tränen kullerten über meine Daumen und die Freude in seinen Augen war die Anerkennung, auf die ich jahrelang gewartet hatte. Die schlaflosen Nächte, das viele Kopfzerbrechen, der Spagat zwischen Homeschooling und Arbeit, zwischen den Kindern, die vielen Stunden der Verzweiflung – es hatte sich alles ausgezahlt.

Dafür war das Laufen gut

Die Erzählerin lebt heute in Polizeischutz. Ich habe sie in meinem Leben nur einmal getroffen. Zu ihrem Schutz darf ich nicht sagen wann und wo.

*

Ich bin eine Ägypterin, die in Ägypten aufgewachsen ist. Aber nicht in jenem Ägypten, das Sie sich vielleicht vorstellen. Dort, wo ich wohnte, gab es keinen übermäßigen Müll, der die Gehsteige blockierte, keine Obdachlosen, keine Straßen-, sondern nur Hauskatzen, und auf dem Straßenrand lagen Blumen. In meiner Gegend hörte man den Muezzin nicht zur Gebetszeit rufen und man sah keine Frauen im Hijab. Ich lebte in Kairo in einem der teuersten Bezirke. Dort, wo viele Gassen noch an den ehemals dagewesenen Glanz dieses Landes erinnern. Hier sprachen die Ägypter untereinander auf Englisch, unsere erkorene Muttersprache, die arabische Sprache wurde uns erst im Kindergarten als Zweitsprache angeboten. Und auf der American University of Cairo gab es mehr Amerikaner als Ägypter. Es war für meine Geschwister und mich nie ein Problem gewesen auszureisen, nach Europa, nach Amerika – wohin und wann wir wollten. Ich kannte nur dieses Ägypten, wo an fast jedem Wochenende im Discolicht getrunken und getanzt wurde, man offiziell einen festen Freund haben durfte und keinem etwas im Weg stand. Ich fuhr zwar durch die anderen Bezirke, manchmal, wenn ich woanders hinmusste, aber ich blieb nie stehen und stieg nie aus. Ich wusste vom Hörensagen, dass es dort für Menschen wie mich gefährlich war. Meine Handtasche könnte verschwinden oder ich könnte verschwinden. Ich war noch nie in den ärmeren Bezirken meiner Stadt gewesen – niemals.

Ich bin anders aufgewachsen als die meisten Ägypterinnen. Ich nahm mich selbst gar nicht als Ägypterin wahr – wenn, nur als eine „gehobene" Ägypterin. Ich hatte keinen typisch ägyptischen Stil: Meine Haare waren blondiert, immer geglättet, sodass meine Naturlocken keine Chance hatten, und ich wechselte oft meine Kontaktlinsen – mal blau, mal grün, damit meine zu dunklen Augen nicht durchblickten. Alle Frauen um mich herum sahen so aus, je europäischer, desto hübscher war man. Es war ein Schönheitsideal, das nie aus der Mode kam. Ich habe auch täglich eine Creme benutzt, die die Haut nach und nach aufhellt. Bei Strandurlauben hatte ich immer einen Hut auf und gab darauf Acht, nicht zu braun zu werden, um ja nicht dunkler zu werden.

Das war mein Ägypten. Ich lebte mit meinen Eltern, meiner jüngeren Schwester und meinem jüngeren Bruder in einer großen Villa. Wir hatten Hausmädchen, einen Gärtner, Katzen, Hunde, es war unsere heile Welt. Meine Mutter war Bankdirektorin, mein Vater Institutsleiter einer Universität, mein Bruder noch Student, er hatte allerdings eine Rockband, die auch noch andere Leute als wir kannten – er behauptete zumindest, er hätte Groupies, wir glaubten ihm das nur nicht –, und meine Schwester war Hochzeitsplanerin für die gehobene Gesellschaft, auch Schauspieler waren darunter. Ich war Fremdenführerin in Luxor und Assuan und gab Tauchkurse in Sharm El Sheikh und Marsa Alam. Ich glaube mit ziemlicher Sicherheit sagen zu können, dass ich eine der ersten Frauen in Ägypten war, die das fast ausschließlich selbstständig gemacht hat. Ich war zwar für ein Büro tätig, wo man diese Kurse auch buchen konnte, ich habe sie nebenbei aber ebenso selbstständig angeboten, das gab es damals in der Branche noch nicht und wenn doch, dann sicher nicht von Frauen. Ich habe keine Arabisch sprechenden Gruppen geführt, nur Amerikaner und Europäer. Ich hatte sehr schlechte Erfahrungen mit Arabern gemacht, die nicht in arabischen Ländern lebten und dachten, sie könnten einer Frau an den Po greifen, weil sie auf ihre Groschen wartete, oder mit jenen, die aus den arabischen Emiraten kamen und der Meinung waren, sie müssten in Ägypten nach ihrer vierten Frau suchen. Ich hatte mit diesen Unmenschen lange genug zu tun gehabt und mich jedes Mal dafür geschämt, Ägypterin zu sein. Einmal habe ich bei solch einer Gruppe sogar so getan, als könnte ich kein Arabisch und wäre eine Spanierin. Dafür werde ich im Ausland oft gehalten, ich spreche fließend Spanisch wie auch Arabisch, Englisch, Französisch und ein wenig Deutsch. Irgendwann wurde es mir mit diesen Männern, die mir vor den Augen ihrer Frauen an die Wäsche gehen wollten, zu viel und ich stellte dem Büro ein Ultimatum: Entweder ich führe nur nicht-arabische Gruppen oder ich kündige. Das Büro konnte sich meine Kündigung nicht leisten, da ich die führende Tauchlehrerin war und viele Sprachen beherrschte, die niemand sonst im Team sprechen konnte. Sie nahmen mein Angebot an.

Ich werde jetzt nicht lügen und sagen, dass europäische und amerikanische Männer unschuldige Lämmer sind, die schauen ja auch und zwinkern oder lächeln hier und da. Aber – und ich weiß nicht warum – das störte mich nie. Ich fühlte mich mehr als Frau, wenn mich ein weißer Mann als begehrenswert erachtete.

Das war meine heile Welt. Das war mein heiles Leben. Es war ruhig, vielleicht ein wenig abgeschottet, aber idyllisch. Es war ein gutes Leben. Ich dachte, es sei ein gutes Leben. Bis mein jüngerer Bruder anfing, sich zu verändern. Er war recht früh mit Kokain in Berührung gekommen und – trotz seines jungen Alters – zweimal in einer Entzugsklinik gewesen. Ich weiß noch, dass meine Eltern, als sie vom ersten Entzug erfuhren, ihren allerersten Streit vor uns hatten. Meine Eltern stritten niemals vor uns. Niemals. Aber in jener Nacht, als Ahmed im Krankenhaus wegen einer Überdosis fast ums Leben gekommen wäre und ein Bluttest bewies, dass er Drogen genommen hatte, war es so weit. Sie hatten sich aber auch niemals vor uns liebkost. Es gab keine Küsse, kein Streicheln, keine Romantik. Außergewöhnliche

Höflichkeit schon. Immer. Eine Höflichkeit, wie sie sich zwischen zwei Beamten gehört, aber sicher nicht zwischen zwei Eheleuten. Dieser Streit im Krankenhausflur war wahrscheinlich das Intimste und Romantischste, das ich jemals zwischen ihnen erlebt habe.

Ich habe mir in meiner Naivität keine allzu großen Gedanken gemacht, als ich erfahren habe, dass Ahmed Drogen nimmt. Tun das nicht alle Musiker? Ich dachte, es gehört dazu, diesen Kick zu haben, ihn sich zu holen. Aber ich war damals Mitte zwanzig – was wusste ich denn schon vom Leben, in dieser geschützten Blase, in der ich damals lebte.

Nach Ahmeds erstem Entzug wachten meine Eltern wie Adler über ihm. Sie folgten ihm auf Schritt und Tritt, ohne sein Wissen. Meine Schwester und ich versuchten ihm näherzukommen. Ich habe in dieser Zeit viel mit ihm unternommen. Wir gingen ins Kino, haben viel gesprochen und pflanzten Blumen im Garten. Das war mein Hobby, und ich wollte ihm damit Geduld beibringen. Zu gärtnern lehrt einem Geduld und ein gewisses Vertrauen in die Natur, dass alles so passieren wird, wie es soll. Einmal, als wir im Garten saßen und die Sonne auf sein Gesicht schien, seine Augen schimmerten so schön, sah ich ihn mir genauer an und entdeckte seine Bartstoppel. Wann waren die denn aufgetaucht? Er war doch vorgestern noch ein Baby gewesen! Jetzt war er ein junger Mann, der dachte, er hätte seine nächsten Jahre an die Drogen, er hätte sein ganzes Leben verloren.

Als Familie hielten wir ganz fest zusammen. Meine Mutter fing sogar zu beten an. Noch nie zuvor in meinem Leben hatte ich meine Mutter beten gesehen. Wir waren zwar schon Muslime, führten aber ein areligiöses Leben. Wir hatten etwa Alkohol im Haus und fasteten im Ramadan, aber das war für uns eher eine traditionelle Gewohnheit als ein spirituelles Gebot. Und nun sah ich meine Mutter in einem Gebetskleid am Boden kniend, weinend, voller Reue und Scham betete sie zu Gott. Ob das einem Drogensüchtigen helfen würde, wieder clean zu werden, bezweifelte ich.

Als Ahmed das zweite Mal im Krankenhaus lag, wusste ich, dass Gebete nichts helfen würden. Diesmal blieb er ein paar Monate länger in der Entzugsklinik. Und diesmal ließen sich meine Eltern scheiden. Die Schuldzuweisungen, die sie sich gegenseitig an den Kopf geworfen hatten, waren beiden zu viel geworden, sodass mein Vater seinen Kummer im Alkohol ertränkte und meine Mutter zu Gott fand und weiter betete. Sie gingen beide vollkommen unterschiedlich mit der Situation um. Unsere Reputation als Familie war dem Boden gleich. Meine Eltern wurden beide gekündigt, als die Medien erfuhren, dass ihr Sohn ein Drogensüchtiger war. Meine Schwester bekam keine Aufträge mehr. Ich konnte nur noch auf selbstständiger Basis arbeiten, denn auch ich war gekündigt worden. Wir wurden zu keinen Partys mehr eingeladen, man mied uns als Familie und als Individuen. Der Verlobte meiner Schwester warf ihr den Verlobungsring ins Gesicht, ihr Hochzeitskleid müsste noch immer in ihrem Schrank hängen. Als Ahmed dann von der Entzugsklinik zurückkehrte – wir wussten insgeheim alle, dass er mit Sicherheit wieder mit den Drogen anfangen und unser Leben niemals wieder so sein würde, wie es einmal war –, platzte sie, die sichere Blase, in der wir so lange gelebt hatten.

Jeder Tag glich dem anderen. Meine Mutter, meine Schwester, Ahmed und ich lebten noch gemeinsam in der Villa. Vater zog wieder zurück, aber er schien leblos zu sein. Der Alkohol hatte ihm alles an Leben genommen. Schluck für Schluck. Meine Mutter verließ ihre Gebetskammer nicht mehr. Sie wurde sanfter. Vater wurde rauer. Sie schliefen in getrennten Schlafzimmern. Meine Schwester hatte kein gutes Verhältnis zu Ahmed. Sie gab ihm die Schuld für die Entwicklung der gesamten Familie. Meine Eltern sind beide sehr reich. Sie stammen aus sehr wohlhabenden Familien und haben viel Geld geerbt. Finanziell waren wir also abgesichert, auch ohne deren und unseren Jobs, wir lebten aber in einem Land, in dem die Reputation einer einzigen Person die der ganzen Familie mit sich ziehen kann. Ahmed war – und da waren wir uns alle einig – der Grund, warum von heute auf morgen alles den Bach hinuntergegangen war. Meine Schwester und ich waren einst die begehrtesten Junggesellinnen des Ortes und nun das Gespräch der gehobenen Gesellschaft. Mein Vorschlag war es, nach Amerika zu ziehen. Ich wollte dort meinen Master machen. Meine Schwester versuchte verzweifelt ihren Verlobten zurückzugewinnen und Ahmed schien es zwar besser zu gehen, dennoch veränderte er sich.

Meine Eltern lebten nur deswegen unter einem Dach, um ihn von den Drogen fernzuhalten. Mit der Zeit schien er zuzunehmen, gesünder auszusehen, sein Appetit war wieder normal, er hatte wieder rosige Wangen und die Augenringe verschwanden. Das war ein Fortschritt, mit dem ich ehrlicherweise nicht mehr gerechnet hatte. Es tat gut, ihn so zu sehen. Einmal, da stand er im Garten bei unseren Rosen, die so schön blühten, ging ich zu ihm und versuchte ihm klarzumachen, dass dies die Blüte seiner Gartenarbeit sei und dass alles, was wir pflanzen, seien es nun Rosen oder auch unsere Taten, Folgen haben würde. Ich wollte ihm damit vor Augen führen, dass jede Entscheidung, die er fälle, wichtig war und nicht nur ihn betraf. Ich empfand wieder eine Bindung zu ihm. Unsere Schwester hatte ihn völlig aufgegeben. Ich nicht. Aber ich war mittlerweile die Einzige, die einer Arbeit nachging, und diese war mit wochenlangem Reisen verbunden. Ich war also diejenige, die nicht immer da war.

Einmal, ich kam von einer zweimonatigen Reise zurück, spürte ich bereits an der Türschwelle, dass sich etwas grundlegend verändert hatte. Eine noch größere Veränderung als jene, die uns schon ereilt hatte. Im gesamten Haus roch es nach angezündeten Räucherstäbchen, und der Koran war zu hören – das hatte es bei uns noch nie gegeben. Ahmed hatte sich einen Bart wachsen lassen, trug einen Kaftan und eine Gebetshaube. Er ließ mich zu meiner Mutter und meiner Schwester ins Zimmer, beide trugen einen Nikab. Ich dachte, ich sei im falschen Film. Beide zitterten vor Angst. Er hatte ihnen mit Mord gedroht, würden sie das Haus verlassen. In den Wochen, in denen wir gedacht hatten, er würde sich bessern, wurde er zu einer gefährlichen Person. Er hatte sich in irgendeiner Moschee, die er irgendwann angefangen hatte, regelmäßig zu besuchen, Flausen in den Kopf setzen lassen, nämlich die Meinung, dass alles, was wir taten, und unser gesamter Lebensstil haram (verboten) waren.

Er hatte unseren Vater der Villa verwiesen, weil er Alkoholiker war, und auch ihm gedroht, ihn umzubringen. Er sei nicht alleine, sagte er uns andauernd. Würden wir die Polizei verständigen, würden *sie* uns finden und töten. Er sprach immer von einer Gruppe. Von seiner Gruppe. Er sperrte uns den ganzen Tag in der Villa ein. Untertags war er unterwegs, erst nachts kam er wieder, aber er sprach nicht mit uns. Meine Mutter betete weiter. Ich verstand sie nicht. Er nahm uns allen die Handys weg. Er nahm uns alles weg. Es gab nur die vier Wände und uns. Auch den Garten durften wir nicht betreten. Wir mussten für ihn putzen, kochen und seine Gäste bewirten. Sie kamen zu uns nach Hause, sie hatten Besprechungen, die wir nicht hören durften. Eines Tages kam er in „unser" Zimmer und befahl mir, den Nikab anzuziehen. Ich wurde spöttisch: „Aber ich bin deine Schwester, aus religiöser Sicht muss ich vor dir weder den Hijab noch den Nikab tragen, oder findest du mich etwa heiß? Hast du nicht nur geschwisterliche Gefühle für mich?" Ich provozierte ihn absichtlich.

Er wurde rot: „Du bist eine Frau. Was weißt du schon vom Islam?"

„Verstehe, du denkst also, Frauen wüssten nichts vom Islam? Gut, würdest du das auch über die Mutter Maria sagen? Über Fatima, die Tochter des Propheten? Über Aisha, seine Frau?"

„Wage es ja nicht, dich mit diesen Frauen zu vergleichen. Du bist nur eine Kafira (Ungläubige), die ich aus Güte nicht umbringe, ich gebe dir die Chance, dich zu bessern, damit du nicht im Höllenfeuer schmoren musst."

„Aber ich dachte, dass Allāh der Größte ist und nur er verzeihen kann. Du bist nur ein Mensch. So wie ich. Du bist mir gleich."

„Nein, ich bin dir nicht gleich. Ich bin ein Mann und du – Frau – wurdest aus einer gebogenen Rippe erschaffen."

„Dann würde ich dich gerne daran erinnern, woraus du gekrochen bist." Ich zeigte auf meine Mutter und fuhr fort: „Der Körper dieser Frau hat sich vor zwanzig Jahren fast halbiert, damit du aus ihrer Vagina rauskriechen konntest. Und der Islam – in dessen Namen du hier sprichst – besagt, dass dein Paradies unter ihren Füßen liegt und nicht umgekehrt."

Ein fester Schlag. Er schlug mir nach meinem letzten Satz direkt ins Gesicht. Und obwohl ich Angst hatte, starrte ich ihn an und zeigte meine Angst nicht. Ich sah ihn an und sah … nichts. Das war nicht mein Bruder. Von meinem Ahmed war nichts mehr übrig geblieben. Es umgab ihn plötzlich eine dunkle Aura, sein Gesicht war düster, seine Gesichtszüge erinnerten nicht daran, wie er einmal ausgesehen hatte. Ich sah in seinem Blick nur Kälte und kein Erbarmen.

Früher war er anders gewesen. Zwar unverantwortlich und chaotisch, aber auch ein einfühlsamer Künstler. Davon war nichts mehr übrig. In dem Moment, in dem mich sein Schlag traf, wurde mir klar, dass der Bruder, den ich gekannt hatte, gestorben war. Und dass das, was sich in unserem Haus abspielte, kein Kinderspiel war, es war purer Ernst und gefährlich. Mein Bruder war zum Islamisten geworden, der höchstwahrscheinlich zu einer Gruppe gehörte, die Blut an den Händen hatte. Und ohne jegliche Scham brachte er sie zu uns nach Hause.

Als er mich schlug, fiel ich zu Boden. Meine Mutter und meine Schwester liefen sofort zu mir. Er hob wieder die Hand und sagte: „Du wirst dieses Zimmer niemals verlassen, niemals!"

Wochen vergingen. Ich verließ das Zimmer tatsächlich nicht. Meine Mutter und meine Schwester waren der einzige Grund, warum ich nicht den Verstand verlor. Und dann eines Tages kam er zu mir und wollte, dass wir alleine sprechen. Er brauchte Geld. Er hatte zu nichts Zugang. Er wollte, dass ich wieder Touristen führte, damit er an Geld kommen konnte.

Spöttisch fragte ich: „Aber wie soll das mit dem Nikab funktionieren?"

Er erkannte meinen Sarkasmus und blieb sachlich: „Du wirst natürlich ohne Nikab gehen."

Ich konnte meinen Sarkasmus nicht stoppen: „Aber Sheikh Ahmed werde ich denn nicht im Höllenfeuer schmoren, wenn ich meinen Nikab abnehme, um Ungläubige durch mein Land zu führen?"

Er hielt mich am Hals fest und begann mich leicht zu würgen: „Nicht, wenn du es im Sinne des Islam tust, und das machst du, denn das Geld, das du damit verdienst, kommt mir und somit dem Islam zugute."

Ich konnte einfach nicht aufhören: „Aber bist du nicht ein Mann? Ein Mann ist doch so viel weiser als eine Frau, warum verdienst du nicht dein eigenes Geld? Wo ist deine Gruppe? Seid ihr nicht alle weise und religiöse Männer?"

Er würgte mich nun fester, so fest, dass ich husten musste und kaum atmen konnte. Dann flüsterte er mir ins Ohr: „Deinesgleichen sind der Grund, warum die Welt eine komplette Säuberung braucht."

Mit dem bisschen Luft, das ich noch hatte, erwiderte ich: „Und deinesgleichen sind es, die den Hass der Welt auf uns geschürt haben. Du hast nichts mit dem Islam zu tun. Lehrt dich der Islam, so mit deiner Schwester umzugehen? Lehrt dich der Islam, deine Schwester loszuschicken, damit du dir Drogen kaufen kannst?"

Er ließ los. Ich glaubte, für eine Sekunde meinen Ahmed gesehen zu haben. Ich sah ihm tief in die Augen und versuchte, auf ihn einzureden, dass es noch nicht zu spät sei, dass wir wieder unser altes Leben haben könnten. Er hörte mir überraschenderweise zu, sagte aber – als stünde er unter Druck und würde vieles verbergen –, dass es schon zu spät sei. Er würde zu tief in einer Sache stecken. Er wollte, dass ich sobald wie möglich aufbrach, und würde ich abhauen, würde er unsere gemeinsame Schwester umbringen. Er drohte mir mit dem Leben unserer Familie, die keine mehr war.

Ich verabschiedete mich von meiner Mutter und meiner Schwester, versicherte ihm, ich würde mit genügend Geld nach Hause kommen und verließ dieses Haus, das nicht mehr unseres war. Ich verließ es in einer schwarzen Abaya und einem Nikab, der ständig verrutschte, sodass ich fast nichts sehen konnte. Als ich im Taxi saß, nahm ich ihn ab. Ich öffnete das Fenster und konnte endlich wieder den Wind durch meine Haare wehen spüren. Es fühlte sich an wie die pure Freiheit, die ich schon vergessen hatte. Alles in mir wollte fliehen. Ich wollte nicht mehr zurückblicken, aber der Gedanke an meine Mutter und meine Schwester hielt mich davon ab.

Tage später stand ich in Shorts in Sharm el Sheikh und bekam eigentlich nicht recht mit, wie ich die Gruppe leitete. Es war, als hätte ich eine gespaltene Persönlichkeit. Die eine, die fast gestorben wäre, musste ich unterdrücken, damit ich überleben konnte. Die andere musste lachen, Späße machen, Small Talk betreiben, ohne dass man irgendetwas bemerkte. Ich hatte das Bild meiner Mutter und meiner Schwester immer vor Augen.

Eines Abends saß ich am Meer und zerbrach mir den Kopf darüber, was ich tun könnte, um den Schrecken zu Hause aufzuhalten. Es war eigentlich ein Wunder, dass ich hier war und nicht mehr im Haus festsaß. Wäre es richtig, die Polizei zu alarmieren? Wäre es dumm, zurückzugehen? Warum schickte mich Ahmed weg? War es tatsächlich aus finanziellen Gründen? Hat er mich etwa loswerden wollen? War das alles ein Albtraum? Was würde noch geschehen?

Ich war so tief in meinen Gedanken versunken, dass ich nicht merkte, dass sich ein junger Mann zu mir gesetzt hatte. Er war einer der Amerikaner in der Gruppe. Er hatte mich schon an den vergangenen Tagen unter die Lupe genommen, mich hin und wieder angelächelt, sich beim Essen zu mir gesetzt. Ich denke, zu einem anderen Zeitpunkt hätte ich es zugelassen, er war genau mein Typ. Aber in diesem Moment war es einfach undenkbar.

Er saß neben mir im Sand und sah mir tief in die Augen: „Ist das Ihre echte Augenfarbe?"

Ich verneinte: „Das sind Kontaktlinsen."

Er kam näher: „Ich würde liebend gern Ihre echten Augen sehen."
Ich wurde direkt: „Verstehen Sie mich bitte nicht falsch. Aber ich bin nicht daran interessiert. Ich darf mit Kunden keine außerberuflichen Beziehungen führen."
„Ja gut, aber ab übermorgen bin ich kein Kunde mehr. Dürfte ich Sie dann ausführen?"
„Nein. Eine andere Gruppe wartet dann schon auf mich und anschließend fahre ich wahrscheinlich zum Sterben nach Hause."
Ich wusste nicht, warum ich das gesagt hatte. Es war mir herausgerutscht. Aber er lachte, er dachte, es sei ein Scherz, und ich war froh, dass das Gespräch zu Ende war. Ich entschuldigte mich und stand auf.
Zwei Tage später sah ich ihn dann in der nächsten Gruppe wieder. Ich musste mir damals eingestehen, dass er genau mein Typ war. Sein Lächeln, die Art, wie er mich ansah, und was ich empfand, als er mich ansah, all das war, was ich in einem Mann suchte, aber das Timing stimmte ganz und gar nicht.
Er ließ nicht locker, bis er meine echte Augenfarbe sah. Ich nahm die Kontaktlinsen heraus und da übertrieb er es: „Ich glaube, ich habe mich Hals über Kopf in dich verliebt." Als ich diese Worte hörte, empfand ich etwas, das ich vorher nicht kannte. Noch nie zuvor in meinem Leben hatte ich jemandem meine ganze Lebensgeschichte erzählen und ihn als Teil davon sehen wollen.
Wir verbrachten die ganze Nacht am Strand und redeten. Es war so schön mit ihm, dass ich für kurze Zeit vergaß, was zu Hause auf mich wartete. Und da erzählte ich ihm alles. Die ganze Geschichte. Ich hatte Angst, ich würde ihn damit verscheuchen, aber gleichzeitig machte er mir klar, dass er mich nicht verlassen würde. Er wollte mich heiraten – auf der Stelle. Ich habe Ja gesagt. Ich sah in ihm meine Fluchtmöglichkeit und vor allem meine Zukunft. Wir heirateten noch in derselben Nacht, und ich rief meine Mutter an. Ich hatte mit Ahmed vereinbart, solange ich weg sein würde, dürfte ich mit Mama

telefonieren. In verschlüsselten Worten versuchte ich, ihr zu erzählen, was geschehen war. Ich wusste, Ahmed würde wahrscheinlich zuhören. Ich sagte ihr, ich hätte eine Amerikanerin kennengelernt, die einen großartigen Job für mich in Amerika hätte, es sei alles saubere Arbeit und ich könnte in regelmäßigen Abständen hohe Geldbeträge schicken, somit würde Ahmed ein fixes Einkommen erhalten. Da sie nicht nachhakte, verstand ich, dass er tatsächlich zuhörte. Sie sagte nur, dass ich unbedingt gehen sollte, denn Mona würde nur noch schlafen. Mona schliefe die ganze Zeit. In diesem Moment wusste ich, dass meine Schwester bereits tot war. Meine Mutter bettelte mich an, dass ich gehen sollte, und dann brach plötzlich die Leitung ab.

Stunden später, mitten in der Nacht, rief mich meine Mutter von einer fremden Nummer wieder an und bestätigte, dass Mona tot sei. Sie hätte Selbstmord begangen. Meine Mutter wollte nicht, dass ich zurückkehre, ich könne ihr nicht mehr helfen. Ich sollte das Land verlassen, wenn dies möglich sei. Wir verabschiedeten uns am Telefon. Als ich auflegte, wurde mir klar, dass ich sie wahrscheinlich nie wieder sehen werde.

Der Amerikaner – Logan – kam zu mir und umarmte mich. Er war alles, was ich mir je von einem Mann erträumt hatte, aber es war der falsche Zeitpunkt. Ich vertraute ihm – und das aus einem mir unerklärlichen Grund – blind. Und er enttäuschte mich nicht. Ich kannte ihn erst seit ein paar Tagen, nun war er mein Ehemann, und ich hätte nie gedacht, dass die Liebe zu einer anderen Person so schnell wachsen kann. Und vor allem, dass sich ein Amerikaner nach nur wenigen Tagen binden würde. Aber er war meine Rettung, und ich war ihm so dankbar.

Wochen später waren wir in Amerika. Ich hatte meine Vergangenheit hinter mir gelassen. Alles davon. Nur den Gedanken an meine Mutter ließ ich in meinem Herzen Platz haben, sonst nichts.

Logan war ein nobler Mann. Er war sanft, lustig, intelligent. Ich fühlte mich mit ihm rundum wohl und so, als hätte ich eine stabile

Stütze. Er war mein Beschützer. Er wusste alles über mich, ich zeigte ihm meine Wunden, meine Verletzlichkeit, und er nutzte dies nicht aus. Seine Familie nahm mich herzlich auf. Seine Mutter war Österreicherin und war beeindruckt, dass ich Deutsch sprechen konnte. Sie hätte nicht gedacht, dass eine Ägypterin so gebildet sein könnte und dann auch noch so offen, was Kleidung und Alkohol betraf.

Unsere Ehe hielt drei Jahre. Es waren wunderbare drei Jahre. Es war eine weitere Blase, die zum Platzen verurteilt war. Ich lag in unserem Bett und bemerkte durch Zufall einen Slip unter meinem Kissen. Der Slip gehörte jedoch nicht mir. Als ich Logan damit konfrontierte, lachte er. Ich verstand die Welt nicht mehr. Für mich war das kein Witz. Kein Scherz. Ich hatte mir mit diesem Mann meine Zukunft, mein Leben vorstellen können, ich hatte ihm alles anvertraut, bis er mir im Streit offenbarte, dass er ein Zuhälter sei. Er sei für die Öffentlichkeit ein Immobilienmakler, in Wirklichkeit jedoch vermiete er Frauen an reiche Männer und verdiene so sein Geld. Einige ließ er heimlich bei diesen Verabredungen filmen, um sie später erpressen zu können. Er drohte mir, sollte ich irgendwann seinen Namen kundtun und mit dem, was ich erfahren hatte, an die Öffentlichkeit gehen, würde er mein Video veröffentlichen, denn mich hatte er natürlich auch – ohne mein Wissen – beim Sex gefilmt.

Als ich meine Stimme gegen ihn erhob und ihm klarmachte, dass mir sein Filmchen egal sei, schlug er zu. Und in diesem Moment sah ich Ahmed in ihm. In diesem Moment war er mir als Ehemann genauso fremd, wie Ahmed mir damals als Bruder fremd geworden war. Ich sah die gleiche Leere. Seine Attraktivität, alles, was mir an ihm gefallen hatte, und alles Schöne, das ich mit ihm verbunden hatte, waren verschwunden.

Als ich am Boden lag, trat er auf mich ein. Er hörte nicht auf, und irgendwann spürte ich nichts mehr. Als ich erwachte, war ich alleine im Haus. Sein Fehler war wohl, dass er dachte, die kann nicht zurück und hier kennt sie keiner. Sie ist ohne mich verloren und ich habe noch die Sexaufnahmen von ihr in der Hand. Ich denke zumindest, dass er das dachte.

Ich rannte schnell zu unserer Nachbarin, die mir immer wieder einbläute: „Wenn Sie irgendwann etwas brauchen, *IRGENDETWAS*, kommen Sie sofort zu mir." Sie war eine ältere Dame, die außer ihren zwei Katzen nichts hatte. Sie war nicht überrascht, als ich grün und blau geschlagen bei ihr anklopfte. Sie hatte einen Beutel voller Geld bei sich, den sie mir zusammen mit einer Adresse einer Bekannten in einer weit weg gelegenen Stadt gab. Ich solle dorthin. „Schnell", meinte sie, „am besten sofort". Sie sah mich an: „Sie sind nicht die Erste, mein Kind. Er schnappt sich immer die schwachen und familienlosen Frauen aus dem Süden und bringt sie dann her, um sie den Geiern zum Fraß vorzuwerfen. Aber noch nie ist eine so lange geblieben wie Sie. Sie haben Glück gehabt. Sie kommen da noch lebend raus. Hauen Sie ab!"

Ich nahm den nächsten Bus und war weg. Ich ließ alles zurück. Ich hatte nur das mit, was ich am Leib trug, und das Geld der Nachbarin. Und so platzte die zweite Blase, in der ich gelebt hatte. Ich war am Boden zerstört. Ich wollte zu meiner Mutter. Ich verfolgte die Nachrichten über Ägypten, um zu sehen, ob es Nachrichten über Ahmed gab, über meine Mutter, irgendetwas, irgendein Zeichen … nichts.

Ich hatte keinen Grund mehr zu leben. Ich hatte kein Ziel. Keinen Ansporn. Keine Inspiration. Ich hätte nie gedacht, dass Ahmed ein Islamist werden würde und Logan, die Liebe meines Lebens, ein Zuhälter war. Und am aller wenigsten hätte ich gedacht, dass das Frauenbild der beiden ein ähnliches war.

In der neuen Stadt suchte ich sofort die Adresse auf, die mir die Nachbarin mitgegeben hatte. Dort traf ich eine ihrer Freundinnen, die bei sich im Haus Zimmer vermietete. Sie wusste Bescheid. Ich musste mir allerdings mit einer anderen Ägypterin ein Zimmer teilen. Sie war aber in Amerika geboren worden und arbeitete neben dem Studium hier. Ihr Name war Halima. Das ist Arabisch und bedeutet „die Sanfte". Sie war jedoch alles andere als sanft. Sobald sie mich erblickte, sagte sie: „Salam Alaykum." Als ich es mit einem „Hi" beantwortete, verwandelte sich ihr Lächeln und sie verdrehte die Augen. Sie trug ein Kopftuch, studierte Philosophie und schien eine sehr starke Persönlichkeit zu sein.

Ich konnte sie nicht leiden. Alles an ihr triggerte irgendetwas in mir. Das Kopftuch. Ihre Art und der Koran, den sie hörte, um einzuschlafen. Sie beten zu sehen. Ich war in dieser Hinsicht so von meiner Vergangenheit verstört, dass es mich nicht mehr losließ und ich es bei ihr einfach nicht akzeptieren konnte. Ich hatte schon zu viel erlebt. Zu viel gesehen.

Eines Nachts, wir schliefen in einem Stockbett, träumte ich schlecht. Ich wachte schreiend auf, da sprang sie auf und holte mir ein Glas Wasser. Ich sah sie in ihrer vollen Schönheit. Sie hatte langes, schwarzes Haar. Wunderschöne Locken, starke Wellen. Ich musste sie fragen: „Wieso versteckst du deine Haare? Wieso versteckst du dich? Du bist hier aufgewachsen, keiner zwingt dich dazu. Wieso trägst du das Kopftuch, wenn du das Haus verlässt? Denkst du wirklich, dass deine Haare eine Sünde sind? Warum tust du das?"

Sie lächelte und sagte selbstsicher: „Weil ich mehr bin. Ich bin mehr als schöne Locken, als Haare, als eure Vorstellungen vom Feminismus, die sich auf Kleidung und Strähnen beziehen. Ich verstecke meine Haare, das stimmt, aber ich verstecke mich nicht – ich mache mich sichtbar. Ich zeige meine Identität."

„Was meinst du mit *ihr*? Ich bin Ägypterin, so wie du."

„Ihr, die weißen Feministinnen."

„Aber ich bin doch gar nicht weiß."

„Um dem White Feminism anzugehören, muss man nicht weiß sein, das ist eine Denkweise. Du argumentierst wie sie. Du siehst aus wie sie. Du bist diejenige, die ihre Identität versteckt. Unter den gefärbten Haaren, der falschen Augenfarbe, der gebleichten Haut – ich kenne diese Creme, ich erkenne sie am Geruch. Du bist es doch, die eine *Sklavin* des White Feminism ist, die nur das eine Bild vom Frausein kennt. Du bist es doch, die sich dem oberflächlichen Feminismus verschrieben hat und mit Haaren und Kleidung argumentiert, wo es im Feminismus doch um so viel mehr geht."

„Wieso trägst du das Kopftuch?"

„Ich trage es, weil es den Geruch meiner Heimat in sich birgt. Einer Heimat, die dir fremd ist, denn da, wo du herkommst – und das sieht man dir an –, gab es nichts, was ich als meine Heimat bezeichnen würde."

„Entschuldige bitte, aber bist du nicht hier geboren? Wieso redest du so, als hättest du in Ägypten dein ganzes Leben verbracht? Und wieso kehrst du nicht zurück, wenn dir diese Heimat so viel wert ist?"

„Ja, ich bin hier geboren, ich trage aber die Liebe zu meinen Wurzeln in mir. Weil ich weiß, wie es den Menschen dort geht, auf deren Beinen das Land steht. Weißt du, wie es ist, dieses Land zu vermissen? Weißt du, wie es sich anfühlt, nach vielen Jahren wieder anzukommen und den Boden zu küssen? Kennst du die Stimme des Rufs vom Morgengebet, wenn die Stadt still schläft und die Sonne den Meeresgrund küsst? Was weißt du über Heimat? Was weißt du über den Islam? Was weißt du über jene Frauen, die du versuchst zu befreien?"

Mir flossen die Tränen herunter: „Es tut mir leid, aber mein Bruder, der über Nacht zu einem Islamisten geworden ist, hat mir nicht die Wahl gelassen, irgendetwas zu lieben. Nicht einmal mich selbst. Und mein Mann, von dem die ganze Welt wusste, dass er ein Zuhälter ist, nur ich nicht, auch er ließ mir nicht viel, das ich lieben könnte."

Meine Antwort schockierte sie. Sie hörte mir die ganze Nacht zu. Als sie dann den Koran rezitierte, schlief ich ein. In meinem Leben hatte ich noch nie so tief geschlafen.

Es entwickelte sich eine Freundschaft zwischen uns. Eine tiefe Freundschaft, die ich nicht erklären konnte. Mir machte das Angst. Ich hatte mit meinem Vertrauen anderen gegenüber ja nicht immer die besten Karten gezogen. Doch es war schwer, ihr nicht zu vertrauen. Sie hatte ein großartiges Lachen. Man musste automatisch mitlachen. Sie schrieb sehr viel, dann zerriss sie alles, um von Neuem zu schreiben. Sie sagte, ihre Sachen seien noch nicht bereit für die Öffentlichkeit, sie hätten aber genug Platz in ihrem Kopf, und wenn der Platz irgendwann zu klein sein würde, dann würden sie für die Welt herauskommen.

Einmal habe ich etwas von ihr gelesen, mir kamen die Tränen. Sie war tief in diesem Identitätsdiskurs verwickelt. Sie stellte ihre Kleidung und ihren Schmuck selbst her, alles trug diesen orientalischen Touch an sich, alles verwies auf ihre tief verankerten Wurzeln in Ägypten. Dank ihr vermisste ich meine Heimat zum allerersten Mal. Ich wollte das fühlen, was sie fühlte.

Wir hatten ein gemeinsames Hobby: Wir liefen gerne. Für mich war es joggen, aber sie – und ich übertreibe nicht –, sie lief so schnell, dass ich dachte, sie sei Leistungssportlerin. Ich sprach sie oft darauf an und meinte, sie könne das beruflich machen. Sie lachte mich aber immer nur aus: „Natürlich muss eine Schildkröte wie du denken, dass ich flitze, aber ich laufe ganz normal."

„Normal? Du hast sie ja nicht mehr alle. Das ist eine Gabe. Das musst du ausnutzen. Das muss doch für etwas gut sein, nutze das aus."

„Es wird schon für etwas gut sein, aber sicher nicht, um Leistungssportlerin zu werden – ich bin eine Poetin."

Sie war meine einzige Freundin. Sie versöhnte mich wieder mit der Welt. Sie war die Brücke zwischen mir und dem Leben. Sie hatte alles, was mich getriggert hatte, in etwas Schönes verwandelt. Mein Leben lang hatte ich nur als überintegrierte Ägypterin angesehen werden wollen, die man nicht als Ägypterin erkannte. Ich hatte mich für meine Herkunft geschämt, weil Ägypten ein Dritte-Welt-Land war, und als Ahmed zum Islamisten wurde, projizierte ich das auf die gesamte Religion und die gesamten Muslime. Aber als ich herausfand, was Logan beruflich machte, bezog ich es nur auf Logan.

Halimas Standhaftigkeit, was ihre Herkunft und ihren Glauben betraf, die Tatsache, dass sie niemandem gefallen wollte und sich nicht fremddefinieren ließ, lehrte mich so viel über mich selbst, aber auch über andere Frauen. Ich hatte tatsächlich das Gefühl gehabt, jede Kopftuchträgerin bemitleiden zu müssen, weil ihre Haare nicht im Wind wehen konnten. Was für ein blöder Grund, denke ich jetzt. Unterdrückung zeigt sich nicht am Kopftuch. Ich war von Logan unterdrückt worden, ohne es zu wissen.

Ich begriff, dass der Zugang zu einer Sache eine wichtige Rolle spielt. Wenn mich Ahmed zum Beten zwang, hasste ich es. Wenn ich Halima dabei zusah, dachte ich an meine Mutter. Halima verlor sich selbst im Gebet. Sie tauchte dabei so tief in etwas ein, dass man es ihr nachmachen wollte, um zu sehen, was einen da so in den Bann ziehen konnte. Ich betete mit ihr. Ich hatte schon vergessen, wie sich das anfühlte. Ich wollte vergessen, wie es sich anfühlte, denn gezwungen, war es demütigend, aber wenn man den inneren Frieden suchte, war es erlösend.

Jahre später fing Tunesien als eines der ersten arabischen Länder mit dem Arabischen Frühling an. Araber gingen auf die Straßen und protestierten gegen die Regierung. In dieser Zeit kaufte sich Halima ein Flugticket nach Ägypten. Sie wollte dort mitdemonstrieren. Damals war in Ägypten jedoch noch gar keine Rede von Revolution, sondern nur in Tunesien. „Wir sind die Nächsten, ich spüre es", sagte sie voller Zuversicht und zeigte mir stolz ein zweites Ticket. Sie wollte, dass ich mitkäme. Ich war unsicher. Ich wollte sehr gerne mitkommen, ich hatte mich durch sie aufs Neue in meine Heimat verliebt, aber ich hatte auch Angst um mein Leben. Gleichzeitig hätte ich mein Leben gegeben, um meine Mutter wiederzusehen – sollte sie noch am Leben sein.

Ich flog mit. Ich führte sie durch Assuan, bevor wir nach Kairo gingen. Wir verbrachten dort unglaubliche Tage. Einerseits spürte ich, dass ich meinem Tod in die Arme lief, andererseits hatte ich ein unbeschreibliches Freiheitsgefühl, ich ließ mich von der Stimmung im Land anstecken. Man konnte den baldigen Umbruch spüren.

In unserer letzten Nacht in Assuan rief ich meine Mutter an. Ich wusste nicht, ob sie antworten würde, wie es ihr ging, was los war ... Ich dachte, ich probiere es einfach. Was hatte ich zu verlieren?

Sie hob ab. Es ging ihr gut. Ahmed war weg. Er war vor Jahren festgenommen worden, später war er jedoch aus dem Gefängnis geflohen und keiner wusste, wo er sich aufhielt. Alle dachten, er sei vielleicht schon tot oder außerhalb des Landes. Er hatte mit Drogen gedealt und war von *ihnen* verpfiffen worden. Meine Mutter wohnte nun woanders, sie wollte mich sehen.

Wir trafen uns in einem Café. Sie erkannte mich nicht. Ich trug meine Haare nicht mehr glatt, färbte sie nicht mehr und hatte keine Kontaktlinsen. Ich war gekommen als die, die ich war. Ohne Maske. Einfach nur ich. Sie trug keinen Nikab mehr, aber das Kopftuch. Ihre rechte Gesichtshälfte war gelähmt, eine Folge des Schocks über Monas Selbstmord. Halima war bei mir, sie wich mir nicht von der Seite. Die Umarmung meiner Mutter wäre es wert gewesen zu sterben. Ich hatte gedacht, ich würde sie nie wieder sehen. Zu meinem Vater hatte sie keinen Kontakt mehr.

Tage später waren Ägyptens Straßen voller Revolutionäre, die für eine neue Zukunft und für eine echte Veränderung durch die Gassen des Landes marschierten und protestierten. Es waren überwiegend junge Menschen. Auch Halima und ich mischten uns darunter und riefen laut mit, dass Mubarak gehen solle, dass sein System zum Scheitern verurteilt und nun unsere Zeit gekommen sei. Noch nie zuvor in meinem Leben hatte ich mich so sehr als Ägypterin gefühlt. Es tat so gut, ein Teil dieser Veränderung zu sein. Halima schrie sich die Seele aus dem Leib und ermutigte alle jungen Frauen, die mitmarschierten. Es war eine tolle Zeit, es war schön, zu Hause zu sein.

Irgendwann, Präsident Mubarak war bereits zurückgetreten, feierten wir auf der Straße, wir tanzten und unsere Herzen sprangen uns vor Freude fast aus dem Leib, da sah ich ihn. Aus der Ferne. Er hatte mich gefunden. Ich sah noch einmal hin, vielleicht bildete ich es mir nur ein. Nein. Er war es. Er kam langsam, aber sicher auf mich zu. Er hatte eine Waffe in der Hand. Er verlor mich nicht aus den Augen. Ich stand da wie angewurzelt, ich konnte mich nicht bewegen. Er war es. Er war es ganz sicher. Es war sein Blick. Er war älter, aber er war es. Er erkannte mich, er kam immer näher. Ich sah zu Halima, ich gab ihr ein Zeichen, aber ich konnte nichts sagen, meine Stimme versagte. Halima war weiter weg, sie tanzte, aber sie sah mich, sie las mein Gesicht und verstand, dass etwas nicht stimmte, sie lief zu mir und kam zwischen uns, aber es war zu spät, denn er hatte mich schon erwischt. Nein, sie war zu schnell, sie war schneller, er hatte *sie* erwischt. Er erschoss sie, weil sie zwischen uns kam, sie war zu schnell, sie lief zu schnell. Ihm wurde von Passanten die Waffe weggenommen, er wurde zusammengeschlagen, und plötzlich war die Polizei da, aber er war weg.

Halima lag in meinen Armen und sah mich an, überall war Blut. Sie lächelte, streichelte mir über die Wange und sagte: „Dafür war das Laufen gut."

Das war das Letzte, was sie sagte. Das war ihr letzter Atemzug.

Er hatte meiner Mutter aufgelauert. Er war vor Monaten aus dem Gefängnis geflohen und wollte ihr wieder Geld abnehmen, da hatte er mich mit ihr gesehen und eine neue Möglichkeit, um an Geld zu kommen.

Ich möchte aber nicht mehr über ihn sprechen. Er hat der Welt nur Schmerz zugefügt und Blut hinterlassen. Ich möchte über Halima sprechen. Sie würde nicht im heutigen Ägypten leben wollen. Halima ist die Tochter jener Revolution, die im Keim erstickt worden ist, so wie sie, so wie ihre wertvollen Gedanken, die sie nie zu Papier bringen konnte.

Sie war eine selbstbestimmte junge Frau, von der ich so viel gelernt habe, dass ich ein ganzes Buch darüber verfassen könnte. Sie sah den Menschen, nicht die Oberfläche, sie identifizierte sich als Muslima, sie brachte die Welt zwischen Gott und mir wieder in Ordnung. Sie war die Stimme so vieler Frauen, die ihre eigene Natürlichkeit über alles stellten. Ihnen wurde nie eine Plattform geboten. Halima hat diese Stille durchbrochen und ein Leben gelebt, das das Weltbild einiger Menschen zerrüttete, weil ihre Art zu leben einzigartig war. Auch die Art, wie sie gegangen ist, war aufopfernd. Sie hatte diesen mütterlichen, schützenden Charakter, der mich bis heute umgibt.

Sie ist nicht umsonst gestorben. Dafür sorge ich mit meinem Leben. An manchen Tagen fällt das Atmen schwerer als an anderen. Aber es vergeht kein Tag, an dem sie mich nicht begleitet. Es vergeht kein Tag, an dem mein Herz nicht ein wenig blutet. Es vergeht auch kein Tag, an dem ich nicht bete und an sie denke. Es vergeht kein Tag, an dem ich nicht zum Himmel blicke und zu ihr spreche.

Es schmerzt, dass ich auf so viele Fragen keine Antworten habe. Aber Halima hat einmal gesagt: „Aus der tiefsten Ecke eines Schmerzes wächst oftmals unerwartet das kleinste Licht der Hoffnung und es überdeckt dann alle Schmerzen, wenn wir es nur zulassen."

Und ich lasse es zu. Nicht jeden Tag. Aber immer öfter.

Liebe auf Umwegen

Die Erzählerin lernte ich in New York kennen. Mein Mann und ich waren dort mit unserer ein paar Monate alten Tochter auf Urlaub. Wir wollten alle Restaurants der Gegend ausprobieren, an jenem Tag war eine Pizzeria in der Nähe unseres Hotels an der Reihe. In dieser Phase meines Mutterseins war ich sehr gereizt und mit dem Stillen – vor allem in der Öffentlichkeit – sehr überfordert. Mein Mann saß mir gegenüber und genoss sichtlich seine Pizza, während ich unser Baby stillte und mit meiner schon kalt gewordenen Pizza bloß liebäugeln konnte. Er merkte, dass ich kurz davor war loszuheulen, und nahm mir sofort unsere Tochter ab. Er ging kurz mit ihr spazieren, damit ich zum Essen kam. Nur ein Bissen genügte und mir kullerten die Tränen über die Wangen. Wo waren die Zeiten geblieben, in denen man einfach essen konnte, wann man wollte? Ich liebe meine Tochter, nur mochte ich das Mamasein nicht an jedem Tag. Und nun saß ich im Urlaub weinend in einer Pizzeria in New York und kaute dabei schluchzend meine Al Tonno. Von der Seite reichte mir eine Dame eine Serviette. Na toll, jetzt würde ich auch noch zur „Viertelheulsuse" gekrönt werden UND DAS IN NEW YORK! Was würde Carrie Bradshaw bloß von mir denken? Ich sah sie an und dankte ihr für die Serviette.

Sie ermutigte mich: „Ich finde, dass Sie Ihre Sache mit dem Baby gut machen. Sie halten Blickkontakt, wenn Sie es stillen, und streicheln es. Man sieht, dass es dem Kind gut geht."

„Aber mir geht es beschissen. Warten Sie noch damit, es muss wirklich keine Eile haben. Reisen Sie vorher, machen Sie Karriere und vor allem: Haben Sie laut und überall Sex."

Sie errötete und schob ihre wirklich riesige Tasche, die zwischen uns stand, auf die Seite, da erblickte ich ihren Babybauch. Sie sah perfekt aus. Sie war die perfekte Schwangere, ich sah nicht einmal unschwanger so aus, wieso war sie so eine gepflegte, gut aussehende Schwangere?

Ich versuchte, mich zu entschuldigen, aber ich brachte nur ein Gestammel hervor: „Oh Gott, ich … es tut mir … also schauen Sie, ich würde ja gerne zurücknehmen, was ich gesagt habe. Aber dann würde ich lügen. Es gibt Tage, da ist es einfach verdammt beschissen. Es ist auch schön, aber manchmal auch ganz schön schrecklich. Und Sie können den lauten Sex oder eigentlich überhaupt den Sex vergessen. Sie schlafen dann nicht mit Ihrem Partner, sondern einfach dort, wo sie zuerst hinfallen."

Sie atmete auf: „Ich danke Ihnen sehr für Ihre Ehrlichkeit, ich hatte schon Angst. Ich bin der tollpatschigste und chaotischste Mensch dieser Welt, und um mich herum gibt es nur Mütter, die von der traumhaften Mutterschaft schwärmen, wo ich nun schon in Zweifel und manchmal auch sehr verunsichert bin. Es ist doch nicht alles rosig, das wollte ich wissen."

Kurz darauf kam mein Mann mit unserer schlafenden Tochter zurück. Da meine neue Bekannte mehr von meiner Erfahrung in der Mutterschaft wissen wollte, trafen wir uns am nächsten Tag wieder in der Pizzeria. Diesmal war ich allein und wir tauschten uns über vieles aus, dabei erzählten wir einander auch unsere Lebensgeschichten. Das ist ihre.

*

Musik bedeutet so viel. Sie nährt unsere Seele und drückt so vieles aus, das wir nicht in Worte fassen können. Je verletzter man ist, desto tiefer graben sich Texte und Musik in uns. Ich bin aus diesem Alter nie herausgewachsen. Musik bewegt mich. Meine Seele tanzt, wenn ich Musik höre oder spiele. Und ich denke, dass es die Musik war, die mich für jede andere Branche verdorben hat.

Ich habe griechische Wurzeln, die sehr tief in mir verankert sind. Ich kann mich noch sehr gut daran erinnern, wie es war, in Griechenland zu leben, und auch an den Tag, an dem wir Griechenland verlassen haben und für eine bessere Lebensqualität nach Amerika gezogen sind. Meine Mutter packte nur das Nötigste ein, fast die gesamte Winterbekleidung, so gut wie gar keine Spielsachen, ein paar

Fotos, und wir verabschiedeten uns nur von den wenigsten. Ich füllte ein Einmachglas mit Sand. Das bisschen Erde meiner Heimat wollte ich mitnehmen. Ich wollte nicht weg und weinte sehr. Ich mochte unser Leben und hatte das Gefühl, man würde mir meine Heimat wegnehmen, anstatt mir eine neue zu geben. Meine Schwester kann sich daran nicht erinnern, sie war damals erst drei Jahre alt, ich war schon acht und ich sehe noch die Bilder vor mir, der Weg zum Flughafen war ein Spektakel der Tränen. Für meine Schwester ist es bis heute ein netter Sommerurlaub, wenn sie nach Griechenland fährt, für mich ist dieses Land mit so vielen Kindheitserinnerungen verbunden, und ich spüre nach wie vor, dass ein Teil meines Herzens dort geblieben ist.

Meine Eltern sind sehr religiös und traditionell. Mein Vater ist genau so wie Toulas Vater im Film „My Big Fat Greek Wedding". Alles, was für ihn zählte, war, dass meine Schwester und ich möglichst gut heirateten. Das hatte für ihn nichts mit Liebe zu tun, sondern bedeutete, einen reichen Griechen zu ehelichen. Meine Schwester liebte diese Idee und hatte den meist begehrtesten Job für alle Schwiegereltern dieser Welt noch dazu: Sie war Ärztin. Ich dagegen war nie das, was sich meine Eltern wünschten. Ich war Impuls-Tänzerin, bezeichnete mich gerne als Künstlerin, spielte Cello und arbeitete ehrenamtlich mit Straßenkindern, die versuchten, ihren Platz in der Gesellschaft zu finden. Meinem Vater zu erklären, dass man sehr wohl etwas Großes leisten kann, ohne dafür in Scheinen bezahlt zu werden, war ein Ding der Unmöglichkeit. Ich hatte nie hohe Ausgaben, aber alles, was ich brauchte. Ich zahlte meine Rechnungen selbst und mich erfüllte diese Arbeit, mich erfüllte mein Leben, aber für meine Eltern war ich eine Enttäuschung. Ich hatte einfach andere Pläne. Ich wollte niemanden heiraten, nur weil er Grieche oder reich oder beides war. Ich wollte Leidenschaft. Ich wollte Schmetterlinge im Bauch. Ich wollte Musik spielen und hören, wenn ich verliebt war, die sonst keiner hören konnte, die nur für mich spielte. Das verstanden meine Eltern nicht. Meine Schwester war da lockerer drauf. Sie wollte Prestige. Ich war die Antichristin der Familie. Der unwillkommene Gast. Die Tochter, die es nicht geschafft hatte, Karriere zu machen, sondern eigenartig tanzte und mit einer riesigen Geige zwischen den Beinen flirtete.

Eines Tages – ich hatte einen Zug zu erwischen – spielte mir das Leben den größten Streich. Ich saß am Bahnhof, checkte noch einmal schnell mein Ticket und merkte, dass ich über zwei Stunden zu früh war. Ich musste das in der Eile übersehen haben. Also setzte ich mich in ein Restaurant nebenan und las. Als mich meine Mutter anrief, sprach ich wie immer zweisprachig mit ihr, also Amerikanisch und Griechisch. Dabei fiel mir auf, dass, sobald ich ins Griechische wechselte, ein gut aussehender junger Mann – der ebenfalls mit einem Buch an einem der Nebentische saß – seine Augen von seiner Lektüre abwendete, in meine Richtung sah und mich anlächelte, so, als ob er verstehen würde, was ich sagte. Er hatte hellbraune, mittellange Haare, braune Augen und einen Blick, dem man nicht entkommen konnte. Er setzte sich, ohne zu fragen, zu mir und begann eine Konversation auf Griechisch. Es störte mich nicht einmal, dass er sich dieses Recht einfach so herausnahm. Am liebsten hätte er mich auch gleich mitnehmen können. Es gibt Momente, die uns ein Leben lang begleiten – als wir uns tief in die Augen sahen, war es ein solcher Moment. Es gibt Menschen, die wir nicht kennen, aber gleich von Anfang an wissen wir, dass sie eine entscheidende Rolle in unserem Leben spielen werden. Ich hörte sie, die Musik, lautstark in meinem Kopf, und zwar so laut, dass ich meine eigenen Gedanken nicht mehr hören konnte.

Wir lachten sehr viel, machten uns lustig über die alten Traditionen aus Griechenland, die unsere Eltern in Amerika nach wie vor zelebrierten, und entdeckten mit jeder Minute immer mehr Gemeinsamkeiten zwischen uns. Je mehr wir redeten, desto gleichgültiger wurde mir die Zeit, und fast hätte ich tatsächlich den Zug verpasst.

Ich musste mich beeilen und zum Zug laufen, wohin er musste, wusste ich nicht. Ich stand hektisch auf, es waren nur mehr fünf Minuten bis zur Abfahrt. Und hier trennten sich unsere Wege. Da es vor 15 Jahren noch nicht so mit Handys und Co. war, hatten wir nur diesen Moment und die Serviette, auf die er seine Nummer kritzelte. Vielleicht gab es zum Abschied auch einen Kuss, ich weiß es nicht mehr, vielleicht bildete ich mir den Kuss auch nur ein, aber das macht ihn nicht weniger wahr, oder? Immerhin hatte mich sein Blick unendliche Male geküsst.

Das böse Erwachen kam mit der Tatsache, dass die Serviette, auf der seine Nummer stand, verschwunden war. Mit dem Cello am Rücken, meinem Koffer in der Hand, meiner Hektik und Tollpatschigkeit musste ich die Serviette irgendwo verloren haben, ich konnte sie zu Hause nirgendwo finden. Ich suchte überall nach ihr. Ich brach in Tränen aus. Wochenlang. Ab diesem Zeitpunkt löste Musik in mir wieder diesen bittersüßen Schmerz aus, sobald ich sie hörte oder spielte. Ich hatte keinen Anhaltspunkt, keine Adresse, nichts. Nur seinen Vornamen. Damit kommt man in New York nicht weit. Ich hatte nur die Erinnerung an unseren Moment.

Jahre später stand eine arrangierte Ehe für meine Schwester am Plan meiner Eltern – in mich setzten sie keine Hoffnung mehr. Es war ein Marathon von Familienessen zu Familienessen bei Familien mit wohlerzogenen Söhnen, die volle Geldbeutel aufzuweisen hatten und bereit waren, den Bund der Ehe mit einer x-beliebigen Griechin einzugehen. Ich musste bei diesem Zirkus anwesend sein, denn beide Familien mussten auch als vollständige Familien auftreten. Für mich war das Ganze wie ein All-you-can-eat-Buffet, ich nahm es nicht ernst. Mich hat die Begeisterung meiner Schwester dafür sehr gewundert. Eine gestandene Ärztin, eine starke Frau, die all das nicht brauchte – die die Ehe an sich nicht brauchte.

Irgendwann sollte uns ein Architekt mit seiner Familie besuchen kommen, um meine Schwester kennenzulernen. Sie, natürlich schick hergerichtet, meine Mutter, die alles kochte, was es in Griechenland an Spezialitäten gab, und ich, halbwegs vorzeigbar – diesmal nicht in Jogginghose. Als es klingelte, öffnete ich die Tür, die zukünftige Braut darf das nicht, es würde bei der Familie des Bräutigams den Anschein erwecken, sie sei leicht zu haben, und da stand er – der Typ vom Bahnhofsrestaurant, *MEIN Bahnhofstyp.*

Es war zwar schon Jahre her, aber er wusste noch genau, wer ich war, auch er hatte mich sofort erkannt, und als wir gleichzeitig erstaunt *„DU?"* fragten, war es klar, dass wir unseren Eltern etwas zu erklären hatten, und da erzählten wir von unserem zufälligen Aufeinandertreffen. Erst als wir uns hinsetzten, realisierte er durch das Gespräch unserer Eltern, dass es nicht um mich, sondern um meine Schwester ging – das passiert wohl, wenn man um eine Hand anhält, die man nicht kennt, man bekommt irgendeine, nur nicht die, die man möchte.

Sein erfreutes Gesicht verblasste plötzlich, und er schluckte schwer. Er sah aus, als hätte man ihm eine Todesbotschaft überbracht. Auch ich konnte meine Fassungslosigkeit kaum verstecken, spürte aber genau, wie aufgeregt meine Schwester war. Sie hatte sich in ihn schockverliebt. Ich merkte es sofort. Sie betrachtete ihn und konnte mit dem Nicken nicht mehr aufhören. Wie konnte man sich auch nicht in ihn verlieben? Wow, endlich eine Gemeinsamkeit zwischen ihr und mir, wir liebten denselben Kerl. Zum ersten Mal sagte sie zu. Sie wollte ihn. Aber er sagte nichts. Er schwieg und lächelte unsicher. Vielleicht dachte er, ich hätte kein Interesse, weil ich nie angerufen hatte. Aber jeder Idiot hätte gemerkt, dass ich sehr wohl Interesse hatte. Es war traurig anzusehen, aber er versuchte nicht, sich aus dieser Situation zu retten. Damit ihre Hochzeit stattfinden konnte, musste zuerst ich heiraten, denn niemals würde mein Vater erlauben, dass die jüngere Tochter vor der älteren heiratet. Das würde meine Reputation auf dem Heiratsmarkt schädigen – nichts anderes wünschte ich mir eigentlich. Ich stellte mich vehement dagegen. Ich wollte nicht heiraten, und mit dieser Entscheidung zog ich die Wut meiner Familie auf mich.

Als mein Vater mit diesem Marathon der arrangierten Treffen auch noch bei mir anfing, musste ich strategisch denken: Mit wem von diesen Dumpfbacken könnte ich anbandeln und eine Ehe quasi „vortäuschen", damit ich meine Ruhe hätte? Und so einen fand ich. Er war Geschichtslehrer, als wir einen Moment für uns hatten, sah ich, dass er einen Ring trug.

„Ist der von deiner Freundin?"
Er nickte.
„Willst du mich heiraten? Du kannst weiterhin mit ihr zusammensein, aber ich mache keine Dreier." Er lachte: „Bist du wahnsinnig, was meinst du?"

Er war in eine andere verliebt, wollte aber seine Eltern, die gegen eine Verbindung mit dieser Angebeteten waren, vom Hals haben. Ich war in mich verliebt und wollte ebenfalls meine Eltern vom Hals haben. Ich schlug ihm vor, dass wir zusammenzögen, als Ehepaar, jeder aber tun und lassen durfte, was er wollte. Es sollte eine Scheinehe sein, vor unseren Familien und deren Freunden, aber in unserem Zuhause würden wir uns dann Miete, Essen, einfach alles finanziell teilen und eigene Leben führen – keine Kinder, keine Verantwortung. Er willigte ein. Meine Schwester und ich heirateten am selben Tag. Bei einem Tanz, bei dem wir unsere Partner wechseln mussten, tanzte mein Bräutigam mit meiner Schwester und ich mit ihrem. Als ich in den Armen meines Bahnhofstypen war, versuchte er, mir mit seinen Augen etwas zu sagen. Ich hatte jedoch keine Ahnung, was er sagen wollte. Er hatte sich gerade in eine arrangierte Ehe und ich mich in die Freiheit getanzt, war es vielleicht das?

Mein Mann, der ja eigentlich nicht mein Mann war, und ich wurden Freunde. Er feuerte mich bei jeder meiner Tanzvorstellungen an, nahm seine Freundin mit und war ein toller Kumpel. Ich hatte ihn sehr gern und als seine Freundin Monate später Schluss machte, tröstete ich ihn. Es war immer so eine On-Off-Geschichte zwischen den beiden gewesen, sie hatte die Beziehung sehr locker genommen, hatte auch andere Männer getroffen, er aber war ihr stets treu gewesen und das Ende der Beziehung hatte ihn geschockt. Wir unterstützten einander beruflich, und bei Familienfeiern waren wir das perfekte Ehepaar. Einmal, es war der Geburtstag einer meiner Tanten, wurde im Garten meiner Eltern eine riesige Grillparty veranstaltet. Ich glaube, jeder Grieche in Amerika war dort. Der Mann meiner Schwester erwischte mich in einem Moment, als ich allein war, und zog mich hinter einen der Büsche. Das war Jahre nach der Hochzeit und wir hatten seitdem nicht miteinander gesprochen: „Hey, wie geht es dir?"

Ich erwiderte sehr überrascht: „Gut, danke, und dir?"

Dann kam wie aus der Pistole geschossen: „Wir lassen uns scheiden."

Ich lachte: „Was? Eine unarrangierte Scheidung?"

Er packte mich am Arm: „Ich wollte dich. Ich habe es mir nie verziehen, dass ich dich gehen ließ. Wir hatten doch etwas, oder? Da war etwas, ich spüre es noch." Ich zog meinen Arm zurück: „Und wieso hast du dann dieses *Etwas* nicht beschützt? Wieso hast du damals nichts gesagt?"

Er schluckte: „Du hast nie angerufen!"

Ich zitterte: „Ich habe damals die Serviette verloren."

Er verdrehte seine Augen, sah mich an und hielt meine Hände fest. Uns konnte niemand sehen, wir waren hinter einem Gebüsch, und als ich in seine Augen blickte, war da wieder diese Musik, die nur ich hören konnte. Was hatte er nur an sich, das mich so verzauberte?

Er schwitzte und eine Schweißperle auf seiner Stirn verführte mich dazu, sie wegzuwischen. In diesem Moment kam er mir näher, so nah, dass ich seinen Atem auf meinem Gesicht spüren konnte. Er roch so gut. Sein Schweiß hatte sich mit seinem Parfüm vermischt. Er fuhr mit seinem Daumen über meine Lippen, mein Verstand stieß ihn mit aller Kraft von mir, aber mein Körper drückte ihn näher an mich, ich spürte alles an ihm und in seinen muskulösen Armen schmolz ich dahin, bis er mich küssen wollte und ich seinem Atem näher war als dem meinen, da sagte ich: „Ich kann nicht."

Er küsste meinen Hals: „Ich kann nicht anders. Ich liebe dich."

Ich stieß ihn vorsichtig weg: „Sie ist meine Schwester."

Ich merkte von einer Sekunde auf die andere, er war nicht mehr der Mann von damals, es hatte sich geändert, er war nicht mehr mein Bahnhofstyp.

Als ich zur Seite sah, stand dort mein Ehemann, der alles gesehen hatte.

Die Heimfahrt war sehr schweigsam. Ich versuchte, die Stille zu brechen: „Ich kann es erklären."

Mein Mann war wütend: „Er ist der Mann deiner Schwester. Ist etwa er *der* Typ, von dem du meintest, du seiest in ihn verliebt und könntest keinen anderen heiraten? Ist *er* es?"

„Er war schon vor der Hochzeit in mich verliebt. Wir kannten uns vorher."

„Und wieso hat er dann *sie* geheiratet?"

Ich erzählte ihm die ganze Geschichte, aber er wollte nichts davon wissen. Wir sprachen wochenlang nichts miteinander und planten unsere Aufenthalte in der Wohnung so, dass der jeweils andere nicht da war.

Später erfuhr ich, dass die Scheidung meiner Schwester nichts mit mir zu tun hatte, sondern mit einer anderen Frau, die ihr Mann heimlich traf. Ich denke, dass arrangierte Ehen nicht in dieses Jahrhundert passen und jene Gründe, die in der damaligen Zeit nicht zur Scheidung geführt hatten, heute sehr wohl dazu führen.

Ich vermisste die Freundschaft zu meinem Mann und lud ihn eines Tages zu meinem wichtigsten Auftritt mit meiner Tanzgruppe ein. Ich hinterließ ihm eine Nachricht, dass ich ihn brauchen würde. Als ich an die Person in meinem Leben dachte, die immer da gewesen war, wenn ich Halt gebraucht hatte, erschien das Gesicht meines Mannes. Ich dachte an die lustigen Gespräche zwischen uns, die Freundschaft, die sich ungeplant entwickelt hatte, und vor allem an seinen Humor.

Als ich mich für meinen Auftritt fertig machte und kurz ins Publikum sah, war sein Stuhl leer. Er wusste, dass es mein allerwichtigster Auftritt war, er hatte bei den Proben zugesehen. Während der Aufführung vergaß ich alles, konzentrierte mich nur noch auf meine Bewegungen und verlor mich in der Musik. Und genau in diesem Augenblick traf mich sein Blick aus dem Publikum. Er war da. Und er applaudierte und pfiff so laut, dass ich ihn hätte küssen können. Ich lief danach zu ihm und umarmte ihn, er war so stolz auf mich und froh darüber, dass unsere Streitigkeiten keine Rolle mehr spielten.

„Ich möchte nicht mehr sauer auf dich sein", sagte er.

„Ich möchte auch nicht, dass du sauer bist. Es ist nur …"

Er unterbrach mich: „Ich bin in dich verliebt."

„Seit wann?"

„Seitdem ich dich in seinen Armen gesehen habe. Da habe ich gemerkt, dass ich mehr für dich empfinde als ein Scheinehemann. Es hat mir das Herz gebrochen, dich mit ihm zu sehen. Ich dachte, wenn sie sich scheiden lassen, würdest du mit ihm zusammenkommen."

„Nein. Ich werde nicht mit ihm zusammenkommen."

„Wieso nicht?"

„Ich bin über ihn hinweg."

„Nur deswegen?"

„Nein, nicht nur deswegen. Ich habe mich in meinen Ehemann verliebt."

Wir hatten uns einander Halt gegeben, waren stets ehrlich zueinander gewesen, hatten einander bei Liebeskummer unterstützt, bis jeder von uns die zerbrochenen Teile des anderen aufgehoben hatte und wir gemeinsam zu einem Ganzen gewachsen waren. Es gibt

Momente, die uns ein Leben lang begleiten, aber diese Momente sind nichts wert, wenn es keine Menschen gibt, mit denen wir sie teilen können.

Irgendwann zu einem späteren Zeitpunkt erblickte ich im Inneren meines Cellos eine weiße Spitze. Als ich sie herauszog, stellte ich fest, dass es die Serviette von damals war, sie war immer in meinem Cello gewesen, ich hatte sie niemals verloren, sondern einfach nicht gesehen.

Rote Badehose

Die Erzählerin ist eine Freundin aus meiner Zeit in Kuwait.

*

Es gibt Situationen im Leben, auf die man sich niemals vorbereiten kann. Das Leben ist raffiniert – ich hasse die Tatsache, dass man sich auf alles vorbereiten, alles vorplanen, alles bis ins kleinste Detail einkalkulieren, sich als Herr des eigenen Lebens fühlen kann, nur um dann draufzukommen, dass alles umsonst war, denn das Leben hat etwas anderes mit einem vor.

Ich bin schon immer eine organisierte Person gewesen. Von meinen drei Schwestern war ich diejenige, die immer ein sauberes, geordnetes Zimmer hatte. Wir wuchsen in Ägypten in Kairo auf. Dort hat nichts mit Ordnung zu tun. Es ist das pure Chaos. Und ich liebte es. Die eigene Heimat mag nicht perfekt sein, sie mag vielleicht voller Fehler sein, die man gerne ausbessern würde, aber sie bleibt die Heimat. Sie bleibt die Quelle des Lebens, der Energie, und die Herkunft, das kann man nicht ändern. Man kann nichts ändern, das man sich nicht ausgesucht hat. Ich hätte Medizin studieren können, so einen guten Maturaabschluss hatte ich, aber ich beschloss, Geschichte zu studieren. Ich war schon immer eine Geschichtsbegeisterte. Denn um zu verstehen, was heute auf der Welt geschieht, muss man berücksichtigen, was einst geschehen ist. Ich war eine strukturierte Geschichtsprofessorin an einem Gymnasium in Kairo. Ich liebte meinen Job. Ich liebte meine Schülerinnen. Es waren wissbegierige Mädchen, die als Erwachsene vieles in diesem Land ändern würden.

Mein Mann ist Ingenieur. Wir haben uns durch Bekannte kennengelernt. Er ist das genaue Gegenteil von mir, denn er ist das Chaos in Person. Ich bin wirklich sehr penibel, sogar die Servietten falte ich peinlich genau, wenn der Tisch zum Essen gedeckt wird. Ich möchte damit niemandem imponieren, das bin einfach ich. Und Hamed, mein Mann ... nun ja, Hamed würde ein Sandwich – OHNE TELLER – auf der Couch verdrücken und mir die Brösel und die Reste als Souvenir hinterlassen. Ich wollte eigentlich immer einen Mann heiraten, der mindestens genauso einen Ordnungstick hat wie ich, aber das Leben, die Liebe und das Universum hatten da andere Pläne. Ich habe mich Hals über Kopf in einen Chaoten verliebt.

Hamed ist ein großartiger Mann. Ein Kämpfer. Er wollte nie Ingenieur werden, seine Leidenschaft gilt der Fischerei. Schon als Kind wollte er ein Fischerboot kaufen, nach Alexandria ziehen und dort als Fischer sein Brot verdienen, ab und zu segeln und am Meer wohnen. Aber in dieser Welt, zu dieser Zeit, in einem Land wie Ägypten, bleiben solche Träume nur Träume. Von dem Gehalt eines Fischers kann man nicht leben, geschweige denn eine ganze Familie ernähren. Er studierte dann Ingenieurwesen, weil ihm ein Job nach dem Studium sicher war und ein gutes Einkommen auf ihn warten würde, plus die Geltung natürlich. In Ägypten gibt es zwei Berufe, die als die angesehensten gelten: Arzt und Ingenieur.

Wir haben eine gute Ehe. Wir sind zwar von Grund auf verschieden, das schon – ich bin die langweilige Realistin, die immer alles plant und vorrechnet, er ist der Tagträumer, den ich immer wieder in die Realität zurückholen muss. Er ist ein guter Mann. Ein wirklich guter Mann. Ich weiß das, weil ich eine so schwierige Person bin. Ich bin ehrlich genug, um das zuzugeben. Ich bin eine, ich will nicht sagen unangenehme, aber doch nicht immer umgängliche Person.

Wir führten ein schönes Leben. Wir hatten gemeinsam ein gutes Einkommen, tolle Jobs, wir lebten in einer schönen Wohnung in einer noch schöneren Gegend, und für ein Pärchen war das so in Ägypten mehr als in Ordnung. Wir gehörten der oberen Mittelschicht an, was in Ägypten ein guter Status ist. Es ging jedoch nur so lange gut, solange wir nur zu zweit waren. Als ich schwanger wurde, bekam ich langsam Angst. Was würde hier aus meinem Kind werden? Kann ich meinem Kind in diesem Tal der eingeschränkten Möglichkeiten das bieten, was es braucht? Ohne Geld geht in Ägypten gar nichts. Die öffentlichen Schulen sind eine Katastrophe. In einer Klasse befinden sich oftmals bis zu 60 Kinder. Private Schulen kosten für ein Kind so viel, dass man gut überlegen muss, ob man sich ein zweites überhaupt leisten kann. Das ist eine reine Geldfrage. Als ich meinen Erstgeborenen in meinen Armen hielt, wusste ich, dass ich hier nicht bleiben konnte. Ich hatte mit meinem Mann die Option in Erwägung gezogen auszuwandern. Nach Kanada, nach Amerika oder Europa. Ich wollte weg. Ich wollte das Beste für mein Kind und mögliche weitere Kinder.

Wir hatten Geld auf der Seite und gingen in die unterschiedlichsten Botschaften, um Anträge zu stellen – alle wurden abgelehnt. Es schien mir, als würde ich eine Wand schieben wollen und nichts bewegte sich.

Unsere damalige Nachbarin in Kairo, wir waren keine Freunde, aber gute Bekannte, hatte einen Sohn mit einer geistigen Behinderung. Ich wusste nicht genau, was er hatte. Ich hatte sie nie gefragt, denn ich hatte nie das Gefühl gehabt, sie würde darüber sprechen wollen, also beließ ich es dabei. Er war ein netter Junge und ich mochte ihn. Einmal, als ich mit meinem kleinen Sohn bei ihr saß, sagte er, damals siebenjährig, zu mir: „Du weg, Baby weg, Flugzeug." Die Nachbarin und ich lachten darüber, es ergab für uns keinen Sinn, aber das war seine Art zu kommunizieren, er formulierte niemals ganze Sätze und vieles sagte er nur einmal, er wiederholte das Gesagte fast nie. Am selben Abend kam mein Mann nach Hause und meinte, seine Firma habe auch einen Sitz in Kuwait und er könne sich dorthin versetzen lassen. Seine Position wäre zwar etwas niedriger, aber das Gehalt – verglichen mit ägyptischem Pfund – viel höher, und wenn ich dort auch unterrichten würde, hätten wir noch einen zusätzlichen Verdienst.

Für mich war Kuwait nie in Betracht gekommen, aber es gab vieles, was dafür sprach: Wir mussten keine neue Sprache erlernen, da Arabisch gesprochen wurde, und die Kultur dort ähnelte der unsrigen. Es würde also nicht allzu schwierig werden, Bekanntschaften zu schließen oder sich in die Gesellschaft zu integrieren. Zudem verdiente man in diesem Land außerordentlich gut. Der kuwaitische Dinar war die teuerste Währung der Welt.

Ich überlegte nicht lange. Es war zu dieser Zeit die einzige Chance.

Unsere Wohnung in Kairo war eine Eigentumswohnung, wir vermieteten sie nicht, meine Schwester hatte einen Schlüssel und würde einmal im Monat abstauben kommen. Wir packten nicht viel ein, aber trotzdem fiel es uns schwer. Überall waren Erinnerungen, Bücher; unser Herzblut, unser gespartes Geld steckte in dieser Wohnung, alles, was wir bisher gemeinsam erreicht hatten. Und wir hatten nur zwei Taschen, die ich füllen durfte. Selbst das Nötigste war nicht ansatzweise das, was ich gerne mitgenommen hätte.

Erst als wir die Türe verschlossen und uns auf den Weg gemacht hatten, realisierte ich, dass ich ein Stück meines Herzens dalassen würde. Der einzige Trost war die Gewissheit, dass alles gut aufgehoben war und die Wohnung nach wie vor uns gehörte. Wir würden – wann auch immer – wiederkommen können und alles würde so sein, wie es vorher gewesen war.

Auf dem Weg zum Flughafen sah ich aus dem Fenster und versuchte mir alles einzuprägen. Die Straßen, den Lärm, den Geruch, die Menschenmengen, die Sprache, das Gefühl der Heimat und das Gefühl der Reisenden – einfach alles. Ich hielt es fest. Ich hielt es im Herzen fest. Und ich drückte meinen Sohn ganz fest an mich.

Im Flugzeug erinnerte ich mich an die Worte des Nachbarjungen: „Du weg, Baby weg, Flugzeug." In Ägypten glauben viele Menschen daran, dass Menschen mit geistigen Behinderungen eine Gabe besitzen: die Gabe des Sehens. Sie sehen das Unsichtbare, die Zukunft, die Gedanken. Bis zu diesem Moment hatte ich nicht daran geglaubt.

Neues Land, neues Kapitel? Ich wurde sehr schnell wieder schwanger und konnte vorerst nicht arbeiten gehen. Ich war zu Hause und gab Nachhilfe, was durchaus sehr lukrativ sein kann, da man sich die Arbeit frei einteilen kann und quasi selbstständig ist.

Kuwait. Ein schönes Land. Sehr warm, sehr sommerlich, sehr multikulti. Und gefühlskalt. Noch nie hatte ich in meinem Leben diese Art des offenen Rassismus gesehen. Pakistanis, Inder, Asiaten und dunkelhäutige Menschen werden dort meistens – auch öffentlich – herabwürdigend behandelt. Menschenunwürdig. Ich hatte anfangs – obwohl ich mit der Sprache und der Kultur vertraut war – trotzdem Schwierigkeiten, mich einzufinden. Damals war das noch nicht so einfach mit dem Handy und dem kostenlosen Chatten. Ein Telefonat nach Ägypten kostete viel Geld, und die Verbindung war schrecklich.

Ich war einsam. Wenn ich mit meinem Mann spazieren ging und mir die Menschen ansah, sie beobachtete, fühlte es sich so an, als würde jeder andere wissen, wer er sei, wo er im Leben stünde, als hätte jeder einen Plan – außer mir. Ich irrte planlos umher, hatte nicht das Gefühl, irgendwo dazuzugehören, und empfand eine innere Verlorenheit. Ich versank in einer tiefen Einsamkeit, denn mein Mann war arbeitsbedingt stets beschäftigt und ich saß schwanger mit meinem Sohn daheim. Keine Gesellschaft. Keine Freunde. Keine Bekannten. Ich fing an, Selbstgespräche zu führen, auch laut. Alle Tage liefen gleich ab.

Wir hatten finanziell zwar schon, was wir wollten, aber alles andere blieb leer. Bis ich meinen zweiten Sohn gebar und dieser zwei Jahre später in den Kindergarten kam, führte ich in Kuwait ein isoliertes Leben. Als dann beide Kinder in den Kindergarten gingen – in einen guten Kindergarten in der Nähe von unserem Zuhause, die Pädagogen sprachen ausgezeichnet Englisch, die Kinder erhielten viel Aufmerksamkeit und wurden professionell betreut –, fing ich wieder an zu arbeiten. Und da war dieser Moment, der Moment, auf den ich gewartet hatte. Wir hatten eine tolle Wohnung am Meer gemietet, unsere Kinder genossen eine tolle Ausbildung, hatten alles, was sie brauchten und wollten, mein Mann und ich hatten fabelhafte Positionen und zwei hohe Gehälter, die uns einen Lifestyle ermöglichten, von dem wir in Ägypten nur hätten träumen können. Ich hatte wunderbare Kolleginnen, die mit der Zeit zu Freundinnen geworden waren, war nicht mehr einsam, sondern so aktiv und positiv eingestellt wie nie zuvor, und erst ab diesem Moment begann ich jenes Leben zu leben, das ich von Anfang an für meine Familie und mich geplant hatte.

Ich habe diese Zeit sehr genossen. Zwar war ich nie vollkommen mit der Politik des Landes einverstanden, aber das war ich in Ägypten auch nicht gewesen. Ich denke, das ist man nie, egal, wo man lebt. Jeder hat seine Prinzipien, manchmal muss man allerdings damit leben, dass die eigenen Prinzipien nur in den eigenen vier Wänden Platz haben und sonst nirgends. Nach ein paar Jahren wurde ich überraschend schwanger. Ein Teil von mir war glücklich darüber, aber der andere Teil machte sich Sorgen. Ich hatte diese vergangene Einsamkeit so tapfer ertragen, sie hatte jedoch Narben hinterlassen. Ich liebte es, zu arbeiten, ich brauchte es, das frühe Aufstehen, sich anzuziehen, stundenlang aktiv zu sein und so weiter. Auch wenn ich während meiner Zeit als Hausfrau nebenbei unregelmäßig gearbeitet hatte, so war es doch etwas anderes. Ich habe meist sehr lange geschlafen. Schlecht am Schlafen ist, dass Schlaf noch mehr Schlaf bringt und man so in eine Schlafschleife gerät, die niemals endet. Das Negative dabei: Man verpasst das Leben.

Also habe ich mir eine Nanny als Hilfe geholt. Drei Monate nach der Geburt stand ich wieder im Klassenzimmer. Länger hätte ich in Kuwait auch gar keine Karenz bekommen. Ich vertraute unserer Nanny – eine fabelhafte Frau aus Sri Lanka – und konzentrierte mich voll und ganz auf meinen Job. Während des Unterrichtens vergaß ich, dass ich Mutter war. Ich konzentrierte mich nur auf meine

Arbeit. Sobald ich aber zu Hause war, war ich nur Mutter. So regelten wir das. So lebten wir jahrelang. Bis wir uns entschieden, dass es längst an der Zeit war, unsere Familie in Ägypten zu besuchen. Nun hatte sich nicht nur bei uns, sondern auch bei ihnen viel geändert. Einige hatten geheiratet, wieder andere waren geschieden, die einen hatten Kinder bekommen, die anderen einen Abschluss gemacht. Ich vermisste meine Heimat. Meine Familie, jede Gasse in Kairo, das Essen, die Leute. Sogar alles, was ich vorher nicht mochte, vermisste ich. Heimat bleibt Heimat. Das wurde mir immer mehr bewusst.

Wir packten also unsere drei Kinder, unsere Sommerkleidung, gute Laune, viel Sehnsucht und flogen nach Hause. Voller Euphorie öffneten wir die Türe unserer alten Wohnung in Kairo und mussten dann schockiert feststellen: Alles war weg. Die Wohnung war leer geräumt worden. Nichts war da. Keine Geräte, keine Teppiche, keine Betten, keine Schränke, keine Spielsachen – alles war weg.

Als ich mit meiner Schwester telefonierte, um zu verstehen, was passiert war, sagte sie zu mir: „Hameds Schwester verlangte schon vor Monaten den Schlüssel, um die Wohnung zu putzen, ich konnte es leider nicht wie vereinbart erledigen, denn ich war zu sehr im Stress, dachte aber, es sei okay. Ist etwas nicht in Ordnung?"

Ich muss an dieser Stelle erwähnen, dass Hameds Schwester mich hasst. Schon immer. Und als wir Ägypten verließen, hasste sie mich noch mehr, weil sie drei Mädchen hat, ihr Mann und sie nur ein geringes Einkommen haben und sie sich in meiner Gegenwart immer kleiner fühlt. Sie hat einen Minderwertigkeitskomplex und kochte damals vor Eifersucht, als wir die Chance auf ein besseres Leben ergriffen.

Wir übernachteten bei meinen Eltern. Hamed war peinlich von der ganzen Sache berührt, und am nächsten Tag gingen er und ich seine Schwester besuchen. Als wir bei ihr eintraten, brach es mir das Herz. Ihre Kinder spielten mit dem Spielzeug meines Sohnes. Ihr fauler Mann saß auf unserem Sofa. Der Teppich, auf dem ich stand, war meiner. Der schmutzige Fernseher, der nebenbei irgendeine

Unterhaltungssendung zeigte, war unserer. Es war schrecklich, ich brach in Tränen aus.

Sie lachte und ihre Augen glänzten vor Rache. Hamed stand dicht neben mir, als sie sagte: „Eure Sachen stehen doch nur rum, sie werden nicht benutzt, und ich brauche sie. Hamed. Ich bin deine Schwester. Wie kannst du deiner Schwester etwas verwehren, das du nicht brauchst? Wie kannst du nur so egoistisch sein, wenn du siehst, unter welchen Umständen deine Schwester lebt?"

Ich weinte: „Wir haben für all das schwer geschuftet und unser ganzes Geld hineingesteckt. Du hast es uns gestohlen. Das wurde nie so abgesprochen."

Sie zeigte mit dem Finger auf mich: „Du hast also geschuftet, du tolle, ausgebildete Frau, die sich selbst als Teil der Elite sieht? Ich bin es, die schuftet. Frauen, die schuften, haben keine gemachten Fingernägel. So wie du aussiehst, wie du riechst, in deiner teuren gebügelten Kleidung und mit deinem perfekten Make-up, wo und wie schuftest du? Ihr lebt im Ausland, in Saus und Braus, und wir leben hier im Elend."

Ich lachte unter Tränen: „Saus und Braus?! Wir reißen uns dort die Ärsche auf, damit unsere Kinder gut leben können. Die Nägel und die neue Kleidung haben wir deswegen, weil wir uns das vor unserer Anreise gegönnt haben. Ich laufe nicht das ganze Jahr so rum. Entschuldige bitte, dass ich nicht im selben Outfit komme, in dem ich dieses Land verlassen habe. Du weißt nicht, wie lange wir für diesen Urlaub, diese Kleidung, all das gespart haben. Wie oft wir dort einsam und alleine an Feiertagen in der Wohnung hocken und ihr hier Familientreffen habt. Du hast keine Ahnung, wie viel Herzblut in den Dingen steckt, die du dir einfach so gekrallt hast. Ich werde dir das nie verzeihen. Niemals."

Wir verkauften die Wohnung und Hamed brach den Kontakt zu ihr ab. Bis heute. Ich konnte nicht länger dort bleiben. Wir reisten noch vor dem geplanten Termin wieder zurück. Diesmal war der Weg zum Flughafen nicht so schwer. Ich wollte weg. Nichts wollte ich in Erinnerung behalten. Keine Gefühle, gar nichts, ich wollte nur schnell wieder nach Hause. Und das war das erste Mal, dass ich Kuwait als mein Zuhause bezeichnete – zumindest in meinen Gedanken.

Ich hatte das Gefühl, in meiner Privatsphäre beschnitten worden zu sein. Sie hatte sogar die Bettlaken mitgenommen und die Kleidung, die ich dagelassen hatte. Ich war sprachlos. Wenn ich daran denke, werde ich immer noch wütend. Hamed war es zwar peinlich, trotzdem gebe ich ihm zum Teil die Schuld dafür: Er war der älteste Bruder von fünf Schwestern. Als sein Vater starb, war er selber noch Student und somit fühlte er sich für seine Schwestern und seine Mutter verantwortlich. Vor allem in finanzieller Hinsicht. Sie waren es gewohnt, dass er sein Hab und Gut mit ihnen teilte, während sie niemals für die eigene Zukunft schuften mussten und das Leben dann mit dem Masterplan „gut zu heiraten" quasi austricksen wollten, um ja keinen Finger krümmen zu müssen. Der Plan ging nur nicht wirklich auf, bei keiner von ihnen – und ich musste das ausbaden. Ich hielt ihm das vor. Ich wusste, dass er ihnen heimlich finanzielle Unterstützung aus Kuwait schickte. Jeder einzelnen. Fünf erwachsene Frauen bekamen von meinem Mann monatlich Taschengeld.

Als der Sohn meiner Schwester operiert werden musste, verlangte diese keinen Cent von mir. Meine Familie würde das niemals tun. Ich erfahre erst immer im Nachhinein, dass jemand Geld gebraucht hätte, aber es irgendwie geregelt bekommen hat, ein Erbstück verkauft oder sich Geld geliehen hat. In seiner Familie ist es so, dass alle es als ihr Recht sehen, Geld von ihm zu bekommen. Ohne Scham rufen sie an, wenn sie mehr brauchen, „weil ihr Leben ja so schwer ist und wir keine finanziellen Probleme hätten, wir wüssten ja gar nicht, was das sei". Wenn ich nur daran denke, dreht sich mir der Magen um. Ich habe Hamed ein Ultimatum gestellt: Entweder er unterlässt es, seine Schwestern finanziell zu unterstützen, oder ich nehme unsere drei Söhne und gehe. Nun war es genug. Sie hatten mir meine Heimat zerstört.

Er bejahte. Er stand zu mir. Ich rechnete ihm das hoch an, weil ich wusste, dass es nicht leicht für ihn war. Gerade nach dem, was passiert war; die anderen Schwestern konnten ja nichts dafür, dass die eine Schwester sich alles krallte. Die Wahrheit war aber auch, dass sie allesamt bequem waren. Faule Menschen, die alles geschenkt bekommen möchten und dem Leben und den Umständen an allem die Schuld geben, anstatt selber etwas zu tun und etwas daran zu ändern.

Als wir wieder in Kuwait ankamen, hatte ich eine Art inneren Frieden gefunden, von dem ich niemals dachte, ihn jemals in Kuwait finden zu können. Von nun an besuchte mich meine Familie regelmäßig für ein paar Wochen im Sommer, ich flog nicht mehr nach Ägypten.

Es vergingen Jahre – schöne Jahre, sehr produktive Jahre, beruflich und privat für uns und für die Kinder. Mein Mann hatte eine tolle Position und mir wurde angeboten, die Schule, in der ich unterrichtete, nach den Sommerferien zu leiten. Ich hätte den Sommer über Zeit, um darüber nachzudenken. Natürlich sagte ich noch vorher zu. Als Direktorin hätte ich die Macht, vieles in eine bessere Richtung zu lenken, mehr Frauen einzustellen, Müttern Barrierefreiheit im Beruf zu bieten, ich war sehr aufgeregt und optimistisch. Ich hatte Pläne, Ideen, Konzepte und neue Wege, um die Schule in ein ganz anderes, besseres Licht zu rücken. Die Kinder zu empowern. Ich hatte viel vor. Der Schmerz, den ich nach unserem letzten Trip nach Ägypten empfand, war nur noch eine unangenehme Erinnerung, aber nicht mehr. Ich blickte nach vorne, zu meinen drei gesunden Kindern, meinem geliebten Ehemann und meiner zukünftigen Position, auf die ich Jahre hingearbeitet hatte. Aber das Leben hatte einen anderen Plan. Einen ganz anderen …

Ich kann mich noch ganz genau an den Tag erinnern, an dem er starb. Er regte sich darüber auf, dass seine grüne Badehose nicht gewaschen war und er nun die rote tragen musste, er hasste die rote Badehose, obwohl er so schnuckelig darin aussah. Wir waren auf dem Weg zu einem Familienpark, in dem es unzählige Pools und Wasserrutschen gab. Wir waren im Sommer oft dort gewesen. Mein ältester Sohn war nun acht Jahre alt, der Mittlere mit der roten Badehose war sechs und der Jüngste erst zwei geworden. Wir gingen also hin, um Spaß zu haben, wir trafen dort Freunde, die auch Kinder hatten, so verbrachten wir fast jeden Sommer. Diese Treffen im Wasserpark waren schon zu einer Tradition geworden. Meine Kolleginnen und Hameds Kollegen aus der Arbeit, sie alle kamen mit ihren Kindern und wir picknickten dort, die Kinder schwammen, das Wetter war toll und alle hatten Spaß.

Eines Tages waren wir wieder in der Poolanlage, die unendlich riesig und überfüllt war. Ich genoss die Sonne und stillte meinen Jüngsten, während ich mit einer Freundin tratschte, deren Kinder mit meinen im Wasser spielten. Plötzlich hörten wir laute Schreie. Was war passiert? Irgendwo weit weg sammelte sich eine Menschenmenge um jemanden herum. Ist jemand ohnmächtig geworden? Hat sich jemand verletzt? Wir liefen hin, um zu sehen, was passiert war – und da lag er. In seiner roten Badehose. Tot. An drei nebeneinandergereihten großen Fliesen am Beckenrand hatten die Antirutschgummistreifen gefehlt. Das war der Grund, warum mein Sohn beim Laufen ausgerutscht und mit dem Kopf an der Poolkante aufgekommen war. Er war auf der Stelle gestorben. Überall war Blut. Er sah aber so aus, als würde er friedlich schlafen. Ich bückte mich zu ihm, hielt ihn fest, irgendjemand rief die Rettung, ich kann mich nicht mehr erinnern, was genau wie geschah, wo meine anderen Kinder waren, nur daran, dass ich ihn anstarrte, weinte, schrie. Drei Fliesen. Wahrscheinlich Hunderte von Kinder und meines ist es, das stirbt. Meines.

Ich werde niemals vergessen, was man uns im Krankenhaus gesagt hat. Hamed und ich saßen mit unseren schockierten Kindern am Gang, uns war nicht klar, was gerade passiert war, da sprach uns der Arzt zwar sein Beileid aus, sagte aber im selben Atemzug, dass wir ja noch zwei andere Kinder hätten und jung genug seien, um ein weiteres zu bekommen.

Ich habe ihm ins Gesicht geschlagen. Er sah mich entsetzt an. Ich denke, dass er selbst nicht Vater war, sonst hätte er so etwas nicht gesagt. Ich begriff nicht, was geschehen war. Ich begriff es einfach nicht. Ich ging es tausendmal im Kopf durch, es waren Fliesen, rutschige Fliesen, Kinder fallen, sie sterben doch nicht, nur weil sie fallen. Oder?

Es gibt Situationen im Leben, auf die man sich niemals vorbereiten kann. Das Leben ist raffiniert – und ich hasse die Tatsache, dass mein Sohn mit sechs Jahren und lange vor seiner Zeit gestorben ist. Alles tat mir weh. Alles war mit Schuldgefühlen verbunden. Das Atmen war schwer und schmerzhaft. Das Lachen kam – wenn überhaupt – in Begleitung eines schweren Selbstvorwurfs. Der Appetit verabschiedete sich sofort aus meinem Leben. Appetit auf Essen, auf Leben, auf alles. Nichts machte mehr Sinn.

Ist das nicht banal? Er rutscht aus und stirbt? Das war es? Leute überleben Bergstürze und Haiangriffe, aber mein Sohn rutscht aus und stirbt? Ich konnte es nicht glauben. Ich konnte nicht glauben, dass es vorbei war – nicht so und nicht so schnell. Ich habe an seinem Grab gestanden – er wurde in Ägypten begraben –, und konnte es dennoch nicht glauben. Ich blieb in Ägypten, um bei ihm zu sein, wenigstens noch eine Weile. Ich wollte nicht, dass er in einem fremden Land begraben wird. Das wollte ich nicht. Heimat ist Heimat. Von ihr kommen wir, und wenn wir wieder zu Erde werden, dann sollten wir in der Erde unserer Heimat liegen – keine andere Erde wird uns so liebevoll in sich tragen als jene der eigenen Heimat.

Ich habe unsere beiden anderen Kinder zu Hause bei meinem Mann in Kuwait gelassen und blieb bei meinen Eltern in Ägypten. Ich konnte nicht nach Hause, denn alles roch nach ihm. Seine Kleidung und seine Spielsachen waren noch dort. Ich wollte all das nicht sehen. Er hätte nach dem Sommer mit der Schule angefangen. Er wollte Tierarzt werden. Er konnte so gut mit Tieren umgehen. Er war kostbar. Er fehlte mir in jeder Sekunde. Kein Tag verging, an dem ich seine Umarmung nicht vermisste.

Nicht nur die Art und der Zeitpunkt seines Todes waren schmerzhaft, sondern auch alles danach. Menschen sind grausam. Ich sage es so, wie es ist. Der Mensch ist die grausamste Kreatur auf Erden. Nicht nur dieser Arzt war ein erbarmungsloser Mensch, sondern auch Verwandte und engere Bekannte, die mich mit der Frage „Ja, wo war denn seine Mutter, als er starb?" für den Tod verantwortlich machten. Für alle Menschen, die uns kannten, und alle, die uns nicht kannten, aber davon gehört hatten, war ich die Mörderin meines Sohnes, weil ich nicht dabei gewesen war, als es geschah, um es zu verhindern.

Wie würden Sie damit leben? Wie würde irgendjemand damit leben? Vor allem, wenn man es glaubt?

Ich blieb bei meinen Eltern. Ich sperrte mich ein, aß mäßig, verkroch mich im Bett und hoffte auf mein baldiges Ende. Irgendwann – ich hatte das Zeitgefühl vollkommen verloren – wachte ich auf und mein Mann stand vor mir. Ungepflegt, mit Bart, erschöpft und ausgelaugt. Ich konnte unsere zwei anderen Jungs draußen hören, sie waren mit meiner Mama im Wohnzimmer. Er bat mich, nach Kuwait zurückzukommen: „Du musst wieder nach Hause, unsere Kinder brauchen dich", sagte er und versuchte dabei ruhig zu bleiben, aber ich konnte es nicht. Ich schrie ihn an, ich schlug ihn, ich ging wie eine Wahnsinnige auf ihn los. Und das war ich auch, eine Wahnsinnige. Er sah fix und fertig aus. Ich schrie ihn an: „Ich habe meinen Sohn verloren! Ich habe meinen Sohn verloren!" Er blieb ruhig, bis er einen Schlag von mir verpasst bekam, der ihn aufschreien ließ: „Ich habe auch mein Kind verloren! Er war auch mein Sohn. Auch ich trauere um ihn. Auch mir fehlt er. Ich habe seine Sachen in Kartons einpacken müssen, damit ich ihn nicht überall in der Wohnung sehe und sehe ihn dennoch. Ich sehe, ich höre und rieche ihn. Aber wir können jetzt nicht zusammenbrechen, wir haben zwei andere Kinder. Wir haben zwei andere Kinder und die brauchen uns."

Stille. Keiner von uns sprach. Wir weinten. Er nahm mich in den Arm. Er hob mein Kinn zu sich und sagte: „Es ist nicht deine Schuld.

Es ist nicht unsere Schuld. Von Allah kommen wir und zu ihm kehren wir wieder zurück."

„Wieso musste er so schnell wieder zurück? Wieso?"

„Dafür gibt es keinen Grund. Keinen logischen Grund. Wir müssen jetzt stark sein. Wir schaffen das, gemeinsam. Für Ahmed und Ali."

Ich reiste mit ihm nach Hause, und als ich meine beiden Söhne näher betrachtete, empfand ich nichts. Ich sah sie an und empfand nichts. Welche Mutter empfindet ihren Kindern gegenüber nichts? Ich war wie in Trance. Ich sah nur meinen verstorbenen Sohn. Ich sah ihn. Ich sprach zu ihm. Er war da. Monatelang habe ich meine beiden lebenden Kinder mit dem Namen ihres Bruders gerufen oder sie beide ignoriert. Es kam eine zusätzliche Hilfe zu uns nach Hause, um mich mit den Kindern zu unterstützen, denn ich war nicht mehr in der Lage, das alleine zu tun. Ich war zu gar nichts mehr in der Lage. Ich habe den Direktionsjob an eine andere Kollegin weitergegeben, mich zu Hause isoliert und aufgehört zu sprechen. Nur mit meinem Sohn redete ich, ich sah ihn in der roten Badehose. Es wurde immer schlimmer, sagt mein Mann. Ich kann mich gar nicht mehr daran erinnern, ich denke, ich habe es verdrängt, aber ich weiß noch, dass ich nichts gesprochen, mich nicht wirklich bewegt habe und er mich baden musste, auch das konnte ich nicht mehr alleine.

Ich besuchte eine Selbsthilfegruppe. Mein Mann hatte mich dorthin geschickt. Es war eine Gruppe für Eltern und Elternteile, die ein Kind verloren hatten und es nicht verarbeiten konnten. Die verschiedensten Menschen, aus unterschiedlichen Ländern mit unterschiedlichen Religionen, kamen dort zusammen und erzählten ihre Geschichten. Bei diesen Treffen lernte ich eine Frau kennen, eine Amerikanerin, deren Tochter vergewaltigt und erschossen worden war, noch bevor sie nach Kuwait gezogen war. Ihr Tod war über zehn Jahre her, und ihre Mutter konnte es noch immer nicht fassen. Sie sagte, sie habe immer das Bild der Leiche ihrer Tochter vor sich, den Tathergang, wie ihn die Gerichtsmedizin bestimmt hat, und die verbleibende Frage, warum ihre Tochter an diesem Tag, zu dieser Zeit, in dieser Gasse sein musste, wo sie umsonst Opfer eines alkoholisierten Typen wurde, völlig schutzlos und schon mit sechzehn als Leiche – nackt – stundenlang auf einem Gehweg dagelegen war, bis sie von Joggern gefunden wurde? Der Täter bekam nur ein paar Jahre Gefängnisstrafe. Was für ein Stich ins Herz!

Als ich ihre Geschichte hörte, weinte ich und fühlte mich betroffen, so, als sei es mein Kind. Durch welche Hölle muss sie gegangen sein? Das Gefühl, das eigene Kind sei hilflos, verletzt, wehrlos, ist das schrecklichste, das eine Mutter empfinden kann. Es gibt nichts, das ein Mutterherz mehr zum Bluten bringt. Nichts. Eines Tages sagte sie mir dann etwas, das ich vorher nie bedacht hatte, zwischen mir und ihr entwickelte sich eine Art Freundschaft: „Ich beneide dich manchmal um deinen Glauben. Ihr habt im Islam diese felsenfeste Überzeugung, dass es ein Leben nach diesem gibt. Du weißt, dass du deinen Sohn nach einem langen Leben sehen wirst. Er wird dich empfangen, am Eingang der anderen Welt. Wahrscheinlich wartet er schon dort. Ich aber habe nie an Gott geglaubt und nachdem Grace gegangen ist noch weniger. Ich werde sie nie wiedersehen. Deswegen beneide ich dich um die Leichtigkeit, die in eurem Glauben ist, so wie der Tod Teil des Lebens ist, so sicher ist auch eure Gewissheit, dass ihr einander im Jenseits wiederbegegnen werdet. Das macht das Leben ohne sie sicher nicht besser, aber ein wenig einfacher." Ich streichelte ihren Arm und sah sie an: „Ich bin mir sicher, dass ich Grace im Jenseits treffen werde und dass es ihr dort gut geht. Ich werde sie, sobald ich sie sehe, wie mein eigenes Kind in die Arme nehmen. Mit deiner Sehnsucht nach ihr werde ich ihr begegnen und ihr dieses Gefühl – das sie mit Sicherheit schon spürt – weitergeben."

Viele Außenstehende verstanden unsere Beziehung nicht. Wir sprachen auf einer eigenen Ebene. Der Verlust unserer Kinder hatte uns zusammengebracht und keiner – nicht einmal unsere eigenen

Männer – konnten nachvollziehen, was wir empfanden, was diese Tode in uns ausgelöst hatten, was in uns zerbrochen war und wie es uns von Grund auf verändert hatte. Das empfanden nur wir. Nicht einmal der Rest der Selbsthilfegruppe verstand uns. Wir waren eine Art Spezialfall. Und wir waren unterschiedliche Frauen, so verschieden wie Tag und Nacht. Nichts auf der Welt hätte mich mit einer amerikanischen Atheistin zusammengebracht. Nichts. Fast nichts.

Wissen Sie, Leute sprechen ständig darüber, wie depressiv sie sind oder was Liebe ist, weil ihre Liebe doch so besonders und so einzigartig ist. Wir nehmen diese großen Worte in den Mund, ohne wirklich zu verstehen, was sie eigentlich bedeuten. Sie sind Teil der Alltagssprache geworden und das, ohne dass wir sie spüren. Ohne dass sie wehtun.

Jemand, der schlecht drauf ist, ist nicht depressiv und jemand, der verliebt ist, weiß nichts von DER Liebe. Depression ist eine Krankheit, die sehr ernst zu nehmen ist. Man ist in seinem eigenen Teufelskreis gefangen und in jeder Lösung sieht man ein Problem. Wutausbrüche, Tränen, verzwickte Lagen, die eigentlich keine sind, aber plötzlich und grundlos zu solchen werden. Man ist in diesem Treibsand der negativen Energie und kommt nicht heraus. Im Gegenteil: Man zieht alle mit, die einem versuchen zu helfen. Und Liebe ist, was uns am Leben hält. Liebe ist das Seil, woran man sich festhält, um sich aus diesem Treibsand zu befreien. Man zieht und zieht, bis man so gut wie nur möglich da rauskommt. Liebe ist der Grund, warum man nicht Selbstmord begeht. Man denkt daran, oft, vielleicht plant man ihn auch, aber man tut es dann doch nicht. Liebe ist, wenn du deinen Sohn das erste Mal siehst und genau weißt, das ist das Beste, was du je sehen wirst. Liebe bedeutet aber auch, ihn gehen zu lassen, wenn seine Zeit gekommen ist. Und so kurz diese Zeit auch sein mag, sie war gekommen. Das war kein Lebewohl. Das war ein Auf Wiedersehen. So hatte ich es im Kopf. Ich würde ihn wiedersehen. Daran hielt ich fest. Er hielt an mir fest.

Eines Tages wachte ich auf und ging ins Badezimmer, mein Ältester rasierte sich gerade im Badezimmer. Er war mittlerweile schon fünfzehn. Ich sah ihn an, er war wunderschön, er war erwachsen, er war ein junger Mann geworden. Er begrüßte mich mit einer süßen Umarmung. Ich hatte nicht alle drei verloren, das wusste ich in diesem Moment. Ich sah in ihm seinen Bruder, ich sah aber auch ihn, ich sah, dass Zeit vergangen war. Viel Zeit. Sein Bruder wäre nun dreizehn gewesen. Ich stelle mir oft vor, wie er heute wohl aussehen würde. Wie er sein würde. Was für ein Mensch er geworden wäre. Sieben Jahre sind vergangen, in denen ich mich eingesperrt und nicht realisiert habe, wie schnell die Zeit vergeht. Ich habe viel im Leben meiner beiden anderen Buben verpasst. Mein Mann hatte in Wirklichkeit zwei Kinder und einen Pflegefall zu Hause. Er beschwerte sich niemals, er war immer liebevoll, geduldig und ich hatte die Chance, einiges zu verarbeiten, es hatte mich überwältigt, ihn aber nicht. Wir hätten nicht beide in psychische Ohnmacht fallen können, ich bin diejenige, die fiel, und er fing mich auf. Jahrelang. In guten und in ganz vielen schlechten Zeiten.

Mein Sohn kommt nicht mehr zurück. Das habe ich realisiert. An einigen Tagen realisiere ich es besser als an anderen. Er ist aber dennoch da, ich spüre das. Ich sehe ihn in seinen Brüdern, ich rieche ihn, er ist in mir, in uns. Wir reden noch über ihn, als sei er da. Wir essen seine Lieblingsspeisen, wir halten ihn lebendig, sein Name wird immer Teil unserer Gespräche bleiben. Er darf auch hier sein, ich aber darf mich nicht in seine Welt ziehen lassen. Darin liegt die Schwierigkeit, die Grenzen zu ziehen. Nicht zu fallen, daran nicht zu zerbrechen, trotzdem zu leben, trotz dieser Narbe und dieses Lochs, von dem man genau weiß, dass es im Herzen bleiben und niemals heilen wird. Neben Liebe und Depression lernte ich das wahre Gesicht der endlosen Sehnsucht kennen. Und es ist das schlimmste von allen.

Blonde Überraschung

Meine Großmutter trägt seit vielen Jahren nur mehr handgemachte Kleider und Kaftane aus Ägypten. Sie möchte lokalen Schneidern den Rücken stärken. Außerdem kann sie beim Design mitreden, und die Kleidung entspricht so zu 100 Prozent ihrem eigenen Geschmack. Sie kennt eine Ägypterin aus einem Dorf in der Nähe Alexandrias, die aus ägyptischer Baumwolle Kleider näht. Einmal im Jahr macht diese Frau eine Rundreise durch ganz Ägypten, um ihre Stammkundinnen zu treffen, deren Designwünsche zu notieren, die beim letzten Besuch besprochenen Kleider abzugeben und abzukassieren. Eines Sommers war ich bei meiner Oma in Alexandria und es ergab sich zufällig, dass diese Schneiderin vorbeikam. Sie war eine ältere Dame, hatte eine von der Sonne tief geküsste Haut, trug eine schwarze Abaya und einen schwarzen Turban, darüber noch ein schwarzes Tuch, das sie sich um die Brust geworfen hatte. Sie hatte Berber-Motive im Gesicht, ihr Kinn und ihre Wangen waren bemalt, sie trug einen tiefschwarzen Eyeliner und hatte sehr dunkle Augen. Nur als die Sonne durch das Fenster strahlte und sie direkt dorthin sah, wurden ihre Augen etwas heller und hatten etwas Honigbraunes. Sie bemerkte, dass ich an ihr interessiert war, und fragte, ob ich auch ein Kleid machen lassen wollte und woher ich eigentlich sei. Denn für sie sah ich nicht ägyptisch aus, ich hatte damals Dreadlocks und ein falsches Nasenpiercing. Als ich ihr sagte, dass ich aus Wien sei, meinte sie, dass ihre Schwiegertochter aus England komme und sie hörte von dieser Sekunde an nicht mehr auf zu erzählen ...

*

Eines Tages stand er da und hatte eine Frau an der Hand. Mein Sohn hatte jahrelang die Welt bereist, und als er entschied, endgültig nach Hause zu kommen, nahm er eine Frau von denen mit. Mir persönlich hätten Pralinen aus Belgien eher gefallen, aber nein, er stellte sie als *seine Frau* vor. In mir erwachte ein Wirbelsturm, denn für mich war alles, was der Westen brachte, nicht gut. Diese Leute sind die Räuber unserer Zeit und Habe, sich mit ihnen zu vermischen, ist ein großer Fehler.

Ich mochte sie nicht. Sie war groß, schlank, hatte keinen Busen, keinen Hintern, sie sah aus wie ein Brett. Ja gut, sie hatte blaue Augen und lächelte ununterbrochen, aber das Schlimmste war, sie hatte nicht vor, zum Islam überzutreten. Sie hatte nichts von uns. Sie sprach nicht wie wir. Sie lächelte nicht einmal von Herzen, sie wollte nur gut rüberkommen. Sie passte einfach nicht zu uns. Sie war nicht seine derzeitige Freundin, es war für ihn keine Phase, die vielleicht bald vorübergehen würde. Er hatte noch nie eine Frau mitgebracht, sie war seine Frau! Sie hatten in England geheiratet, ohne uns etwas mitzuteilen, nun kam er mit ihr her und wollte, dass sie Teil unserer Familie wurde.

Meine fünf Töchter waren mit ihren Männern und ihren Kindern anwesend, mein Mann war damals noch am Leben, und vor uns allen stand mein Sohn, hielt ihre Hand und sagte stolz: „Darf ich euch vorstellen? Das ist Christine. *Meine* Christine. Wir haben geheiratet." Der Bub ist dumm, dachte ich. Ihre helle Haut und ihre meerblauen Augen haben ihn verführt, aber diese Weißen empfinden doch nichts. Sie empfinden nicht wie wir. Das sind kalte Wesen, die nicht fühlen können. Wer weiß, wie viele ihre Männlichkeit in Madame Christine haben reinstoßen dürfen und wie oft? So sind sie doch, die weißen Frauen, oder? Jeder darf zu jeder Zeit mit ihnen machen, was das Herz begehrt, und uns ehrbare Frauen beschimpft man, weil wir unsere Weiblichkeit hüten. Was für eine verkehrte Welt?

Ich wollte schon meine Stimme heben und sie beide aus dem Haus schmeißen, er sollte nicht länger mein Sohn sein, wenn er mit seiner Hure mein Haus beschmutzte, als mein Mann sie zu Tränen gerührt umarmte und das Mädchen willkommen hieß, als sei sie seine eigene Tochter. Wut und kochendes Blut füllten meine Adern.

Der Sohn hat vor ihrer Schönheit seinen Verstand verloren, aber wo war der Verstand meines Mannes geblieben? War er schon zu alt? Zu senil? Ich konnte ihm nicht widersprechen, er war der Mann, ich die Frau, ich kannte meine Grenzen und Aufgaben. Eine Frau folgt ihrem Mann. Also sagte ich nichts. Mein Mann nannte sie seine Tochter und eines seiner Mädchen. – Mädchen, dass ich nicht lache, sie war über dreißig. Bei uns zu Lande hat man in diesem Alter schon mindestens drei Kinder. Sie wollten nun in unserem Familienhaus sesshaft werden. Nur noch mein Mann und ich lebten in diesem Haus, meine Töchter wohnten in den Familienhäuser ihrer Ehemänner – das ist so üblich, dass die Frau ihrem Mann nachgeht. Frauen ziehen zu ihren Männern und nicht umgekehrt, wenigstens das hatte sie richtig gemacht. Aber nie im Leben hätte ich mir auch nur im Entferntesten erträumt, dass er eine weiße Christin herbringen würde. Ich hatte für ihn einen ganz anderen Traum gehabt und eine ganz andere Vorstellung von seinem Leben. Ich hatte mir gewünscht, dass er eine Frau heiratet, die eine gläubige und gute Muslimin ist, eine, die unsere Kultur kennt und lebt, sie atmet, nicht eine, die das als einen Kulturtrip in den Orient sieht.

Ich hasste sie. Das sagte und zeigte ich ihr auch bei jeder Gelegenheit. Kennengelernt hatten sie sich, als man ihn auf den Straßen Londons grundlos zusammengeschlagen hatte, und zwar so brutal, dass er ins Krankenhaus gebracht werden musste, und sie war die Krankenschwester gewesen, die ihn betreut hatte. Wochenlang. Er hatte drei gebrochene Rippen, Prellungen und eine Gehirnerschütterung gehabt. Es war furchtbar, dass wir damals nicht bei ihm sein konnten und all das von der Ferne mitverfolgen mussten. So sind die Leute dort. Sie denken, sie können sich alles nehmen, was ihnen beliebt, sei es auch das Leben und die Würde anderer. Wir gehen in ihre Länder, um zu arbeiten, und zahlen damit manchmal mit unserem Leben. Und uns nennen sie dann Terroristen und Schnorrer. Vor nicht allzu langer Zeit hatten doch die Engländer unser Land kolonisiert und alles an Hab und Gut an sich gerissen. Deswegen hasste ich sie. Ich wollte nie, dass er verreist. Aber er wollte immer weg aus dem Dorf und aus Ägypten und mehr aus sich machen. Nur weil sein Vater krank wurde, kam er nach langer Diskussion zurück, um unsere Textilfabrik hier zu übernehmen. Zu meiner Überraschung kam er jedoch nicht alleine.

Wir aßen immer gemeinsam, sie und ich. Die Männer waren den ganzen Tag in der Textilfabrik und kamen so erschöpft nach Hause, dass sie sich kaum bewegen konnten. Sie konnte nicht kochen, sie half mir aber in der Küche und versuchte, sich bei jeder Gelegenheit bei mir einzuschleimen. Sie war nicht dumm, sie wusste, dass ich sie nicht mochte. Ich sah sie verachtend an, einmal trug sie eine Abaya und wollte mich damit beeindrucken. Es sollte symbolisch dafür stehen, dass sie ihre europäische Identität quasi gegen die ägyptische ausgetauscht hatte. Mir imponierte so etwas nicht. Ich wusste, was drunter lag, ein wertloser Mensch, mit dem ich nichts zu tun haben wollte.

Bei Tisch wollte ich sie immer demütigen. Selbst beim Essen sorgte ich dafür, dass ich ihr gegenübersaß, so konnte ich ganz genau beobachten, wie sie nervös ihr Besteck hielt und sich kontrollieren musste, um nicht hochzuschauen. Sie wusste, dass ich sie musterte, ich starrte sie penetrant an, und das sorgte für ihr Unbehagen, was mir gefiel. Ich wollte sie rausekeln. Ich hatte eine andere Braut für meinen Sohn im Sinn und war der festen Überzeugung, dass sich West und Ost nicht vermischen sollten. So wurden wir erzogen, so sind unsere Denkweisen und alles, was mit der Liebe zu tun hat, ändert sich sowieso nach der Hochzeit. Keine Ehe besteht nur aus Liebe, diese Verbindungen sind zum Scheitern verurteilt. Die Basis einer funktionierenden Ehe sind die Gemeinsamkeiten zwischen Mann und Frau, und die Säulen dieser Gemeinsamkeiten sind Glaube und Kultur. Das hatten die beiden nicht. Ich konnte es mir nicht verkneifen, ich musste sie das fragen: „Und, was denken deine Eltern darüber, dass du hier bist?"

Sie schluckte: „Sie denken darüber, so wie Sie es tun. Wir haben keinen Kontakt mehr."

Darauf ich: „Hm. Ich habe fünf Töchter, würde mir eine von ihnen den Rücken kehren, ich würde sie umbringen. Ich habe doch nicht die Jahre meines Lebens in sie investiert, damit sie dann anders leben, als ich es mir für sie vorgestellt habe."

Sie meinte: „Bei uns läuft das etwas anders, denke ich."

Damit provozierte sie mich, und ich schlug hart zurück: „Ich weiß, ihr setzt eure Kinder so oder so vor die Tür, sobald sie achtzehn Jahre geworden sind und trefft sie dann einmal in der Woche zum Abendessen, wenn überhaupt. Ihr redet zurück, wenn euch etwas nicht gefällt, seid respektlos, und wenn eure Eltern älter werden, steckt ihr sie in Altersheime, damit sie euch nicht auf die Nerven gehen. Wenn sie dann sterben, sind sie einsam und allein. Eure Kinder tun euch das Gleiche an. Bei uns ist es so, liebe Christine, dass wir unsere Eltern ein Leben lang respektieren und ihnen folgen, nicht nur, so lange sie unser Leben finanzieren, sondern so lange man lebt." Ihr Gesicht lief rot an. Sie sagte nichts. Ich bohrte weiter, genau so wollte ich es: „Und wann habt ihr vor, uns mit Enkelkindern zu beschenken?"

Sie stotterte: „Das ist eine sehr private Frage."

Ich lachte: „Privat? Ihr habt doch nichts Privates, ihr sonnt euch halbnackt vor Wildfremden, leckt euch in der Öffentlichkeit gegenseitig ab, und du redest jetzt von Privatsphäre?" Ich sah ihr an, dass ich einen wunden Punkt getroffen hatte. Und genau den wollte ich zum Bluten bringen: „Ich glaube, ich weiß um dein Geheimnis. Eine Frau in deinem Alter, die mit einem Ägypter in sein Land mitgeht und ihre Freiheiten, das so weit entwickelte Europa und das Leben dort hinter sich lässt – du kannst gar keine Kinder kriegen, nicht wahr?! Dich wollte kein anderer? Damit bist du in meinen Augen keine richtige Frau, sondern viel mehr ein Objekt für Männer, die sich mit dir abgeben, wenn sie einmal ihre Männersachen erledigen müssen, aber du bist definitiv kein Ehefraumaterial."

Oh ja, die Wunde blutete. Sie kämpfte mit den Tränen, und es gefiel mir. Das Feuer meiner Wut erlosch, es war eine Befriedigung, sie so zu sehen. Sie sagte nichts. Sie erzählte auch meinem Sohn nichts davon. Das wüsste ich, sonst hätte er eine große Sache daraus gemacht und vielleicht sogar das Haus verlassen.

Er vergötterte sie. Ich verhielt mich ihr gegenüber wie die böse Stiefmutter aus den Märchen, die wir früher als Kinder zu hören bekommen hatten. Auch diese Frauen hatten ihre Version der Geschichte, die jedoch niemals erzählt wurde. Ich wollte meinen Sohn beschützen. Ich muss zugeben, sie versuchte, sich anzupassen. Sie bemühte sich außerordentlich, und auch wenn ich es damals geleugnet hätte, sie liebte meinen Sohn sehr, sonst hätte sie kaum meine Art ausgehalten. So ging es einige Jahre. Sie hielt das tatsächlich jahrelang aus, täglich, bei jeder Gelegenheit verstreute ich mein Gift über ihr Glück, und es gefiel mir, aber es änderte nichts an der Tatsache, dass sie noch da war.

Sobald wir unter uns waren, misshandelte ich sie mental auf die schlimmste Weise, sie dagegen war immer respektvoll, zuvorkommend und geduldig. Das spielte sie nicht, das war sie. Und sie erzählte es nie meinem Sohn. Das bestärkte mich darin, dass sie mir machtlos ausgeliefert war. Ich genoss diese Macht, sie machte mich ihr überlegen, und so sollte es auch bleiben, bis ich sehr krank wurde. Jede Bewegung tat in den Knien weh, ich war schlecht drauf, einmal war mir kalt, dann plötzlich heiß. Es fühlte sich an, als hätte ich meinen Körper nicht mehr richtig unter Kontrolle. Ich brauchte bei den kleinsten Bewegungen Hilfe, beim An- und Ausziehen, beim Essen, beim Duschen – bei allem.

Ich bin Mutter von fünf Töchtern. In unserem Land verhält es sich so, dass die Töchter die Krücken der Mutter sind. Können mich meine Beine nicht mehr tragen, so sollen sie es tun. Soll ich keinen Frieden mehr finden, sollen sie mein Frieden sein. Als es so schlimm um mich stand, dass ich das Gefühl hatte, dem Tod in die

Augen zu blicken, kontaktierte ich meine Töchter. Alle fünf. Aber sie kamen nicht. Keine einzige. Meine Töchter hatten ihr eigenes Leben, drei von ihnen lebten in anderen Städten, sie hatten Kinder und Verantwortung, sie konnten nicht einfach zu mir kommen, um mir zu helfen. Nahmen sie ihre Kinder mit, hätte sie das abgelenkt, ließen sie sie zu Hause, hätten sie nicht lange bleiben können. Sie entschuldigten sich, und es brach mir das Herz, dass sie nur einmal alle paar Wochen vorbeischauten, weniger als eine Stunde blieben und mir schnell etwas zum Essen hinwarfen. Keine von ihnen half mir tatsächlich.

Aber sie tat es. Sie tat eigentlich alles. Sie klopfte jeden Tag in der Früh bei mir an, öffnete die Zimmertür, lächelte mich an, zog die Vorhänge auf, ließ mir Badewasser mit duftendem Öl ein und setzte mich in die Badewanne, wo sie meine Haut so zärtlich wie möglich schrubbte. Sie putzte mich auch, nachdem ich auf der Toilette gewesen war, ohne dabei das Gesicht zu verziehen, wie es meine Töchter taten. Es war mir extrem peinlich, vor ihr so gebrechlich zu sein, nach allem, was ich ihr angetan hatte. Sie zog mich um, kämmte mir vorsichtig die Haare, kochte für mich gesundes Essen aus einem Buch, verbat mir viele Speisen und machte Sport mit mir, ja, so nannte sie es, sie meinte, es sei jene Art Sport, die man nach einem Unfall treibe, damit man wieder gehen könne. Dann meditierten wir miteinander. Bevor ich schlafen ging, las sie mir auf Englisch vor. Ich verstand kein Wort, aber sie hatte eine sehr angenehme Stimme und konnte mittlerweile auch schon gut Arabisch, weswegen sie mir im Nachhinein immer übersetzte, was sie zuvor vorgelesen hatte. Sie machte all das sehr liebevoll, geduldig und mit höchstem Respekt, obwohl ich schwach in ihren Händen lag und sie sehr leicht Rache hätte nehmen können, aber das lag ihr fern. Und mit jeder ihrer Taten fühlte ich mich schlechter. Sie war ihm eine tolle Frau und mir eine bessere Tochter als meine eigenen. Was ich zu ihr gesagt und ihr angetan hatte, war schrecklich und unmenschlich, aber das war noch nicht alles.

Eines Tages kam mein Sohn weinend zu mir, und ich dachte, das sei das Ende ihrer Beziehung. Aber warum jetzt, wo ich doch gerade anfing, sie zu mögen? Er sagte, er könne es nicht länger für sich behalten und ich solle wissen, dass er keine Kinder bekommen könne. Er. Nicht sie. Sie konnte. Und ich hatte sie als Sexobjekt bezeichnet. In diesem Augenblick hatte ich das Gefühl, das Leben würde mir ins Gesicht schlagen. Was hatte ich getan? Er hatte es so lange mit sich herumgetragen, dass er dachte, er müsse sich rechtfertigen, und in diesem Moment konnte er den Druck nicht mehr aushalten. Ich ging zu ihr und entschuldigte mich aufrichtig für die vergangenen Jahre und mein widerliches Verhalten. Auf eine Frage wollte ich jedoch unbedingt eine Antwort: „Wieso hast du das all die Jahre mit dir machen lassen, ohne etwas zu sagen?" Sie griff nach meiner Hand und sagte: „Einige Menschen sind es wert, dass man für sie leidet. Und er ist es wert. Du hast einen großartigen Sohn in die Welt gesetzt."

„Aber du hast ihm nie etwas erzählt."

„Weil man keinen Keil zwischen Mutter und Kind treibt. Wo ich herkomme, ist das so."

„Aber der Schmerz? Die Demütigung?"

„Der Prophet Mohammed s.a.w. sagt, dass unsere Nachbarn wie Familie sind. Sein Nachbar stellte ihm täglich einen vollen Müllsack vor die Tür, den der Prophet jeden Tag wortlos entsorgte. Eines Tages öffnete er seine Tür und er fand keinen Müllsack vor, da besuchte er seinen Nachbarn und fand heraus, dass dieser krank war und pflegte ihn. Ich bin zwar keine Muslima, aber ich kann lesen, und du bist nicht meine Nachbarin, du bist Familie."

In diesem Moment umarmte ich sie. Ich atmete tief, meine Knie waren so weich wie noch nie zuvor. Das Gute in ihr ließ das Böse in mir schmelzen. Ihre Geduld ließ jede Wut schwinden. Ich war blind, mein Herz war es, es konnte ihre Wahrheit nicht sehen, bis ich von ihr abhängig wurde, um überhaupt leben zu können, und sie die Macht hatte, die ich zuvor besaß, doch sie bedeutete ihr nichts.

Ich war kein Stück besser als jene Menschen, die andere Mitmenschen im Ausland aufgrund von Herkunft und Religion schlecht behandelten. Ich war genau so, wenn nicht sogar schlechter. Ich hatte sie aufgrund ihrer Nationalität und ihres Glaubens erniedrigt und es damals nicht einmal bereut, im Gegenteil, ich war mir sicher, im Recht zu sein, weil ich das Gefühl gehabt hatte, sie nahm mir meinen Sohn weg. Ich hatte noch nie einen Menschen wie sie getroffen. Sie hatte so viel Negatives von mir abbekommen und konnte trotzdem kurz danach lächeln und Liebe schenken, so, als sei nichts geschehen. Wenn alle Menschen in Europa so sind wie Christine, dann bin ich ihnen allen eine große Entschuldigung schuldig.

Wie aus Andy Asiya wurde

Die Erzählerin lernte ich in den Woodlands (Texas) kennen. Meine Tochter und ich waren in einer Target-Filiale einkaufen. Als ich auf Arabisch zu Laila sprach, zogen wir die Aufmerksamkeit einer Dame auf uns. „Sind Sie etwa Ägypterin?" Ich nickte erstaunt. „Meine Tochter hat einen ägyptischen Namen, sie heißt Asiya. Wissen Sie, wer das war? Die Frau des Pharao." Auf meine Bemerkung, dass ich nur selten Menschen aus dem Westen treffen würde, die arabische Namen trugen, lachte sie: „Sie war nicht immer eine Asiya, diesen Namen hat sie sich verdient. Vor Jahren war sie ein Andy." Spätestens jetzt bestand ich darauf, die komplette Geschichte zu erfahren.

*

Oft sah ich ihn mir an und dachte es mir insgeheim. An anderen Tagen sagte ich mir: Aber es ist doch normal, dass auch Burschen mit Nagellack oder Puppen experimentieren wollen, das muss nichts bedeuten. Ich muss zugeben, ich war nicht wirklich überrascht, dass es so kam. Nicht etwa, weil er mit Puppen gespielt oder sich die Nägel lackiert hatte. Ich bin Erzieherin, ich weiß, dass das nichts zu bedeuten hat. Sein Haarschnitt war es. Der war ihm heilig. Er war sieben Jahre alt und hatte schulterlange Haare, die er sehr sorgsam bürstete, und er liebte es, wenn glitzernde Spangen ihm die Strähnen aus dem Gesicht hielten. Schönes, glänzendes, kastanienbraunes Haar, das in der Sonne herbstrot schimmerte. Mein kleiner Bub, der ganz tief in seinem Herzen gar kein Bub war.

An einem Nachmittag ging mein Mann mit unserem Sohn zum Friseur und Andy kam weinend zurück. Er hatte keine langen Haare mehr, sondern ganz kurze. Er war am Boden zerstört. Das war für mich die Bestätigung. Wie gesagt, ich denke, ich wusste es schon immer, aber man kann sich nicht sicher sein, solange das Kind es nicht selber sagt, man möchte es ja zu nichts drängen. Vielleicht hörten wir ihm aber auch nicht richtig zu. Er redete eigentlich nur davon, dass er ein Mädchen war, auf die Mädchentoilette gehen wollte, Tutus schön fand, seine Haare lang tragen wollte und wie ein Mädchen dachte. Einmal sagte er sogar: „Gott gab mir aus Versehen den falschen Körper." Wir dachten, er würde nur seinen älteren Schwestern nachreden. Wir dachten, es sei normal, dass ein Bub, der mit zwei viel älteren Schwestern aufwuchs, etwas Weiblichkeit abbekommen hatte. Seine Schwestern waren damals bereits in einem Alter, in dem man stundenlang vor dem Spiegel steht, den ersten Freund mit nach Hause bringt, die Periode bekommt. Sie waren schon junge Damen und hatten eine innige Freundschaft, da passte der kleine Bruder, der von all dem nichts verstand und damit auch nichts anfangen konnte, einfach nicht dazu.

Es war jedoch weder wegen seiner Schwestern noch wegen etwas zu viel Weiblichkeit, das war er. Er kämpfte mit sich. Ich merkte das. Er war wegen des Verlustes seiner Haare wochenlang depressiv, obwohl diese in der Zeit wieder ein Stück nachgewachsen waren. Niemand wollte ihm etwas Böses antun, wir dachten, es sei „normal", ihm die Haare zu kürzen, immerhin war er ein Junge. Als ich ihn fragte, warum sie ihm nicht gefielen, antwortete er: „Ich schau jetzt aus wie ein Bub." Das war deutlich gewesen. Er sagte es wieder und wieder, aber wir hörten wieder nicht zu. Wir ignorierten es, weil es nicht normal war, oder? Wie soll man auch darauf reagieren? Was erwidert man am besten, wenn der eigene Sohn sagt, dass er eigentlich ein Mädchen sei – oder wenn die eigene Tochter meint, dass sie gerne einen Penis hätte? Ich wusste es nicht. Ich, die ausgebildete Erzieherin, die schon Hunderte Kinder betreut hatte, hatte keinen blassen Schimmer, was ich tun sollte. Ich war überfordert. Ich ignorierte es wieder. Wir taten so, als sei alles perfekt. Er machte mit. Er wollte uns nicht verletzen, aber ich bemerkte, dass peu à peu einige meiner Sachen verschwanden: Lippenstifte, hohe Schuhe, BHs, Röcke. Ich beschloss, ihm zu folgen. Er sagte, er würde zum Fußball gehen, aber in Wahrheit wollte er woanders hin, das fühlte ich. Eines Nachmittags folgte ich ihm also und merkte schon am Weg, dass er eine ganz andere Richtung einschlug und eine Tanzschule ansteuerte, ich fand heraus, dass er Ballett tanzte. Mein mittlerweile zehnjähriger Sohn hatte – so dachte ich zumindest – meine Unterschrift gefälscht und zahlte von seinem Taschengeld seine Ballettstunden. Ich setzte mich ganz hinten in die letzte Reihe, damit er mich nicht sehen konnte, und sah ihn tanzen. Er bewegte seinen ganzen Körper auf eine wundervolle und graziöse Weise, die mich überraschte. Seine Art zu tanzen, erzählte eine Geschichte, seine Geschichte, und sein Gesicht trug den Ausdruck seiner Gefühle, es war wunderbar, ihn so sehen zu dürfen, er war richtig gut. Eine der anderen Mütter beugte sich zu mir rüber: „Ihre Tochter ist äußerst hübsch." Andy hatte mittlerweile wieder lange Haare, die er zu einem ordentlichen Dutt hochgesteckt hatte. Ob ich es mochte oder nicht, er sah aus wie ein Mädchen, ein sehr hübsches Mädchen, und bewegte sich auch wie eins. Er war zierlich und tanzte wie eine Göttin. Ab diesem Moment konnte ich es nicht mehr ignorieren, ich konnte nicht mehr so tun, als sei das eine Phase, die irgendwann vergehen würde, es ging längst nicht mehr um Nagellack und Lippenstift, er liebäugelte mit einem anderen Buben auf der Bühne, das hier war echt, das war mein Kind und dieses Kind war kein Bub. Ich verschwand, bevor er mich sah, und wartete zu Hause auf ihn, auch wenn ich nicht wusste, wie ich mich verhalten sollte.

Als er nach Hause kam, war ich schon längst mit seiner ältesten, damals zwanzigjährigen Schwester im Gespräch. Sie hatte sich bei der Ballettschule als seine Erziehungsberechtigte ausgegeben, ich will gar nicht wissen, wie viele Dokumente sie dafür fälschen hatte müssen. Als Mutter war ich natürlich stolz, dass sie ihm beigestanden hatte, aber als Erzieherin war ich von ihr sehr enttäuscht, da sie so etwas verheimlicht hatte. Wir stritten – laut. Es fielen auf beiden Seiten Vorwürfe, wir waren nicht zu überhören, und sie sprach das aus, was ich nicht aussprechen konnte: „Er ist kein Er. Er empfindet anders. Wieso müssen wir ihr das Leben so schwer machen? Wieso können wir nicht ihr die Entscheidung überlassen?"

„Weil es so nun mal nicht läuft. Frauen haben eine Vagina, Männer haben einen Penis. Dein Bruder hat einen Penis. Das kann man doch nicht einfach ignorieren. Das hat seine Gründe. Er ist ein Bub."

„Sie ist einzigartig. Und wenn du das nicht sehen kannst als ihre Mutter, dann hast du sie nicht verdient. Sie unterdrückt ihre Identität für dich und Dad, nun seid ihr dran, lasst sie sein, wer auch immer sie sein mag. Wen juckt's?"

„Sprich nicht in der weiblichen Form von deinem Bruder. Du bist schuld, dass er sich in dieser Idee so verfestigt."

„Nein, Mama, diese Idee ist nicht bloß eine Trotzphase, das ist ihre Identität und du bist ihre Mutter. Als Mutter solltest du ihr beistehen, egal was kommt."

Er hörte alles, brach in Tränen aus und sperrte sich im Badezimmer ein. Wir hatten nicht gemerkt, dass er die ganze Zeit dagestanden war und alles mitbekommen hatte. Ich hatte das Gefühl, dies seien die unterdrückten Emotionen der vergangenen Jahre, die er jetzt ausbrechen ließ. Er drohte, er würde sich seinen Penis abschneiden. Ich war auf der anderen Seite der Badezimmertür und konnte nichts tun. Noch nie in meinem Leben hatte ich mich so hilflos gefühlt. Seine Schwester warf mir vor: „Wenn er sich etwas antut, bist du schuld!" Ich sah, dass sich ihre Lippen weiterbewegten, aber ich hörte nicht, was sie sagte. Laut sprach sie zu ihm: „Andy, komm bitte raus. Wenn es Kleider und Röcke sind, dann bekommst du sie. Du bekommst alles, was du möchtest, aber bitte komm raus. Wir lieben dich, auch als Mädchen!" Sie sah mich an und ihrem Blick nach wollte sie, dass ich auch etwas sagte, und das tat ich: „Andy, ich verstehe dich jetzt. Ich habe dich tanzen gesehen. Wir finden eine Lösung, aber komm bitte raus. Bitte,

bitte komm raus. Wir lieben dich. Egal, was es ist, wir finden eine Lösung." Die nächsten Sekunden waren die längsten meines Lebens. Hätte sich diese Tür nicht geöffnet, ich hätte mir nie verziehen.

Als mein Mann und meine andere Tochter zu Hause waren und wir am Esstisch beim Abendbrot zusammensaßen, sagte ich nicht viel, genau genommen nur einen Satz: „Ab heute ist *er sie,* und wer ein Problem damit hat, kann gehen." In solch einem Moment wünscht man sich natürlich, dass niemand geht. Meine Töchter hielten zusammen wie Pech und Schwefel und hielten zu ihrem Bruder, keine von ihnen zuckte auch nur mit einer Wimper. Mein Mann jedoch sah unseren Kleinen an, ließ seine Gabel fallen, stand in aller Ruhe auf und ging.

Ich glaube nicht an Gott, das habe ich nie. Aber als mein Mann ging und ich nicht wusste, wohin und ob er wieder kommen würde, hatte ich das Bedürfnis, mit einem Gott zu reden. Ich sah in dieser Nacht zum Sternenhimmel hinauf und ließ alles raus, ich weinte und sprach mir den Frust der letzten Jahre von der Seele. Und es tat gut, auch wenn ich nicht genau wusste, zu wem ich da redete, aber es nahm eine große Last von mir und ich empfand, dass es irgendwo angekommen war.

Zwei Wochen später kam mein Mann zurück. Er sagte, er hätte sich von Andy und der Idee, einen Sohn zu haben, verabschieden müssen. Nun waren nicht mehr zwei Männer im Haus, sondern nur noch er. „Ich verspreche nichts. Ich kann nichts versprechen. Ich muss schauen, wie weit ich mitmachen kann, aber ich habe meinen Sohn verloren. Ich liebe mein Kind, aber ich weiß nicht, wie ich handeln soll, deswegen kann es sein, dass ich einem Burn-out der Gefühle nahe bin. Sollte ich wieder einmal kurz verschwinden, sucht nicht nach mir, aber seid sicher, ich komme wieder."

Damit konnte ich leben. Für uns als Familie war es nun an der Zeit zusammenzuhalten. Denn der erste und wichtigste Schritt war noch nicht getan. Auf allen Dokumenten mussten Andys Name und

Geschlecht geändert werden. Dafür benötigten wir aber eine ärztliche Bestätigung. Um diese zu bekommen, mussten wir zu einem Psychotherapeuten, der auf solche Fälle spezialisiert ist. Wir mussten zu drei unterschiedlichen, bis wir endlich das Attest in Händen hielten. Die ersten beiden wollten uns einreden, dass wir als Eltern unsere Töchter viel lieber hätten, weswegen sich bei unserem Sohn das Gefühl eingeprägt hätte, er müsse ein Mädchen sein, sonst würden wir ihn nicht lieben können. Das sagten sie, ohne jemals mit Andy gesprochen oder ihn auch nur gesehen zu haben. Der dritte Psychotherapeut sprach zuerst mit Andy, dann mit uns als Familie, und half uns, damit alle Papiere stimmten.

Ich dachte, der Papierkram sei das größte Problem, weil man auf so viele kleine Details achten musste. Ich dachte, sobald alles schriftlich sein würde, hätten wir die Realität auch geändert, dann wäre es amtlich. Dem war aber nicht so. Das Schriftliche war das Einfachste. Es sind die Menschen, die das Leben anderer Menschen schwer machen, nicht aber ein Dokument.

Die Schule war für ihn der Horror. Dort hatte er wirklich eine schwere Zeit. In welche Toilette er gehen sollte, war dabei noch das geringste Problem. Die Reaktionen der Kinder und besonders der Lehrer waren schockierend. Kinder können so grausam sein. Keines akzeptierte ihn. Und die Lehrer agierten höchst unprofessionell. Ich weiß, dass Kinder und Jugendliche oft fies sein können, aber von Lehrern hätte ich mir mehr Rückendeckung erwartet. Das geschah nicht. Ganz im Gegenteil. Seine Direktorin wollte mich Wochen später sprechen und lud mich zu einem Gespräch ein. Und noch bevor ich mich hinsetzte, fragte sie ohne jegliche Scheu: „Hat Andy noch einen Penis?"

Ich dachte, ich hörte nicht recht: „Entschuldigen Sie bitte?"

„Hat Andy noch einen Penis?"

„Haben Sie einen?"

„Was sagen Sie da, sind Sie verrückt?"

„Was? War Ihnen die Frage etwa unangenehm?"

Sie versuchte, ihren Standpunkt zu erklären: „Aber Sie müssen mich verstehen, Andy war ein Bub und jetzt … ist das Geschlecht unklar. Das ist in einer Schule problematisch. Geht er auf die Burschentoilette, wird er sicher gehänselt. Geht er auf die Mädchentoilette, hänselt er vielleicht die anderen Mädchen. Und dabei bleibt es nicht, nur weil er nun einem Trend folgt, heißt das nicht, dass die Reputation einer ganzen Schule den Bach runtergehen soll. Sie können als Familie ja machen, was Sie wollen, wenn Sie ein gesundes Geschlechtsorgan entfernen lassen, aber wir müssen diesem Blödsinn nicht folgen."

Ich empfand tiefe Scham, dass diese Frau eine leitende Position an einer Schule innehatte, und hatte das Gefühl, man würde meinem Kind vor mir zwischen die Beine greifen. Ich wollte dieser Frau am liebsten eine runterhauen. Für die Art und Weise, wie sie über mein Kind sprach, und ihr endloses Unwissen, aber auch für die Ignoranz, die in allem steckte, was sie sagte, sobald sie ihren Mund aufmachte. Es war einfach nur so traurig, dass ich gar nicht wusste, wo ich anfangen sollte. Ich versprach ihr, dass mein Kind diese Schule nie wieder betreten würde.

Als ich zu Hause ankam, waren meine drei jungen Damen im Kino. Alle drei. Ich war so wütend auf diese Direktorin, dass ich meinem Mann sofort alles erzählen wollte. Aber ich fand ihn weinend im Keller. Dort hatte ich Andys alte Kleidung verstaut. Er saß zwischen den alten Sachen, roch daran und weinte wie ein Baby. Ich setzte mich zu ihm: „Was machst du da? Was ist los?"

„Darf ich nicht um ihn trauern?"

„Wieso trauern? Er lebt doch noch."

„Tut er das?"

„Wir hatten doch darüber geredet, Andy ist jetzt ein Mädchen."

„Aber du sagst doch auch noch Andy und *er*. Du redest noch so von ihm, als sei er ein Junge. Heute habe ich gehört, wie ihn jemand

Schwuchtel genannt hat. Mein Sohn ist eine Schwuchtel. Was haben wir nur falsch gemacht?"

„Wir haben gar nichts falsch gemacht. Wir haben drei wundervolle Kinder, die sich gegenseitig den Rücken stärken, sie haben gute Noten, sind gesund, respektvoll und wohlerzogen im Umgang, was wollen wir mehr?"

„Du kannst die Welt nicht ändern." Er stand auf und wurde lauter: „So toll sieht uns die Welt nicht. Du kannst nicht ändern, was die Menschen denken, und du kannst ihn nicht für immer beschützen. Nur weil du ihm jetzt ein paar Kleider kaufst, änderst du damit nicht die Welt."

„Aber ich ändere damit *unsere* Welt. Ich ändere damit *seine* Welt. Er ist glücklich. Und die, die ihn Schwuchtel nennen, wissen es noch nicht besser. Aber das Leben wird es ihnen noch beibringen. Wir wissen es schon besser. Das Glänzen in seinen Augen ist mir wichtiger als alle bösen Zungen dieser Welt. Du kannst deinen Sohn vermissen, das darfst du. Aber vergiss dabei nicht, deine dritte Tochter zu lieben. So wie sie ist."

Wir mussten alle in Therapie gehen, Andy hatte zusätzlich noch Einzelsitzungen und musste Hormonblocker nehmen, damit sein Testosteron „geblockt" wurde. Eine Bestätigung, dass er Östrogen nehmen durfte, war noch ausständig. Das Medizinische war zwar teuer, aber keine Belastung. Wir hatten zwei Töchter, die sich finanziell selbst erhielten und sogar zur Behandlung ihrer Schwester beisteuerten.

Von Verwandten und Freunden hörten wir nur Spott und bekamen ein schlechtes Gewissen eingeredet. Meine Schwester hatte die Vermutung, mein Mann hätte Andy als Kind sicher missbraucht, das sei der einzig logische Grund für Andys „Zustand". Die Schwester meines Mannes wollte uns nicht mehr besuchen kommen, denn Andy könnte ihre kleinen Töchter missbrauchen. Ein Onkel vertrat die Theorie, dass es daran läge, weil ich Andy als „alte Frau" bekommen hätte, mein Körper wäre nicht mehr fähig gewesen, „ein gesundes Kind" auszutragen. Irgendein Bekannter behauptete sogar, dass es bei ungeplanten Kindern meistens so sei, dass sie „abnormal" werden würden, und dies auch mit dem Altersunterschied zwischen unseren Kindern zusammenhängen könnte. Vielleicht hätten wir inzwischen vergessen gehabt, wie man Kinder richtig erzieht. Jeder von uns musste sich bei jeder Gelegenheit, bei der wir das Haus verließen, diese grandiosen Annahmen anhören. Diskussionen, Aufklärungen, Erklärungsversuche halfen nichts.

Es brach mir das Herz zu sehen, dass mein Kind keinen Anschluss fand. Nirgends. Nur beim Ballett verlor er sich auf der Bühne und war in seiner Welt. Ich dagegen war am Ende einer Sackgasse angekommen und fand keinen Ausweg. Ich zweifelte an unserer Entscheidung. Kann ein Kind sein Geschlecht entscheiden? Darf es das? Wieso verstanden es die Menschen nicht? Ich wollte all diese Stimmen abschalten und unser Leben normal weiterführen. Ich wollte wieder über Socken streiten, die man nach dem Waschen nicht mehr fand, oder stundenlang mit meiner Familie diskutieren, was wir kochen sollten, mit ihr Filmabende genießen und über Belangloses sprechen.

Unsere Nachbarn waren aus Pakistan, lebten aber schon sehr lange im Haus nebenan. Ich mochte sie nicht. Sie rochen und kleideten sich komisch, sprachen unverständlich und sehr laut, hatten einen eigenartigen Glauben und waren kulturell ganz anders als wir. Ich bin keine Rassistin, aber ich grüßte sie nicht einmal zurück, obwohl sie mich immer höflich grüßten und eine Tochter in Andys Alter hatten, ich traute mich einfach nicht, etwas zu ihnen zu sagen. Ich ignorierte sie gekonnt, bis ich meinen Sohn, der nun meine Tochter war, mit einem blauen Auge aus ihrem Wohnzimmer abholte. Irgendein Schlägertyp aus der neuen Schule hatte meinem Kind eine verpasst und meine pakistanische Nachbarin hatte das gesehen, als sie ihre Tochter, die auf derselben Schule war, abgeholt hatte. Sie hatte dann meine Tochter mitgenommen.

Asiya. So wollte Andy von nun an heißen. Sie liebte die ägyptische Geschichte, da meine mittlere Tochter besessen von ihr war und Ägyptologie studiert hatte. Asiya hieß die erste Frau des Pharaos. Sie hatte Moses als Baby am Nil gefunden und als der Pharao den Befehl gab, alle männlichen Babys umbringen zu lassen, damit sie ihm als Erwachsene keine Gefahr werden konnten, ließ er, weil er Asiya so sehr liebte, Moses am Leben und adoptierte ihn. Als Kind hatte Andy diese Geschichte geliebt und seine Schwester hatte sie ihm jede Nacht erzählen müssen.

Ich hielt nie etwas von fremden Kulturen und auch nicht von Religionen. Ich hatte kein Interesse daran und wollte auch nichts darüber wissen, ganz im Gegensatz zu meinen Kindern. Ich war jemand, der alles, was anders war, nicht in seinem Leben haben wollte. Alles, was Tradition hat, hat auch Fuß, dachte ich. Dabei dachte ich nie daran, dass auch andere Traditionen und Kulturen sowie Religionen und Menschen eben ihren Fuß vielleicht woanders stehen haben, als ich ihn gern hätte. Und nun stand eine Frau vor mir, die mir in rein gar nichts ähnelte und wusste, dass ich sie verachtete, trotzdem beschützte sie meine Tochter, obwohl ich sie in den letzten zehn Jahren wie Dreck behandelt hatte. Ich hielt sie auch für Dreck, bis ich mich mit ihr unterhielt. Sie war gebildet, kreativ und sehr nett – ich hingegen war ignorant. Meine älteste Tochter, die Ethnologie studiert hat, würde sagen, ich sei xenophob und in diesem Fall sogar islamophob gewesen.

Asiya verstand sich gut mit der Nachbarstochter. Sie luden uns zu einer Henna-Party der Cousine ihrer Tochter ein. Die Cousine würde am nächsten Tag heiraten, deswegen tanzten die Frauen die ganze Nacht, so verstand ich das. Man lädt alle Frauen, die man mag, ein, malt sich Henna auf die Hände und isst lauter buntes Zeug. Am Ende der Nacht hat man ein Pünktchen auf der Stirn, einen vollen Bauch und Blumenketten um den Hals.

Wir waren von unserer eigenen Familie verstoßen worden. Unsere Freunde waren keine mehr, sie fürchteten sich vor uns. Meine Tochter verstand sich gut mit der Nachbarstochter, also gingen die

Frauen unserer Familie zu dieser Feier, denn ob ich mich mit diesen Menschen verstand oder nicht, spielte keine Rolle – sie akzeptierten uns so, wie wir waren.

Die Dame des Hauses, die ich so lange ignoriert hatte, bemalte meine Hand mit Henna. Ich sah, wie alle zu einer Musik tanzten, von der ich nichts verstand, ich roch Speisen, deren Namen ich nicht aussprechen konnte, und ich beobachtete Asiya, sie hatte zwar ein blaues Auge, aber sie lachte, wirkte glücklich und fand endlich Anschluss. Ich sagte zu meiner Nachbarin: „Ich danke Ihnen, dass Sie uns eingeladen haben."

„Das selbstverständlich."

„Aber nein, das ist es nicht. Sie haben auch Asiya geholfen an jenem Nachmittag, ich danke Ihnen für Ihre Hilfe."

„Du haben gute Kinder. Alles gute Kinder. Du gute Frau."

„Sie sind auch eine gute Frau. Es tut mir leid, dass ich früher so unfreundlich war."

„Das nix Problem. Heute besser."

Sie erstaunte mich. Während sie sich auf die Bemalung meiner Hand konzentrierte, sagte sie mit einer unerklärlichen Leichtigkeit, dass alles, was zählte, heute sei. Das gefiel mir.

„Danke, dass ihr Asiya nicht ausschließt. Ihr gehört zu den wenigen, die uns nicht ausgegrenzt haben."

„Sie ist gutes Kind. Gute Freundin für meine Tochter."

„Sie haben keine Angst?"

„Nein. Angst haben keine."

„Aber Sie sind doch Muslima, und Muslime glauben daran, dass Menschen wie meine Tochter sterben sollten."

„Islam sagt, dass das Paradies unter den Füßen einer jeden Mutter sein. Du bist Mutter. Du liebe dein Kind. Nix hören, was andere sagen. Das Paradies für dein Kind ist deine Umarmung, deine Liebe, du. Alles andere kein Problem, wenn du kein Problem. Du gut, Kind gut. Alles gut."

Das blieb nicht das einzige Highlight an diesem Abend. Ich hatte so viel gegessen, dass ich mit offener Hose deren Haus verließ, da ich kaum atmen konnte – und das, obwohl ich keine Ahnung hatte, was ich gegessen hatte. Es war seit Langem der schönste Abend für meine Töchter und mich gewesen. Es war ein Abend purer Freude gewesen.

Wir blieben nicht in Großbritannien. Wir gingen nach Texas. Mein Mann erhielt dort eine Stelle als Universitätsprofessor. Es war wie ein Zeichen für uns. Das konnte kein Zufall sein, dass er genau dann dieses Angebot bekam, als bei uns der Gedanke an einen Umzug an erster Stelle stand, weil es hier an keiner Schule mit Asiya klappte. In jeder Schule kannte jemand wen, der wen kannte, der sie vorher gekannt hatte. Sie konnte mit ihrem alten Ich nicht abschließen, was ihrem neuen Ich das Leben erschwerte. Wir wollten mit Asiya eine ganz neue Seite aufschlagen, sie sollte frisch starten können, als Mädchen und junge Frau. Neues Land, neue Leute, neue Schule, Andy gab es nicht mehr.

Meine älteren Töchter waren zu dem Zeitpunkt bereits erwachsene Frauen. Eine von ihnen lebte wie eine Nomadin: alle paar Monate woanders, einmal in Gambia, dann in Marokko, lange in Ägypten – natürlich – oder auf irgendwelchen Inseln. Die andere arbeitete als Künstlerin, sie hatte sehr jung geheiratet und lebte mit ihrem Mann in Paris. Mein Mann, Asiya und ich zogen zu dritt nach Texas, in die Woodlands. Nun leben wir schon seit fast 10 Jahren hier. Es fühlt sich wie ein zweites, ein anderes Leben an. Inzwischen bin ich Großmutter geworden, unsere Töchter besuchen uns einmal im Jahr. Asiya ist Tänzerin und Model geworden. Können Sie das glauben? Und es kommt keiner darauf, dass sie nicht immer eine Frau gewesen ist. Wissen Sie warum? Weil sie es immer schon war. Wir konzentrieren uns so sehr auf das, was unsere Kinder zwischen den Beinen haben, machen danach Regeln und bauen Hierarchien auf, anstatt sie einfach Mensch sein zu lassen. Und wissen Sie warum? Wegen der Leute. Wir wollen um jeden Preis von Leuten akzeptiert werden, die wir nicht kennen, und verbiegen deswegen das, was unsere Kinder sind: Menschen. Ich muss zugeben, obwohl ich immer noch nicht ganz daran glaube, dass Gott existiert, schaue ich manchmal, bevor ich schlafen gehe, in den Sternenhimmel und flüstere ein kleines „Danke". Ich habe drei gesunde Töchter und zwei gesunde Enkeltöchter und ich würde nichts an unserem Leben ändern wollen. So, wie es ist, ist es gut. Ich weiß nicht genau, wo meine „Gebete" ankommen, aber ich weiß, irgendwo kommen sie an.

Federleicht

Die Erzählerin traf ich durch Zufall in London. Ich saß in einem Café und schrieb an einer Geschichte, als mir diese attraktive Kellnerin den Kakao hinstellte. Ich starrte sie an und hatte das Gefühl, sie zu kennen. Ich mochte ihre Ausstrahlung. Als sie bemerkte, dass ich meinen Blick nicht von ihr lassen konnte, fragte sie mich, ob etwas nicht in Ordnung sei.

Ich lachte verlegen: „Tut mir leid, aber ich dachte, ich kenne Sie. Sie kommen mir so bekannt vor, aber das hören Sie sicher öfter, Sie haben so ein Allerweltsgesicht."

Sie erwiderte zynisch: „Nein, dieses Gesicht sehen sich nicht viele gerne an."

Ich konnte nicht fassen, wie sich diese Frau selbst beschrieb. Erst viel später, ich war schon dabei, das Café zu verlassen, beobachtete ich sie ein wenig. Sie sah fast zwanghaft oft in den Spiegel, richtete immer irgendetwas an ihren Haaren, ging des Öfteren auf das WC, um ihr Make-up aufzufrischen, und hatte eine unsichere Körperhaltung. Damals verhielt ich mich auch so. Sie erinnerte mich in diesem Moment an mich selbst. Ich hatte gerade erst entbunden und meine Figur hatte sich vollkommen verändert. Ich hatte das Gefühl, in einem anderen Körper gefangen zu sein, in einem Körper, der nicht mir gehörte. Ich hatte großes Interesse daran, diese Frau zu interviewen, weil ich mich so sehr mit ihr identifizieren konnte. Nur war sie schon damals in der Lage, offen über ihren Körper zu sprechen, während ich noch versuchte, meinen zu verbergen.

*

Keine Frau kann behaupten, dass sie sich nicht mit anderen Frauen vergleicht. Das wäre eine Lüge. Das fängt mit dem Aussehen an, betrifft zudem die Beliebtheit in der Schule, die Karriere und den Familienstand. Wer ist in deinem Umfeld die Alphafrau und wo stehst du? Der Vergleich mit anderen Frauen und der Hass dem eigenen Körper gegenüber waren meine jahrelange Besessenheit. Bei jeder Frau schaute ich sofort auf die Beine und die Oberarme. Schöne, schlanke Beine, mit Abstand zwischen den Oberschenkeln, straff und dennoch nicht dürr – weiblich eben. Zierliche Oberarme, die nicht vom Gesicht ablenken, sondern die Weiblichkeit betonen, und hervorstechende und sichtbare Schulterknochen, die unter einem zierlichen Hals die Krone aller Weiblichkeit markieren. Bei jeder Frau, die ich sah und die einen solchen Körper hatte, hasste ich mich selbst, weil ich das nicht hatte.

Diese selbstverliebten, hübschen, schlanken und perfekten Frauen, die einen Hintern so prall wie eine Pfirsich haben und ein Gesicht so hübsch, dass einem der Selbsthass in den Hals steigt, und dann über „Body Positivity" sprechen, regten mich am meisten auf. Natürlich lieben diese Frauen ihren Körper, das tut jeder, der ihn sieht. Es ist auch einfach, etwas zu lieben, das so schön ist. Sagen Sie das doch einmal zu einer Frau, die einen hängenden oder gar keinen Busen hat. Sagen Sie das einer Frau, die ein Hormonproblem und deswegen mehr Bart hat als ein durchschnittlicher Mann. Sagen Sie das doch einer Person, die mit sichtbaren Narben leben muss. Diese „Body Positivity" ist eine Kommerzlüge. Wir werden angelogen, etwa wenn es um Unterwäsche für Dicke geht. Angeblich soll dieses bisschen mehr Stoff, das gleich das Doppelte als „normale" Unterwäsche kostet, für mehr Wohlgefühl beim Tragen sorgen und nicht überall zwicken. Mich erinnert es aber eben auch daran, wie fett ich bin. Es geht nicht um den Menschen, nicht um die Frau unter dieser Haut. Sonst würden Frauen, die so aussehen wie ich, die Botschaft der Selbstliebe ausschicken. Tun wir aber nicht, weil wir nicht daran glauben. Wir wissen genau, dass wir scheiße aussehen und haben unseren inneren Frieden damit gefunden – oder eben nicht. Ich muss deswegen aber niemandem die Liebe zu sich verkaufen, das kann man gar nicht, wenn man sie nicht selbst empfindet.

Ich hasste meinen Körper, schon seit Kindheitstagen. Es gab keine Phase in meinem Leben, in der ich sagen konnte: Wow, schau ich super aus. Manchmal, wenn ich alte Fotos anschaue, denke ich mir: Ich habe damals besser ausgesehen als jetzt." Gegenwärtig tue ich das nicht. Ich fühlte mich immer nur rückblickend besser aussehend, aber niemals in dem Moment, in dem das Leben stattfindet. Diese Tatsache brachte mich jeden Tag ein wenig um den Verstand. Jeden Tag nagte sie an mir. Jeden Tag lebte ich damit, mich nicht zu lieben.

Ich dachte oft an Schönheitsoperationen. An größere Lippen, vielleicht auch an eine kleinere Nase, definitiv auch an Fettabsaugung, aber ich hatte nie den Mut oder das Geld dazu. Ich war zwar bereit, mir einen Kredit aufzunehmen, ich hatte aber Angst, ihn nicht begleichen zu können. Also ließ ich es sein und lernte meinen Körper mit der Zeit zu akzeptieren, weil ich nichts dagegen tun konnte, mein Aussehen und das Faktum, dass ich immer so aussehen würde. Ich akzeptierte es, aber keineswegs liebte ich es.

Ich sehe aus wie meine Mutter, sagte mein Vater immer. Eines Tages, ich war noch sehr jung, war sie plötzlich weg. Sie verabschiedete sich nicht und hinterließ auch keinen Brief. Ich kann mich nicht wirklich an sie erinnern, ich weiß, dass wir oft kuschelten – oder vielleicht ist das nur eine eingebildete Erinnerung, wie ich es damals gerne gehabt hätte. Ich sehe – leider nur mehr verschwommen – eine große, dunkelhaarige, schöne Frau vor mir, viel schöner als ich, aber riechen kann ich sie noch sehr deutlich. Ihren süßen Geruch, besonders nach Zimt. Sie war vermutlich eine Bäckerin und sie war psychisch nicht ganz okay gewesen. Sie war depressiv gewesen. Auch das hatte sie mir vererbt. Mein Vater rief mich manchmal mit ihrem Namen, er vergaß offensichtlich, dass ich nicht sie war. Mein Gesicht ist das einzige Andenken, das sie mir hinterlassen hat, weil Papa damals aus Wut alle Fotos zerrissen hat.

Ich kann mein Gesicht also nicht verändern. So sehe ich sie wenigstens jeden Tag im Spiegel, auch wenn mich der Anblick nicht erfreut. Ich hatte schon immer Hautprobleme, meine Nase ist viel zu groß und breit, dafür sind meine Lippen schmal, fast unsichtbar und meine Augen haben wenig Faszinierendes, kein magischer Wimpernaufschlag oder ein Blick, der Männer um den Verstand bringt. Meine Haare sind strohig, strukturlos, weder glatt noch lockig. Trockene, brüchige Wellen, die nie so sitzen, wie ich sie gerne hätte. Mein Körper ist langweilig. Ich weiß, dass mein Mann mich liebt, aber da ich mich selbst nicht liebe, verstehe ich nicht wieso und zweifle seine Liebe an, ohne dass er mir dazu einen Grund geben würde. Wenn wir miteinander schlafen, darf er meinen Busen nicht angreifen, ich trage immer einen BH, und das Zimmer muss abgedunkelt sein. Ich konzentriere mich beim Sex immer darauf, dass er mich nicht sieht, nicht zu sehr spürt oder riecht, denn dann, denke ich, würde ich ihn abstoßen und das möchte ich nicht.

Ich habe Schuldgefühle, wenn ich zu viel oder überhaupt gegessen habe. Ich liebe es zu essen und genieße es auch, aber hinterher wünsche ich mir, ich hätte diesen letzten Donut doch nicht verzehrt. Irgendwann habe ich angefangen, mich zu übergeben – absichtlich. Die Idee ist mir gekommen, nachdem ich im Internet eine Dokumentation über Magersüchtige gesehen habe. Mich vom Essen abzuhalten, habe ich nicht geschafft, denn es war stets das Erste, woran ich nach dem Aufwachen dachte. Ich konnte mich lange Zeit erst dann konzentrieren, wenn ich tatsächlich aß. Vorher war es mir unmöglich gewesen, in den Tag zu starten. Ich suchte mir einen Tag aus, an dem ich nach Belieben und ohne schlechtes Gewissen aß, um danach kurz auf das Klo zu verschwinden. Beim ersten Mal empfand ich tiefe Scham, ich weinte und schwor, es nie wieder zu tun. Man weiß, dass man etwas Falsches tut, wenn der rechte Mittelfinger voll mit Speiseresten ist, sie an den Haarspitzen kleben, der Hals ein wenig wehtut, die Wangen danach anschwellen und die Augen glasig werden. Das kann nicht richtig sein, aber dennoch tut es gut. Auch Scham tut manchmal gut.

Am nächsten Morgen wog ich 300 Gramm weniger, was mich dazu veranlasste, es nach dem Abendessen wieder zu tun. Diesmal war ich erleichtert. Ich fühlte mich auch leichter. *Federleicht.* Entleert. Besser. Stärker. Zum ersten Mal hatte ich die Kontrolle über meinen Körper, den ich nun lenken konnte. Dieses Erfolgserlebnis hatte ich noch nie zuvor gehabt.

Ich führte das nun monatelang so weiter, aber nicht an jedem Tag, sondern nur dann, wenn ich das Gefühl hatte, ich hatte mich abends überfressen. In dieser Zeit nahm ich über siebzehn Kilo ab und musste dabei schockiert feststellen: Ich wurde nicht glücklicher, sondern lediglich strenger mit mir selbst. Alles drehte sich nur noch um das Essen und die Anzahl der geheimen Klobesuche, bei denen ich versuchte, so leise wie möglich mein Mageninneres durch Gewalt loszuwerden. Ich dachte, ich würde mich durch das Abnehmen endlich selbst lieben können. Diese Einstellung wird uns doch andauernd eingetrichtert, schlanke Menschen seien schöner, fitter, gesünder und vor allem glücklicher. Immerhin haben dicke Leute keinen Grund, um glücklich zu sein, oder?

Ich dachte tatsächlich, wenn ich einen schöneren, schlankeren Körper hätte, würde ich mich selbst eher akzeptieren und vor allem mehr lieben, denn das war von Anfang an mein Ziel gewesen: Selbstliebe. Stattdessen ging es mir viel schlechter – trotz der neuen Figur. Ich sah mich selbst nicht einmal mehr als Frau. Dabei wog ich endlich wieder unter 70 Kilogramm. Ich war mir nicht sicher, hätte ich vielleicht noch mehr abnehmen müssen, um diese Körperliebe zu empfinden? Muss man dazu unter 50 Kilogramm wiegen? Gibt es eine bestimmte Geheimzahl, die man erreichen muss, um diese Glückseligkeit zu spüren? Ich spürte sie selbst dann nicht, als ich im Badezimmerspiegel die heißbegehrten Schulterknochen deutlich sehen konnte. Sie gefielen mir nicht, sie waren hässlich. Wie muss mein Körper sein, damit ich in den Spiegel schauen kann, ohne alles an mir ändern zu wollen? Hängebusen, Schwangerschaftsstreifen,

Cellulite, Schwabbelarme und Wackeloberschenkel. Wer liebt so etwas?

Ich sagte meinem Mann nie, wie ich über meinen Körper dachte. Ich weinte oft unter der Dusche, damit er meine Schwäche nicht sehen konnte. Dennoch war mir bewusst, dass er und jede andere Person, die nur fünf Minuten mit mir verbrachte, es sofort durchblickte. Er sollte es niemals auf direktem Wege mitbekommen, das Bild, das er von mir hatte, musste stabil bleiben, auch wenn es nur Schein war. Das Bild einer starken, selbstbewussten Frau, die ihrer Tochter ein unabhängiges Frauenbild vorlebt – nur wusste keiner, außer ihr selbst, dass sie es nicht so ganz glaubte. Den Blick in den Spiegel vermied ich, so gut es ging. Ich wollte mich nicht sehen.

Eines Nachmittags, ich saß im Wohnzimmer auf dem Sofa, hörte ich Geräusche aus der Toilette. Es hörte sich so an, als würde sich jemand übergeben. Ich rannte sofort hin und was ich sah, veränderte schlagartig mein Leben: Meine vierjährige Tochter hatte ihren Finger im Mund und versuchte, sich zu übergeben – absichtlich. Sie ahmte mich nach. In diesem Moment wäre ich am liebsten gestorben. Ich werde ihren Blick nie vergessen, sie dachte, das sei ein geheimes Spiel und wollte es mir deswegen nachmachen. Ich führte sie aus der Toilette ins Badezimmer, wo wir gemeinsam badeten, so wie wir es oft taten. Im Badewasser sitzend, erklärte ich ihr, dass das, was sie da gemacht hatte, falsch sei. Sie solle es bitte nie wieder tun. Ich küsste wiederholt ihre Handflächen und bat sie darum, es für immer und ewig zu unterlassen. Als sie mich fragte, wieso ich es dann oft abends tat, erwiderte ich beschämt, dass ich damit einen großen Fehler begangen hätte. Einen Fehler, den ich nie wieder wiederholen würde. Und wir versprachen einander gegenseitig, dass wir es beide nie wieder tun würden.

Sie schlief nach dem Bad ein. Und ich wagte mich nach etlichen Jahren wieder komplett nackt vor den Spiegel. Ich starrte mich an. Bei Licht. Ich betrachtete meinen Körper. Es dauerte Minuten der

Stille und des Starrens und Denkens und Fühlens ... Tränen flossen, ich umarmte mich selbst, ganz fest, und zum allerersten Mal wurde mir bewusst, dass mein Körper mein Zuhause ist. *Mein Körper ist mein Haus.* Darin wohne ich, und es wird für mich keine andere Behausung auf dieser Erde geben. Und obwohl ich mich in meiner Haut nie wirklich wohlfühlte, meine Schwangerschaftsstreifen nicht als „verdiente Tigerstreifen" so wie andere sah, meine Cellulite meinen Körper bedeckte und mein Bäuchlein, das wahrscheinlich immer da sein wird, nicht mochte, so wurde mir eines klar: Dieser Körper, der mir nie gefallen hatte, der für mich nicht unglaublich attraktiv war, hatte mir das allerschönste Geschenk der Welt gemacht. Er hatte mich zur Mutter gemacht. Und das war das Einzige, das für mich zählte. Er hatte mir geholfen, meine Tochter auszutragen, er hatte mir Kraft gegeben, die Geburt durchzustehen und sie danach gut zu ernähren. Aus dieser völlig neuen Perspektive konnte ich ihn doch nur lieben. Meine Tochter braucht mich. Sie braucht eine Mutter, die ihr Selbstliebe vorlebt. Sie ist für mich meine „10 Sekunden vor dem Ziel"-Motivation. Wenn man ganz kurz vor einem Ziel ist und eigentlich keinen Atem mehr hat, dann holt man in den letzten Sekunden noch tief Luft und gibt noch ein letztes Mal sein Bestes. Diese Sekunden sind meine Tochter für mich. Selbstliebe ist ein Prozess und tägliche Arbeit. Man muss sich jeden Tag dafür entscheiden und die richtigen Gründe dafür festigen den Willen. Es braucht Zeit, Geduld und viel Glauben daran, dass man es wert ist, geliebt zu werden – und das ist jeder von uns, es wird uns nur nicht oft gesagt. Als Kind von der eigenen Mutter verlassen zu werden, stärkt den Glauben an sich selbst nicht gerade.

Ich habe inzwischen meinen Frieden gefunden. Vor allem habe ich zu mir gefunden. Ich würde lügen, wenn ich sagte, dass ich mich mittlerweile jeden Tag aufs Neue liebe und mein Körper für mich der allerschönste sei, ich bin aber an dem Punkt angelangt, an dem es mir gut geht. Ich bin bei mir angekommen. Ich fühle mich wohl. Ich greife freudig zum letzten Donut und habe keine Schuldgefühle oder Bedenken mehr. Auch meinem Mann, der sehr wohl gewusst hatte, wie es in mir ausgesehen hatte, öffnete ich mich, und er war glücklich darüber, dass ich bereit war, damit fertigzuwerden. Und das tat ich auch. Denn ich möchte keine Mutter sein, die einfach geht, die aufgibt und ihre Tochter mit vielen Fragen zurücklässt. Ich will die Mama sein, die Fehler machen darf, während ihre Tochter zusieht, wie sie diese wiedergutmacht. Ich will, dass sie meine Lebenszeugin ist. Man soll ihr nicht von meinem Leben erzählen, sie soll es miterleben und eines Tages ihren Kindern davon berichten.

Meine Tochter und ich waren sogar in psychotherapeutischer Behandlung, um zu besprechen, was in den letzten Jahren passiert ist, was sie davon mitbekommen hat, was sie davon verstanden hat und auch wie sie das Ganze verarbeiten hat können. Sich, wenn man krank ist, Hilfe zu holen, ist kein Grund zur Scham. Heute ist es meine damalige Einstellung zu mir selbst, für die ich mich schäme. Heutzutage betiteln wir die menschlichen Körper mit „curvy" und „skinny", aber wir sprechen nie die Menschen darin an. Das ist sehr gefährlich, weil damit der Körperdiskurs da zu sein scheint, es aber eigentlich nicht ist.

Wenn man seinen Körper ändern will, weil man diesen hasst, ist das ein anderer Zugang, als ihn ändern zu wollen, weil man ihn liebt. Ich kann allen Frauen, egal ob Mütter oder nicht, nur sagen: Versucht euch für die richtigen Gründe zu lieben. Ihr seid es euch wert. Euer Körper ist eure Geschichte, die ihr durch die Welt tragt, eure ganz eigene Landkarte, und es sind nun mal nicht alle Geschichten perfekt, aber dafür einzigartig. Liebt eure Imperfektion, denn nichts anderes ist der weibliche Körper.

Die Genitalverstümmlerin

Die Erzählerin lernte ich im Winter 2014 in Ägypten kennen. Sie wohnte ein paar Häuser von meiner Oma entfernt, und wir waren ihr zufällig auf dem Markt begegnet. Als meine Großmutter mir sagte, welchen Beruf diese Frau ausübte, wollte ich gleich zu ihr gehen, mich ihr vorstellen und um ein Interview bitten. Diese Geschichte interessierte mich.
„Wer würde das lesen?", wollte sie wissen.
„Das weiß ich noch nicht", zuckte ich mit den Achseln.
Sie gab mir einen Termin für den folgenden Tag. Doch als ich bei ihr vorstellig wurde, knallte sie sofort die Tür zu. Sie hatte es sich aus Angst anders überlegt. Irgendwie war ich froh darüber: Eigentlich möchte ich so jemandem gar keine Bühne bieten. Vielleicht ist es besser so. Kaum war ich wieder bei meiner Oma, klingelte das Telefon. Die Türknallerin war dran und sagte, sie hätte nur jetzt Zeit, sonst könne ich es vergessen. Wieder lief ich zu ihr nach Hause. Sie hatte ein sehr markantes, schmales Gesicht und ihr Eyeliner war so gezogen, dass ihre Augen wie Katzenaugen aussahen. Sie trug ein Oberteil mit tiefem Ausschnitt, ihre Brustknochen stachen deutlich heraus. Um ihren Hals hatte sie eine offensichtlich selbst gemachte Kette mit einem Anhänger aus Holz. Er glich einer wunderschönen Vagina. Ihre Wohnung erinnerte mich an einen orientalischen Basar, es roch auch so. Handgemachte Seifen, duftende Gewürze und eine Unmenge an Kräuter – man musste automatisch die Augen verschließen und konnte mit dem Riechen nicht mehr aufhören. Als sie bemerkte, dass ich große Augen machte, lachte sie. Ich wollte sie nicht mögen. Ich war sogar wütend auf sie, weil ich genau wusste, wen ich vor mir hatte. Ich wollte sofort mit dem Interview beginnen, da drückte sie mir eine Rose in die Hand: „Nur die perfekten Rosen geben das perfekte Öl. Wenn ihre Blüten schön geöffnet und noch nicht von Insekten zerfressen sind und sie ihre Vollkommenheit erreicht haben, dann kann man sie pressen." Ich hörte ihr zu, ohne zu verstehen, was

sie mir eigentlich damit sagen wollte. Sie gab mir eine kleine Flasche, die eine Flüssigkeit enthielt, die aussah wie Wasser.

"Das ist Rosenwasser. Betupfe deine Vagina damit, sobald deine Periode zu Ende ist."

Ich errötete: "Aber ich habe meine Tage gar nicht."

Sie lachte: "Dann eben das nächste Mal." Sie reichte mir eine Salbe, die sehr stark nach Kräutern roch. "Das ist gegen die Magenkrämpfe. Schmier sie dir unter die Brust, wenn du wieder deine Periode hast."

Die Wahrheit ist, dass ich damals tatsächlich meine Periode hatte. "Wieso glauben Sie, dass ich meine Periode habe?"

"Deine Augenringe."

"Das heißt doch nichts, viele Menschen haben Augenringe."

"Wenn die Augenringe nach innen dunkler werden, ist es Schlaflosigkeit, aber wenn sie nach außen dunkler sind, dann ist es die Periode. Bei manchen Frauen ist es so. Bei dir eben auch."

Ab diesem Moment hatte sie meine ungeteilte Aufmerksamkeit, und ich fragte sie nach ihrer Geschichte.

*

Alle Frauen in meiner Familie waren von Beruf Beschneiderinnen. Meine Mutter, all meine Tanten mütterlicherseits und meine beiden Großmütter. Ich wusste schon als kleines Kind, dass ich eines Tages das Gleiche machen würde, es wurde immer so kommuniziert. Ich dachte damals, dass es für Frauen keine anderen Berufe gebe. Entweder Beschneiderin oder Hausfrau.

Ich sah von klein auf meiner Mutter bei der Arbeit zu. Dabei schloss ich oft die Augen. Schreiende, weinende Kinder, die aus Angst um ihr Leben rangen und dabei von ihren Eltern fixiert wurden, damit meine Mutter mit der Rasierklinge ein Stück ihrer Weiblichkeit wegschneiden konnte. Mir war das damals sehr unangenehm, und das sagte ich auch oft. Ich träumte sogar von diesen Mädchen. Ich hatte fast täglich Albträume, die mich sehr belasteten. Ich besuchte nur die Volksschule, danach musste ich die Schule abbrechen, weil kein Geld da war. Ich fing dann aktiv an, meiner Mutter zu helfen, und assistierte ihr, wo ich nur konnte. Wenn die Eltern der Mädchen das Kind nicht fest genug halten konnten, tat ich das. In diesen Momenten schaltete ich immer alle Emotionen ab. Ich war ein Roboter. Es war ein Job, und der musste getan werden. Das war sozusagen mein Praktikum. Als ich zum ersten Mal selbst ein Mädchen beschnitt, war ich neunzehn Jahre alt. Ich reinigte die Rasierklinge, wie ich es gelernt hatte. Ihre Mutter blieb bei ihr, sie schrie laut, verschloss aber ihre Augen. Sie wollte mich nicht sehen. Ihr Vater hatte ihr Zuckerwatte gekauft, das war sozusagen der Köder, ich konnte sie an ihr riechen und sah noch Stücke davon an ihren Fingern kleben. Ich zögerte einen Augenblick. Doch ihre Mutter drängte mich – da schnitt ich zu.

An diesem Tag rannte ich weinend nach Hause. Meine Hände waren voller Blut, ihrem Blut. Das Blut eines Kindes. Ich hätte mich bei ihnen zu Hause waschen können, aber ich nahm mein Geld und rannte schnell nach Hause. Erst dort bemerkte ich das Blut an meinen Händen. Ich brach im Badezimmer zusammen, es klebte zum Teil an meinen Händen und ließ sich nicht leicht entfernen. Ich roch nach ihr. Ich roch nach Zuckerwatte und Blut. Als mich meine Mutter so sah, meinte sie trocken: „Gewöhn dich daran. Du wirst öfter Blut an deinen Händen haben." Dieser Satz prägte sich bei mir ein. Er ging ihr so leicht von den Lippen – so, als sei es das Normalste der Welt. Ich musste mich übergeben und konnte erst Wochen später wieder eine Rasierklinge in die Hand nehmen.

Den Mädchen – die meisten zwischen acht und zehn Jahre alt – wird vorher nicht gesagt, was ihnen angetan wird. Aber sie sehen eine fremde Frau, die mit einer Rasierklinge in ihre Nähe kommt, während die eigenen Eltern sie festhalten. Meine Aufgabe war es, die dünne Hautschicht auf dem Klitoriskopf wegzuschneiden. Diese

Hautschicht ist hauchdünn. Sie wird auch die „weibliche Vorhaut" genannt. Die weibliche Beschneidung wird nicht überall gleich durchgeführt. In manchen Ländern werden Klitoris und Schamlippen, sprich: einfach alles, komplett weggeschnitten und die Vaginalöffnung fast ganz zugenäht.

Ich schämte mich nach meiner ersten Beschneidung so sehr und ich hatte große Schuldgefühle, die ich gar nicht in Worte fassen konnte. Als ich meiner Mutter davon erzählte, sagte sie, dass Kinder nicht wissen, was gut für sie sei, die Eltern aber schon. Wir seien wie Ärzte. Wir würden sie „heilen". Kinder gehen nicht gerne zu Ärzten, zu uns eben auch nicht. Kinder würden sich auch niemals freiwillig impfen lassen. Das, was wir taten, hätte dieselbe Wirkung wie eine Impfung. Es würde einen Schutz darstellen. Einen Schutz vor der weiblichen Lust, die sich nicht zu sehr steigen dürfe. Ich flüsterte dann leise vor mich hin: „Ja, aber wieso darf sie das denn nicht?" „Tahāra" steht auf Arabisch für „Reinheit". Beschneiderinnen sorgen also dafür, dass diese Mädchen rein werden für das Leben. Aber rein wovor? Das sind doch noch Kinder, was macht sie denn unrein?

Auf diese Fragen konnte mir niemand eine Antwort geben. Keine Frau in meiner Familie hatte sich diese Fragen je gestellt. Ich war die einzige Frau in meiner Familie, die lesen und schreiben konnte. Ich hatte jedoch keine andere Ausbildung machen können. Dafür war kein Geld dagewesen. Die ersten Jahre als Beschneiderin waren für mich eine Qual und ich hatte das Gefühl, etwas Falsches zu tun. Lediglich mit den Worten meiner Mutter in meinem Kopf konnte ich es durchstehen. Es war schön zu denken, eine Heilerin zu sein. Ich hatte die Adressen und Telefonnummern der Mütter meiner „Patientinnen" aufgeschrieben und hin und wieder nach der Beschneidung nach dem Befinden der Mädchen gefragt. Wenn mir die Mütter bestätigten, dass es ihnen gut ging, beruhigte mich das und es bestätigte mir meine Rolle als „Heilerin". Es beruhigte mich sogar so sehr, dass sich die Theorie meiner Mutter mit der Impfung für mich bewahrheitete und ich weitermachte. Es war eine lukrative Arbeit, es gehörte zu der Tradition meines Landes, und wenn es die Eltern selber bestellten, konnte es ja gar nicht so falsch sein.

Fälschlicherweise werde ich immer für eine Muslimin gehalten, ich bin aber keine. Ich komme aus einem kleinen Dorf im Süden Ägyptens, in dem es wenige Muslime gibt, aber ich beschnitt viele Musliminnen. Ich übte diesen Beruf fast 25 Jahre lang aus. Was mir dabei immer ein schlechtes Gewissen bereitete, war der Gesichtsausdruck der Mädchen. Es war immer der Gleiche: Angst und Hass spielten die Hauptrolle. Die Mädchen hatten ihre Hände zu Fäusten geballt, die von einem Elternteil gehalten wurden. Ihre gespreizten Beine wurden von dem anderen Elternteil festgehalten. Und ich saß dazwischen und konnte die Weiblichkeit einer jeden in ihrer vollendeten Schönheit sehen. Noch bevor diese Mädchen ihren eigenen Körper erkundet hatten, pure Lust empfinden und sich als Frau fühlen hatten können, nahm ich ihnen einen Teil davon weg – wenn nicht in Wirklichkeit alles. Keine von ihnen sah mich an. Alle hatten aus Angst die Augen fest geschlossen. Alle – außer einer.

Ich werde ihren Namen nie vergessen, denn mit ihr nahm mein Leben eine unerwartete Wendung: Wie immer saß das Mädchen mit gespreizten Beinen vor mir und wurde von ihren Eltern festgehalten. Ich war kurz davor loszulegen, als mein Blick noch einmal ihr Gesicht streifte. Sie weinte. Tränen liefen über ihre Wangen. Sie hatte Angst, aber sie sah nicht weg. Sie zitterte am ganzen Körper, aber sie schloss ihre Augen nicht – ganz im Gegenteil: Sie starrte mich an. Es schien, als hätte sie mir sagen wollen: „Wenn du mich zerschneiden willst, dann tu es, aber schau mir dabei wenigstens in die Augen." Nun wurde auch ich nervös. Aber ich musste handeln. Unter Druck schnitt ich wie sonst auch immer die Haut weg, aber ich verschnitt mich, ich schnitt viel zu viel weg. Sie wurde sofort ohnmächtig, und wir brachten sie ins Krankenhaus. Sie starb noch am selben Tag. Sie war erst elf Jahre alt gewesen.

Als wir von ihrem Tod erfuhren, fing ihre Mutter an, sich selbst zu ohrfeigen, und ihr Vater, Selbstgespräche zu führen: „Es ist meine Schuld, es ist meine Schuld", sagte er immer wieder. Sie hatten ihre Tochter eigentlich nicht beschneiden lassen wollen, aber seine Mutter hatte ihm Druck gemacht. Er war der einzige ihrer Söhne, der ein Mädchen hatte. Als ihr Sohn sich geweigert hatte, seine Tochter beschneiden zu lassen, drohte sie ihm damit, ihn vom Testament zu streichen.

Ich sah auf meine Hände. Daran klebte noch ihr Blut. Das tut es immer noch. Und das wird immer so sein.

Ihre Eltern und ich wurden vom Arzt, der die Todesursache eruierte, noch in derselben Nacht angezeigt. Wir kamen ins Gefängnis, aber ich weiß nicht, wie lange sie dort blieben oder ob sie überhaupt noch dort sind. Ich hatte nicht gewusst, dass Beschneidungen in Ägypten verboten und strafbar waren. Ich hatte es einfach nicht gewusst, wir hatten nie einen Fernseher gehabt und die Zeitung hatte ich auch nie gelesen. Ich kann zwar lesen und schreiben, aber ich bildete mich nie weiter. Anscheinend gibt es Werbekampagnen und Weiterbildungskurse, die einem erklären, wieso das falsch ist, aber das hatte ich all die Jahre nicht mitbekommen. Es war unser Familienjob, den wir seit Generationen ausübten, wieso sollte diese Arbeit falsch sein?

Meine Familie besuchte mich am Anfang regelmäßig. Ich sprach vor Gericht und generell niemals offen über diese Tätigkeit. Ich wurde mehrmals von Polizeibeamten befragt, leugnete aber, dass dies ein Familienjob sei. Das sagte ich meiner Mutter auch so, die natürlich sehr glücklich darüber war, ich hatte allen Frauen meiner Familie somit Rückendeckung gegeben. Sie brachten mir Geschenke und Essen und meinten, die Jahre würden schnell vergehen, ich sei eine Heldin, sie würden alles für mich tun. Ich war im Gefängnis eine Einzelgängerin. Es war eine schwere Zeit, denn die Albträume nahmen zu. Ich hatte immer ihr Gesicht vor meinen Augen. Es verschwand nie. Die Schuldgefühle auch nicht. Nur die Besuche meiner Mutter erleichterten das Ganze ein wenig. Ich vermisste sie, war zugleich aber auch so unglaublich wütend auf sie, auf das, was sie aus mir gemacht hatte – und das teilte ich ihr auch mit und dass ich meinem Gefühl hätte vertrauen müssen.

Sie kam dann nicht mehr. Jede Woche richtete ich mich vor der Besuchszeit her, damit ich sie so schön wie möglich empfangen konnte. Man hatte im Gefängnis nicht viele Mittel dazu. Einen kaputten Lippenstift hatte ich einmal unter der Dusche gefunden, einen alten schwarzen Filzstift benutzte ich als Eyeliner und meine Gefängniskleidung breitete ich unter der Matratze aus, damit sie wie gebügelt aussah. Aber sie kam nicht. Niemand kam. Eine Woche nicht, dann die Woche darauf nicht, dann die folgenden Monate nicht. Eines Tages, ich wartete wieder ungeduldig auf die Besuchszeit, sagte eine andere Insassin zu mir: „Zu dir kommt niemand mehr. Hör auf zu zappeln. Dich kommt niemand mehr besuchen." Als ich sie fragte, wieso sie das glaubte, meinte sie: „Am Anfang kommen sie regelmäßig, weil deine Abwesenheit noch neu und ungewohnt ist. Aber nun wissen sie ja, wo du bist, und da gehst du auch lange nicht mehr weg. Für sie bist du tot. Wenn du über sechs Monate hier bist, gehörst du für die Menschen, die außerhalb der Gitteranstalt leben, zu den Toten. Finde dich damit ab und gib eine Ruh."

Sie hatte recht. Es kam tatsächlich niemand mehr. Und mich ließ mein Gewissen nicht schlafen. Mein schlechtes Gewissen kam nicht nur daher, dass ich Kinder verstümmelt hatte, sondern auch daher, dass keine Frau in meiner Familie – mir eingeschlossen – beschnitten war. Ich konnte den Schmerz nicht nachempfinden. Ich konnte meine Taten nicht wiedergutmachen. Aber so weiterleben konnte ich auch nicht.

Jene Insassin bemerkte meine innere Unruhe: „Wieso bist du hier?" Ich schämte mich, es ihr zu sagen. „Bist du ‚die Säge'? Bist du die, die das arme kleine Mädchen zwischen den Beinen zerschnitten hat?" Sobald sie das ausgesprochen hatte, brach ich in Tränen aus. Ich konnte gar nicht mehr aufhören. All der Druck der letzten Jahre, das Gesicht des Mädchens, das ich umgebracht hatte, und das Gefühl, das Leben nicht verdient zu haben ... alles kam raus.

„Hör zu. Du bist hier nicht im Wellnesshotel oder sonst irgendwie auf Urlaub. Wir sind im Gefängnis. Wir haben alle Dreck am Stecken. Ich habe meinen Mann umgebracht, weil er sich an meine Tochter rangemacht hat. Du sitzt hier also zwischen Mördern, Dieben, kriminellen Prostituierten und anderen Verbrechern. Du musst deinen inneren Frieden mit dir finden und damit abschließen. Egal wie, aber schließ damit ab. Das Mädchen ist tot. Es kommt nicht wieder. Die Eltern und du, ihr müsst damit leben. Du lebst aber nicht, du zappelst. Finde deinen Frieden, sonst holt dich die Scheiße immer wieder ein, und irgendwann hängst du dich hier auf."

Ich weinte die ganze Nacht. Ich konnte nicht damit abschließen. Ich wollte nicht damit abschließen. Ich wollte es wiedergutmachen. Aber wie? Die Klitoris wächst nicht nach. Wenn ich mir in den Finger schneide, verheilt es, aber eine abgetrennte Weiblichkeit verheilt nicht.

Ich bestach die Gefängnisaufseherin, damit sie mir Bücher in die Zelle schmuggelte. Ich las alle großen Religionsbücher, nirgendwo stand etwas von einer Beschneidung bei Frauen oder Mädchen. Nirgendwo. Ich kann mich sogar an einen Vers im Koran erinnern, der besagt, dass der Mensch in seiner perfekten Form erschaffen worden ist. Er ist perfekt. An ihm muss nicht geschnippelt werden. Ich schämte mich zutiefst und weinte wochenlang. Ich litt unter Schlaflosigkeit. Ich war müde, konnte aber nicht schlafen. Meine Augen waren geschwollen vor Müdigkeit, ich konnte mich nicht mehr konzentrieren, ich hatte keinen Appetit und ich glaubte, mir Dinge einzubilden. All diese Frauen, denen ich die Lust auf grausame Art und Weise genommen hatte, ohne Wissen, ohne Bildung, ein Akt der Unmenschlichkeit, und dann noch das Mädchen, das meinetwegen gestorben war. Sie war nicht die Einzige, die ich umgebracht hatte. Auf gewisse Art und Weise hatte ich sie alle irgendwie umgebracht.

Ich träumte jede Nacht von dem Mädchen, das ich auf dem Gewissen hatte. Eines Nachts kam sie mit einer Botschaft. Ich solle meine Fehler korrigieren. Ich solle den Frauen helfen, denen ich die kostbare Lust genommen hatte. Daraufhin ließ ich weitere Bücher zu mir schmuggeln. Bücher über Sexualkunde, die Lust der Frau, vaginale Orgasmen, Kräuterkunde, alles Mögliche. Ich studierte alle Bücher und machte meine Zellengenossinnen und mich selbst mit den darin erwähnten Übungen vertraut. Bei vielen Zellengenossinnen klappten der eine oder andere Trick oder die eine oder andere Übung. Ich begleitete sie einzeln und wollte wissen, ob ich tatsächlich helfen konnte. Wie ich herausfand, konnte ich es, und auch bei denjenigen, die beschnitten waren – es war also nicht unmöglich, dass beschnittene Frauen Lust erleben konnten. Es kam offensichtlich auf den Grad der Beschneidung an und hing immer mit der Psyche der Frau zusammen. Ich führte mit allen Frauen auch tiefgehende Gespräche.

So vergingen fünf Jahre im Gefängnis. Ich bildete mich, probierte viel aus, ich war immer noch voller Reue und wollte meine Taten so ungeschehen wie möglich machen. Mit dem Adressbuch in meiner Hand, in dem alle Adressen jener Familien notiert waren, wo ich mein Teufelswerk vollbracht hatte, wollte ich mich auf den Weg zu jeder Einzelnen machen. Ich war aber noch nicht bereit dafür. Ich hatte vor allem Angst. Ich hatte Angst, ihnen meine Hilfe anzubieten und dann nicht helfen zu können.

Nach ein paar Jahren weiterer Praxis machte ich mich dann auf die Suche. Einige von ihnen waren umgezogen. Ich folgte ihnen, so gut es mir gelang. Ich weiß noch, dass mich eine sofort erkannte, sobald sie die Tür öffnete, und ohne nachzudenken, schlug sie sie wieder zu. Ich wartete kurz und dann ging die Tür langsam wieder auf. Sie brach in Tränen aus und stieß mich. „Was willst du noch?", schrie sie mich an. „Ich weiß, wer du bist, ich träume jede

Nacht von dir!" Ich nahm sie in den Arm und hielt sie ganz fest. Ich flüsterte: „Ich bin hier, um es wiedergutzumachen." Sie war frisch verheiratet, liebte ihren Ehemann, konnte sich aber sexuell nicht fallen lassen. Sie sagte, er sei vorsichtig, liebevoll, sie habe aber das Gefühl, nicht ganz Frau zu sein. Ich half ihr gar nicht so sehr in körperlicher Hinsicht, sondern viel eher mental. Sie hatte – so wie alle anderen Mädchen – niemals die Chance gehabt, darüber zu reden. Viele dachten, die Beschneidung sei eine Bestrafung gewesen. Ein Mädchen schrie sogar einmal während der Beschneidung: „Ich werde nicht mehr ins Bett machen, nie wieder, es tut mir leid. Ich geh ab jetzt immer auf die Toilette!"

Es wird nie darüber geredet, was sich in ihren Köpfen und zwischen ihren Beinen abspielt, aber es wird jeden Tag tausendmal zerstört. Ich hörte ihr zu, ich umarmte sie, und sie tat etwas Essenzielles, damit es auch funktionieren konnte: Sie ließ es zu. Sie ließ mich zu. Können Sie sich das vorstellen? Nach allem, was ich ihr angetan hatte? Ihr Mann wusste von meinen Besuchen, ich besuchte sie jeden Tag am Vormittag, wenn er in der Arbeit war. Zuerst tanzten wir. Bauchtanz. Ein sehr intimer Tanz, es ist ein Tanz, bei dem die Tänzerin ihren eigenen Körper liebt, ihn schwingt und vor allem selbstbewusst dabei ist, wenn sie ihre Hüften bewegt. Zu sehen, wie sie dank dieser Übung – die sie vor dem Spiegel machen musste – ihren Körper musterte und dadurch immer sicherer wurde, sich dabei selbst berührte und lächelte – das tat unglaublich gut. Daran anschließend folgte die Verarbeitung. Sie sprach mit mir offen darüber. Das war der wichtigste Teil. Auch ich offenbarte ihr, wie es mir dabei gegangen war. Wir sprachen uns aus. Es gab ein Tränenbad und danach Umarmungen. Sie war eine der Ersten, die ich beschnitten hatte. Ich weiß noch, was sie an jenem Tag getragen hatte. Einen knielangen roten Rock und eine weiße Bluse. Als das Blut auf den Rock getropft war, war es unsichtbar gewesen, weil es dessen Farbe gehabt hatte. Das hatte sich bei mir eingebrannt.

Nach der Therapie blieb sie für einige Zeit bei mir zu Hause. Ich wollte, dass sie ihren Mann vermisste. Ich wollte, dass sie ihren eigenen Körper in Ruhe erkunden und sich einmal vor sich selbst fallen lassen konnte. Er holte sie nach ein paar Wochen ab, und ich erwartete ihre Nachricht. Sie kam drei Tage später zu mir und weinte vor Glück. Sie sagte, sie hätte noch nie so etwas erlebt. Sie wären beide die letzten Tage nicht aus dem Bett gekommen. Sie fühlte sich wie eine neue Braut, sie würde sogar nackt und tanzend in der Wohnung spazieren, sie hätte vorher gar nicht gewusst, wie sie nackt aussah.

Für mich war das ein guter Start ins neue Leben. Ich zog nach Alexandria, mietete mir eine kleine Wohnung und bot ganz offiziell meine Dienste als Sexualberaterin an. Für alle Frauen. Für bedürftige Frauen gegen Essen, irgendetwas anderes, es musste nicht unbedingt Geld sein, oder auch manchmal kostenlos. Ich sah mir diese Frauen an, ihre verstümmelte Weiblichkeit, und ich schämte mich immer wieder aufs Neue für meine Vergangenheit, aber auch für die Taten anderer Beschneiderinnen. Diese Bilder verschwinden niemals aus meinem Kopf. Ganz egal, wie viele Jahre vergehen. Aber meine Erfolge bei vielen Frauen gaben mir Hoffnung. Zu sehen, dass nicht absolut alles verloren war und ich wenigstens einen Teil wiedergutmachen konnte.

Es dauerte weitere fünf Jahre, um den Großteil der Frauen ausfindig zu machen, die ich beschnitten hatte. Wieder andere fand ich nie. Es waren sehr unterschiedliche Gefühle und Herausforderungen. Von Angst und Hass bis hin zu Vergebung und Neuanfängen. Ja, einige verziehen mir tatsächlich, andere knallten mir die Tür vor der Nase zu. Einige brauchten meine Hilfe gar nicht, andere sehr wohl, denn keine von ihnen hatte das Ganze psychisch aufarbeiten können. Keine Einzige.

Die Jahre, die ich mit der Zerstückelung des weiblichen Körpers verbracht habe, kann ich nicht aus meinem Leben streichen, aber ich habe gelernt, das wiedergutzumachen, was wiedergutzumachen war.

Es musste ein Kind sterben und seine Augen für immer schließen, damit sich meine öffnen konnten … Das ist ein Opfer, das mir das Herz zum Bluten bringt.

Ich besuche sie. Ich besuche ihr Grab, so oft es geht, und bringe ihr Blumen mit. Dort verarbeite ich meinen Schmerz und spreche offen und ehrlich zu ihr. Ich weiß, dass sie mir zuhört. Ich weiß, dass sie nun in Frieden ruht. Sie sagte es mir einmal in einem Traum. Sie besucht mich dort noch immer, und ich freue mich jedes Mal, sie zu sehen. Ab dem Zeitpunkt, an dem ich verstanden habe, dass mein Bauchgefühl nicht lügt und mich in die richtige Richtung lenken wird, habe ich wieder schlafen können.

Heute bin ich sehr alt und ich habe noch nie im Leben einen Orgasmus erlebt, obwohl ich keine beschnittene Frau bin. Ich denke, das liegt daran, dass ich niemals die Chance hatte, meine Taten zu verarbeiten. Auch ich konnte niemals darüber sprechen, ich fühlte mich immer schuldig. Ich bin einer der Gründe, warum es andere Frauen schwer haben oder es ihnen gar unmöglich ist, einen Orgasmus, Lust, Weiblichkeit oder pure Freude zu erleben. Kaum eine Frau erlebt keinen Orgasmus, nachdem ich sie eine Zeit lang behandelt habe, weil ich individuell und auf jede Einzelne bezogen arbeite. Mit der Zeit habe ich erkannt, dass die Abwesenheit meiner Orgasmen eine Strafe Gottes ist, ich nehme diese Strafe in Ehrfurcht an, diesen Höhepunkt der Lust nicht empfinden zu können, immerhin habe ich ihn vielen Unschuldigen genommen.

Vor ein paar Jahren lag ich fast im Sterben, ich war sehr krank, bettlägerig, und da ich niemanden auf der Welt habe – auch einsam. Die Praxis hatte ich an diesen Tagen geschlossen, und mein Gefühl sagte mir: „Das war es. Das ist das Ende. Es war kein guter Anfang, aber ein besseres Ende." Ich hatte in diesem Moment mit dem Leben abgeschlossen und wartete darauf, zu gehen. Dann klopfte es an der Tür. Mit meiner letzten Kraft, die mir diese Krankheit noch überließ, öffnete ich die Türe und da stand sie vor mir. Die allererste Frau, die ich einst beschnitten und der ich danach meine Hilfe angeboten und die mir vergeben hatte. Sie meinte, sie wolle nach mir sehen, sie hatte an mich denken müssen. Sie wusste nicht, dass ich krank war, sie musste aber an mich denken und da kam sie mich besuchen. Sie pflegte mich tagelang. Sie blieb bei mir, hielt meine Hand, fütterte mich und war mir eine Tochter, die ich niemals hatte. Als es mir dank ihr besser ging, fragte ich sie: „Wieso tust du das?"

Sie lächelte und sagte: „Es ist nun genug. Du hast dich genug bestraft. Lass es ruhen."

Da rannen mir ein paar Tränen herunter: „Ich kann nicht. Ich kann nicht."

Sie sah mich an und sagte in einem leisen, aber deutlichen Ton: „Ich habe dir vergeben. Es wurde dir vergeben. Vergib du auch dir. Du wirst gebraucht. In der tiefsten Ecke des Schmerzes, dort, wo ihn keiner hört oder sieht und wo er am meisten blutet, genau dort wird die Hoffnung für einen neuen Morgen geboren. Du magst vielleicht für viele Mädchen die Wunde dieses Schmerzes erst in die Welt gesetzt haben, aber du bist auch die neugeborene Hoffnung dieser Frauen."

Mir ging es danach besser, und ich führte die Praxis weiter. Ich habe gelernt, dass Vergebung größer ist als jede Tat.

Die Tante aus dem Ausland

Die Erzählerin lernte ich in Kuwait kennen. Ich wohnte damals in einem Wohnhaus, in dem der gesamte erste Stock ein Beauty-Salon war. Dort ließ ich mich einmal im Monat waxen. Für mich war das immer eine unangenehme, da schmerzhafte Prozedur – bis ich Teresa traf. Sie war eine der besten Kosmetikerinnen, und bei ihr spürte ich keinen Schmerz. Es war wie Magie. Als ich die Inhaberin fragte, ob Teresa auch zu mir in die Wohnung kommen würde – immerhin wohnte ich nur einige Stockwerke höher –, willigte sie höflicherweise ein. An diesem Tag waxte Teresa mich zu Hause, und ich gab ihr ein gutes Trinkgeld, viel mehr als sonst. Als ich mich bedankte, ihr das Geld gab und ihr sagte, ich würde mich nun duschen, sie könne gehen, erwartete ich nicht, sie anschließend splitterfasernackt im Wohnzimmer zu erblicken. Ich erschrak: „Was soll das? Wieso bist du noch da und wieso bist du nackt?"

Beschämt sah sie zu Boden: „Aber dafür haben Sie mich doch herbestellt, Madam."

Ich verneinte vehement: „Nein, Teresa, dafür habe ich dich nicht heraufgeholt, ich habe mich doch schon von dir verabschiedet. Was soll das? Ist das ein perverser Trick? Ich rufe die Polizei!"

Sie bekam Angst: „Nein, Madam, bitte nicht. Das ist wohl ein Missverständnis. Ich bekomme nur dann so viel Trinkgeld und werde nur dann in Wohnungen gebeten, wenn man diesen zusätzlichen Dienst auch haben möchte."

„Aber Teresa, ich bin doch eine Frau."

Sie sah mich fragend an: „Welchen Unterschied macht das?"

Ich gab ihr ihre Kleidung, sie sah zu Boden und hob ihr Kinn zu mir. Ich fragte sie: „Was hat man dir angetan?"

Sie lächelte verächtlich: „Sie sollten mich eher fragen, was man mir noch nicht angetan hat."

Daraufhin ging sie, aber mich beschäftigte das nächtelang. Sie hatte mir bei den vergangenen kosmetischen Behandlungen oft von ihrer Herkunft – Ghana – erzählt, sie war witzig, lebensfroh, immer gut drauf, brachte einen zum Lachen und schien ein fröhliches Wesen zu haben. Sie so zu sehen, tat mir weh. Ich verstand es nicht. Ich wollte es aber verstehen und bestellte sie deswegen wieder zu mir. Diesmal aber nicht, um mich waxen zu lassen, sondern um ihr zuzuhören. Ich wollte ihre Geschichte kennen.

Etwa zwei Jahre nach unserem Gespräch traf ich sie zufällig auf dem Flughafen in Istanbul, wir warteten beide auf unsere Transitflüge. Ich traute meinen Augen nicht, aber das war sie. Sie lebte nicht mehr in Kuwait, sondern in Ghana und war für ein eigenes Projekt auf Reisen gewesen und nun auf dem Heimweg.

*

Ich habe mir mein Leben nie so vorgestellt, wie es verlaufen ist. Mir gab das Leben keine Zitronen, ich musste sie mir selber anpflanzen und nach jahrelanger, harter Arbeit pflücken, um mir ein erfrischendes Glas Limonade machen zu können. Wenn man für eine Sache sein Herzblut vergießt, dann gewinnt es an Wert. Bekommt man die wichtigen Dinge im Leben hingegen einfach so geschenkt, verlieren sie sofort an Bedeutung, da man sie nicht würdigt. Ich wünsche niemandem mein Leben, dennoch hätte es schlimmer kommen können.

Ich saß mit meiner Schwiegermutter, als mein Mann aufgeregt aus der Arbeit kam. Er hatte Neuigkeiten: Man suchte Bedienstete, die nach Kuwait gingen. Das Angebot sei nur für Frauen, und die Bezahlung ging über jede Vorstellung hinaus und enthielt außerdem einen jährlichen Bonus. Man wäre zwar an den Sponsor (den Chef, der einen einstellte; in den arabischen Ländern auch als „Kafil" bekannt) gebunden, da sich der eigene Pass und andere Dokumente immer in seiner Obhut befänden, aber er wäre auch finanziell für einen verantwortlich und das Gehalt wirklich verlockend. Sie suchten junge, gesunde und am besten ledige Frauen. Ich war allerdings nicht ledig und noch dazu schwanger. Ich stand kurz vor der Entbindung, man sagte mir, es würde ein Mädchen werden. Ich hatte schon mehrere Namen im Kopf. Für mich war das ein gänzlich neues Gefühl, es war mein erstes Kind, und dazu kam, dass meine Eltern gestorben waren, als ich noch ein kleines Mädchen war. Meine Tante hatte mich dann bei sich aufgenommen, wohl aus einer Art Pflichtgefühl, denn gerne hatte sie mich keineswegs gehabt. Sobald ich ihr sagte, ich hätte jemanden kennengelernt, war sie froh, mich loszuwerden. Ich werde nie vergessen, wie sie mich behandelt hat.

Sie hatte vier Töchter, die älter waren als ich und diesen Altersunterschied beinhart ausnutzten, da ich altersbedingt schwächer und gebrechlicher war. Ich war ihre Bedienstete. Ich musste ihnen hinterherputzen, ihnen ihre Kleidung waschen, bügeln und zusammenlegen. Ich flocht ihnen stundenlang die Haare, meine rasierte mir meine Tante regelmäßig ganz ab, damit ich keine Konkurrenz für ihre Töchter war. Zu essen bekam ich das, was von ihnen übrig blieb, und schlafen musste ich im Mädchenzimmer auf dem Boden. Ich wurde nicht geliebt. Den restlichen Verwandten war das egal, jeder war froh darüber, keine Verantwortung tragen zu müssen, und niemand fragte wirklich nach mir. Erkundigungen kamen immer nur nebenbei, zur Beruhigung ihres schlechten Gewissens. Es schmerzt, wenn man als Kind spürt, dass man unerwünscht ist, und das Wärmste im Leben der harte, kalte Boden ist, auf dem man schläft. Es waren bittere Umstände, unter denen ich aufwachsen musste. Vor allem dann, wenn man dabei zusehen muss, wie die anderen sehr wohl geliebt wurden. Man wächst mit dem Gedanken auf, dass mit einem etwas nicht stimmt.

Als ich meinen Mann kennenlernte, empfand ich das mir neue Gefühl des Interesses an meiner Person. Das mochte ich. Das hatte ich zuvor nicht gekannt. Er war der Freund eines Nachbarsohnes meiner Tante, ich war damals achtzehn. In meiner Jungfräulichkeit der Sinnesempfindungen gab ich mich ihm ganz hin. Seelisch und körperlich, in der Hoffnung, Liebe zu erfahren. Als ich meiner Tante sagte, dass wir heiraten wollten, warf sie mich hinaus, ich hatte ja nun einen anderen Verantwortlichen und somit musste sie sich nicht mehr um mich sorgen. Sie war erleichtert, denn ich war ihr immer eine Last gewesen.

Kurze Zeit später kam meine Schwangerschaft und mit ihr das unerwartete Desinteresse meines Mannes. Seine Mutter mochte mich nicht. Sie glaubte, dass elternlose Kinder wurzellos seien, und traute mir nicht. Ich traute ihr auch nicht, aber in ihrer Ablehnung war sie mir immerhin eine bessere Mutter, als meine eigene Tante es gewesen war.

Mein Mann kam an besagtem Tag mit der für ihn freudigen Nachricht und brachte mir einen Flyer mit. Ich las das Angebot und begann bereits von einem größeren Haus, schöner Kleidung sowie einer Privatschule für mein Kind zu träumen. Mein Mann und seine Mutter waren begeistert, würde ich umgerechnet doch so viel verdienen, dass es nicht bei Traumvorstellungen bleiben würde. Er würde hier als Lastenfahrer weiterarbeiten. Wir träumten gemeinsam, lachten, schmiedeten Pläne und zum ersten Mal nahm ich uns als eine Einheit wahr. Das war ein schönes Gefühl, und es motivierte mich. Um dieses Gefühl der Zugehörigkeit weiter empfinden zu dürfen, würde ich es tun. Und es klang noch dazu aufregend. Ich würde zwar dort als Hausmädchen arbeiten, aber bei einer wohlhabenden Familie. Ich würde viel verdienen und meine Tochter könnte eine tolle Ausbildung genießen. Es wäre nicht für immer, nur für ein paar Jahre, bis ich genug gespart hätte.

Aber bevor es so weit war, musste ich noch ein Kind auf die Welt bringen. In jener Nacht war meine Schwiegermutter meine Hebamme, mein Mann hatte Nachtschicht und war nicht dabei. Sie war streng und lieblos. Sie sagte Dinge wie „Jetzt schreist du vor Schmerzen, aber als er dich geschwängert hat, hat es dir gefallen" oder „Merke dir, wie weh es tut, wenn du wieder deine Beine spreizt".

Das linderte meinen Schmerz nicht, sondern vergrößerte ihn. Sie sah mich währenddessen verachtend an und berührte mich mit einer Gefühlskälte, die mich verunsicherte. „Konnte ich dieser Frau mein Kind anvertrauen, wenn ich weg war?" Die Schmerzen der Geburt versetzten mich in einen eigenartigen Rausch. Ich fing an, düstere Gedanken und Ängste zu haben, bis das Kind da war. Anschließend nahm sie es mir sofort weg und meinte, ich dürfe das Kind nicht sehen. Ich dürfe ihm keinen Namen geben und es schon gar nicht in den Arm nehmen, denn dann würde ich eine emotionale Bindung zu ihm aufbauen, den Job nicht lange ausführen können und bald wieder aus dem Ausland zurückkommen – dann wäre alles umsonst gewesen. Ich erholte mich bei einer ihrer Verwandten von der Geburt und war nur drei Monate später in Kuwait. Ich durfte mein Kind vor meiner Abreise nicht sehen. Ich wusste nicht einmal seinen Namen.

In meiner neuen Umgebung sah alles sehr rosig aus. Ich hatte ein eigenes Zimmer mit Bad und einer kleinen Küche. Man bot mir endlose Privatsphäre, ich hatte ein Einkommen, das ich gar nicht zählen konnte, so viel war es. Ich bekam viele Kleidungsstücke geschenkt, und das Wichtigste von all dem: Ich wurde auf Augenhöhe behandelt. Das war das erste Mal, dass ich Menschlichkeit erfahren durfte. Meine Madame und ihr Mann waren sehr noble Menschen, man kann sie gar nicht anders beschreiben. Sie war eine wunderschöne, jung gebliebene Frau, die durch einen Unfall im Rollstuhl saß und auf Hilfe angewiesen war. Er war ein erfolgreicher Geschäftsmann, der sie wie eine Königin behandelte. Wir lebten in einer riesigen Villa mit Garten, und ich war neben dem Gärtner, der Köchin und dem Fahrer eine der Arbeiterinnen, die dort wohnten. Ihre drei Kinder waren äußerst gut erzogen und beherrschten mehrere Sprachen, wir kommunizierten auf Englisch miteinander. Ich war für alles zuständig – von der Sauberkeit bis zur Erziehung. Ich machte es gerne, denn die Bezahlung und auch der Umgang stimmten, darüber hinaus gaben sie mir das Gefühl, diese Bereiche seien mein Revier. Niemals mischten sie sich ein oder versuchten, mir zu erklären, wie ich meinen Job zu machen hätte. Sie vertrauten mir blind und ich hielt dieses Vertrauen in Ehren.

Jeden Monat überwies ich Geld nach Hause. Ich konnte es nach dem ersten Jahr kaum erwarten, mein Kind zu besuchen. Ich stellte mir so oft sein Gesicht vor und gab ihm sogar einen Namen. Nur der Gedanke daran spendete mir Kraft – jeden Tag aufs Neue. Ich wollte das Beste für meine Tochter. Ich wollte, dass sie eines Tages eine bessere Zukunft hätte als ich – dafür schuftete ich. So verging nicht nur ein Jahr, sondern sogar drei. Immer dann, wenn ich nach Hause reisen wollte, reichte das Geld nicht aus, um dort so zu erscheinen, wie ich es mir ausgemalt hatte. Ich wollte mit Geschenken, Geld und sichtbar verändert auftreten. Ich wollte beweisen, dass ich hier wirklich alles gab und meiner Kleinen die Welt bieten konnte.

Nach drei Jahren war es so weit. Ich sagte niemandem, dass ich kommen würde. Es sollte eine Überraschung sein. Am Weg dorthin, den ganzen Flug über, stellte ich mir vor, wie sie alle reagieren würden, wie meine Tochter sein würde – ich platzte vor Aufregung und konnte mein Glück kaum fassen. Als ich zu Hause ankam, brach meine Welt zusammen.

Eine mir fremde Frau öffnete die Tür. Mein Mann war noch nicht nach Hause gekommen. Im Wohnzimmer entdeckte ich einen kleinen Jungen. Ich wusste sofort, dass er mein Sohn war. Ich spürte es so intensiv, dass ich ihn am liebsten mitgenommen hätte. Meine Schwiegermutter machte mich mit der neuen Frau meines Mannes bekannt, die meinen Sohn für mich erzog. Er dachte, sie sei seine Mutter. Nach außen hin bewahrte ich Ruhe, aber in mir kochte es. Sie war in meinem Alter, sie schien eine anständige Frau zu sein, wahrscheinlich war sie unter ähnlichen Umständen wie ich mit diesem Mann zusammengekommen. Sie wirkte sehr schüchtern, und ich erkannte in ihren Augen, wie sehr sie meinen Sohn mochte. Ich wollte meinen Sohn nicht traumatisieren, denn für ihn war ich eine völlig Fremde, die sie später als „die Tante aus dem Ausland" deklarierten. Ich sah mich in der Wohnung um, sie hatten das Geld, das ich ihnen geschickt hatte, in Renovierungen und Dekorationen investiert. Aber all das war mir egal, denn meinem Sohn ging es gut. „Die Tante aus dem Ausland" knuddelte und küsste ihn. Es war das allerschönste Gefühl auf der Welt, ihn in meinen Armen zu halten. Im Vergleich dazu war mir die Neue von meinem Mann gleichgültig. Um ihn ging es mir sowieso nicht mehr. Er war mir nie ein Partner gewesen, für mich stand von Anfang an mein Kind an erster Stelle. Ich hatte sonst keine Familie. Und seine neue Frau tat mir einfach nur leid. Man konnte ihr ansehen, dass sie diese Partnerschaft bereute.

Als „mein Mann" nach Hause kam, gingen wir zwei für ein Gespräch aus dem Haus. Ich wollte seine Version dieser grotesken Geschichte hören. Seiner Meinung nach war das die beste Entscheidung gewesen, denn ein Kind brauche schließlich Mutter und Vater. Ich sei sozusagen die Mutter, die, um Geld zu verdienen, das Land verlassen hätte, und sie sei jene Mutter, die das Geld dann in die Erziehung des Kindes steckte. Als er das sagte, wollte ich ihn töten. Er verbarg die Tatsache, dass dies mein Kind war. In allen offiziellen Dokumenten ist er ihr Sohn. Vor dem Gesetz, für die Welt, für ihn bin ich nicht seine Mutter, sondern „die Tante aus dem Ausland". Anstatt mir treu zu sein, unseren Sohn gut zu erziehen und ihm von mir zu erzählen, mein Bildnis zu ehren, hatte mein Mann eine andere geheiratet und alles hatte sich so gewendet, dass ich das Gefühl hatte, im falschen Film zu sein. Was macht man in so einem Moment? Wie handelt man? Wie entscheidet man, was richtig oder falsch ist? Wie bewahrt man einen kühlen Kopf, ohne durchzudrehen?

Ich stand vor einer großen Entscheidung: Soll ich wieder zurückgehen und meinem Sohn das bieten, was ich niemals hatte, damit aus ihm wird, was aus mir nicht werden konnte, oder soll ich hier bleiben und ihm klarmachen, wer ich bin und somit seine heile Welt in Stücke reißen?

Ich entschied mich für Ersteres. Ich wollte, dass mein Sohn so gut wie nur möglich leben konnte. Ich wollte mich voll und ganz für ihn aufopfern, das stand an allererster Stelle. Es ist immer eine Frage der vollkommenen Aufopferung, wenn es um Mutterschaft geht, egal, wie schön man es sich redet: Eine Mutter opfert. Jede auf ihre Weise, ihren Umständen entsprechend – und das waren nun mal meine Umstände.

Ich reiste wieder zurück nach Kuwait. Ein Jahr später starb der Mann meiner Madame. Das war ein Schock für alle, und es nahm meine Madame sehr mit. Es war sehr traurig mit anzusehen, wie die Familie daran litt. Madame wurde depressiv, und die Kinder hörten monatelang nicht auf zu weinen. Es prägte uns alle sehr. Er war ein gnädiger und respektvoller Mann, ein toller Vater und fairer Chef gewesen. Umso größer war die Überraschung, als Madame nur einige Monate später einen viel jüngeren Mann heiratete. Dieser war arbeitslos, kindisch, unverantwortlich, und jeder konnte sehen, dass er es nur auf ihr Geld abgesehen hatte. Er war ein unreifer Schnösel, der oft mit den Kindern in Streitereien geriet. Und nur wenige Wochen nach seinem Einzug kündigte die Köchin – ohne Angabe von Gründen, aber wir konnten uns alle denken warum. Kurz bevor sie ging, warnte sie mich, dass ich vorsichtig sein solle. Ein paar Wochen später schlich er sich, als ich bereits schlief, in mein Zimmer. Er legte sich zu mir. Ich konnte seinen Atem in meinem Nacken spüren. Er hielt meine Hände fest und flüsterte: „Ich gebe dir Geld, wenn du tust, was ich sage. Wenn du dich wehrst oder es Madame erzählst, bringe ich dich um, und keiner wird nach dir fragen, du bist nur eine Dienerin." Ich tat, was er sagte – alles. Nicht etwa aus Angst, aber ich brauchte das verdammte Geld. Ich fühlte mich wie eine Toilette, in die er sein Geschäft verrichten konnte, weil ich das Geld annahm und bei allem einwilligte, wo doch die Köchin aufgrund der gleichen Situation gekündigt hatte. Als er fertig war, ging ich unter die Dusche und wusch mich. Mehrmals. Ich wollte seinen Geruch und seine Tat von mir abwaschen. Es ging monatelang so weiter, bis ich einen anderen Job fand, meine Dokumente aus Madames Schrank stahl, dafür aber einen erklärenden Brief hinterließ und von dieser Familie weglief. Nie suchte jemand nach mir.

Meine neue Arbeit als Teamleiterin in einem Kosmetiksalon bot zwar ein geringes fixes Gehalt, das Trinkgeld und die Hausbesuche glichen dies allerdings aus beziehungsweise übertrafen dies sogar. Ich lernte dort Landsfrauen kennen und hatte endlich wieder das Gefühl von Zugehörigkeit und Geborgenheit. Während der Arbeitszeit hörten wir Musik aus Ghana und sangen unsere Heimatlieder, kochten traditionelle Speisen und nahmen sie mit in den Salon. Viele der Kundinnen mochten das und wollten sogar unsere Frisuren tragen, denn für sie war das exotisch. Wir hatten uns in diesem Salon eine kleine Heimat geschaffen, und ich fühlte mich besser. Wieder mehr wie ich selbst. Eine meiner Kolleginnen hatte fast genau das Gleiche durchlebt wie ich. Auch ihr Mann hatte plötzlich eine andere Frau, aber ihre Kinder wussten sehr wohl, wer sie war. Der Zusammenhalt dieser Frauen aus meiner Heimat stärkte mich und bestätigte meine Einstellung: Dein Kind kommt zuerst. Wir wären alle nicht hier, wenn es nicht der Kinder wegen wäre.

Ich bereiste danach die Welt, arbeitete hier und da, als Kellnerin in einem Hotel, als Köchin, als Babysitterin meiner Chefin, reise als Bedienerin mit einer Schauspielerin mit, die einige Monate in Amerika lebte, und überall bot ich meine Kosmetikdienstleistungen an, aber ich kam immer wieder nach Kuwait zurück. Meine „Sponsorin" war die Chefin des Salons, sie war diesbezüglich sehr offen, und ich durfte auch meinen Pass behalten. Keine meiner Reisen, keiner meiner Jobs war geplant. Es gab keine Arbeit, die ich nicht machte. Und das meine ich tatsächlich so. Eines Tages kam eine Dame mit Krücken in den Salon, die abgrundtief hässlich war. Ich weiß, das sagt man nicht, aber das war sie. Ich hatte sie schon mehrmals gewaxt und ihr auch die Haare gemacht. Dieses Mal wollte sie, dass ich sie bei ihr zu Hause waxe, sie würde natürlich die Fahrtkosten übernehmen und mir ein anständiges Trinkgeld geben. Ich mochte sie nicht, sie war verbittert. Trotzdem ging ich zu ihr nach Hause, sie wohnte in einer Art Palast. Sie hatte im Vorzimmer, das als eigene Wohnung hätte dienen können, einen Pool mit einem Zaun aus Glas. Es roch nach Chlor, das mochte ich. Sie war nackt, als ich das Zimmer betrat. Nichts Ungewöhnliches, immerhin war ich ja hier, um sie zu waxen. Danach bat sie mich, ihr beim Duschen zu helfen, da sie humpelte, bräuchte sie Hilfe. Diese Bitte mutete schon eher seltsam an, hatte sie ja einige Bedienstete, aber ich dachte an extra Trinkgeld und willigte ein. Im Badezimmer wollte sie, dass ich mich auch auszog. Ich dachte, vielleicht möchte sie nicht alleine nackt sein, und tat, was sie mir befahl, bis sie mir zwischen die Beine griff. Vor Schreck verpasste ich ihr eine Ohrfeige. Sie schlug mich zurück. Weinend schrie ich: „Was ist mit euch? Wie kommt es, dass ihr denkt, ihr könnt euch alles erlauben?" Sie lachte: „Was denkst du, warum du Trinkgeld bekommst? Alles an euch gehört uns. Ist das nicht der Grund, warum ihr herkommt? Für das Geld? Dann arbeitet dafür. Nichts ist umsonst. Alles hat seinen Preis, und es gibt nichts an dir, was ein Mensch begehren könnte, abgesehen von dem, was zwischen deinen Beinen ist. Alles andere an dir hat keinen Wert. Alles andere könntest du gar nicht verkaufen." Sie schlug mich mit ihrer Krücke und sagte meiner Chefin, dass ihr mein Service nicht gefiel. Als ich dieser erzählte, was geschehen war, war sie so schockiert, dass sie es im ersten Moment gar nicht glauben konnte. Ich glaubte es ja selbst nicht. Aber ich dachte über das, was die Dame gesagt hatte, nach. Auch wenn ich nur noch in meine Heimat zurückwollte und wusste, dass das, was ich danach zu tun begann, nicht richtig war, so fing ich an, diese anderen Dienste auszuführen. Ich brauchte das Geld. Im Salon würde ich nicht schnell genug vorankommen.

Mehr als zwei Drittel des Geldes schickte ich zu meinem Sohn, und etwa alle drei Jahre kam „die Tante aus dem Ausland" zu Besuch und verbrachte mit ihm den Sommer. Die Frau meines Mannes war ihm eine gute Mutter, das muss ich ehrlicherweise zugeben. Er aß mit Messer und Gabel, war höflich zu älteren Menschen, gut in der Schule und kommunizierte wie ein Erwachsener. Er kannte seine Kultur, war stolz auf seine Heimat und ein anständiges Kind. Während der gemeinsamen Zeit mit ihm realisierte ich, dass meine Entscheidung das Beste für ihn gewesen war, auch wenn es für mich sehr schmerzhaft war. Manchmal tut die Wahrheit weh. Ich kannte meine Wahrheit. Sonst kannte sie niemand. Die Wahrheit ist, dass ich nichts in Händen hatte, das auf dieser Welt bewies, dass mein Kind mein Kind war. Wer sollte diese Wahrheit ertragen? Ich konnte es; aber nur weil ich es musste, musste er sie nicht auch ertragen.

Mit der Frau meines Mannes entwickelte sich eine gute Freundschaft. Wie sollte ich die Frau, die meinen Sohn so erzogen hatte, nicht lieben? Ich ehrte sie, ich brachte ihr Geschenke, ich bedankte mich bei ihr. Wenn es meinem Sohn schlecht ging, war sie da. Wenn er eine Mutter brauchte, war sie da. Ich wusste, dass er in guten Händen war. Die Tatsache, dass es ihm gut ging, war das Einzige, das mir Kraft gab. Immer, wenn ich etwas aß, fragte ich mich, ob er schon gegessen hatte. Immer, wenn ich lachte, fragte ich mich, ob er an diesem Tag schon gelacht hatte. Immer, wenn ich Geld hatte, fragte ich mich, ob er etwas brauchen würde. Und jede Nacht, wenn ich meinen Kopf auf mein Kissen legte, fragte ich mich, ob sie ihn innig umarmte und das Gefühl gab, er sei das Beste, was ihr jemals passiert ist.

Ich hatte in meiner Heimat nun ein eigenes Haus, und mein Sohn und seine „Mutter" verbrachten die Sommer, die ich in Ghana verbrachte, immer bei mir. Sein Vater und seine Großmutter konnten mir gestohlen bleiben, ich wollte sie nicht wiedersehen, sie bekamen aber weiterhin Geld von mir, damit wir unsere Ruhe hatten. Der Vater meines Sohnes war allerdings nicht mehr mit seiner Frau verheiratet und wollte, dass wir wieder zusammenkamen, aber ich lehnte dankend ab.

Als ich es endlich geschafft und genug Geld gespart hatte, kehrte ich in meine Heimat zurück, wo ich mir eine kleine Farm kaufte. Ich wollte von deren Erträgen leben. Zudem hatte ich mir eine kleine finanzielle Sicherheit aufgebaut. Mein Sohn und seine Ziehmutter wohnten bei mir. Neben meinen Ersparnissen brachte mir auch ein kleines Projekt, das ich gestartet hatte, ein monatliches Einkommen ein. Mein Sohn dachte immer noch, ich sei seine „Tante aus dem Ausland".

So lebten wir jahrelang dahin, bis seine Ziehmutter starb. Eines Tages wachte sie einfach nicht mehr auf. Ich vermute, dass sie lange im Stillen mit einer unbekannten Krankheit zu kämpfen gehabt hatte. Sie hatte oft Fieber gehabt, das sich nicht behandeln hatte lassen, ihr Immunsystem war sehr geschwächt gewesen, die ärztlichen Tests hatten jedoch nichts ergeben. Sie ging in aller Ruhe von uns, aber ich denke, dass es in ihr nicht ruhig war. Nach außen hin war sie aber ein ruhiger und liebender Mensch gewesen. Sie war die Hand, die meinen Sohn gehalten hatte, als meine nicht da sein konnte. Sie hatte ihm Geborgenheit gegeben, als ich das nicht konnte. Sie war die Mutter, die ich mir selbst gewünscht hätte. Sie war dagewesen, als ich es nicht hatte sein konnte.

Nach ihrer Beerdigung sagte mein Sohn zu mir: „Sie meinte immer, du warst ihr eine gute Schwester. Ich sehe sie in dir, ich sehe auch dich als meine Mutter. Ich habe nur noch dich, du weißt, dass auf Vater und Großmutter kein Verlass ist. Alles, was für sie zählt, ist Geld. Bitte verlasse mich nicht. Wir sind jetzt nur noch zu zweit."

Das war der Moment, für den ich in den vergangenen Jahren nicht nur geschuftet, sondern mich wortwörtlich verkauft hatte. In diesem Augenblick verspürte ich endlose Glückseligkeit. Er sah mich als Mutter, zwar im übertragenen Sinn, aber ich war in seinem Herzen und ich hatte dort einen Platz. Er wurde von ihr wie ein eigener Sohn geliebt, und er liebte mich, ohne zu wissen, wer ich wirklich war. Ich habe es ihm auch nie gesagt. Die Wahrheit ist nicht immer der richtige Begleiter, manchmal zerstört sie mehr, als sie richtet. Er liebt mich wie seine Mutter, so empfindet sein Herz, und das ist alles, was ich jemals wollte.

Liebe ohne Regeln

Die Erzählerin habe ich durch Zufall am Strand in Dubai kennengelernt, weil sie mich auf meinen Burkini angesprochen und schnell festgestellt hat, dass ich Deutsch spreche. Sofort kamen wir ins Gespräch und fingen an, uns über Gott und die Welt und unsere Lebensgeschichten zu unterhalten.

*

Was mögen Sie an sich am meisten? Mögen Sie sich selbst überhaupt? Können Sie mit Sicherheit sagen, dass Sie die Person, die Sie sind, auch gerne haben? Wären Sie mit sich befreundet, wenn Sie nicht Sie wären? Und wussten Sie schon immer, wer Sie sind?

Diese Fragen habe ich mir nie gestellt. Ich hatte niemals das Gefühl, sie mir stellen zu müssen. Ich bin in einem kleinen Ort in Deutschland aufgewachsen, habe deutsche Eltern, und in unserem Bekanntenkreis gab es nur Deutsche.

Meine Mutter war Kassiererin und mein Vater Bauarbeiter. Jeden Abend kam er von der Arbeit nach Hause und erzählte von seinen Kollegen, die kein Wort Deutsch konnten und drei Frauen und zwanzig Kinder hatten, und regte sich darüber auf, dass sie kein Bier tranken oder Schweinefleisch aßen. Meine Mutter berichtete anschließend davon, dass die kopftuchtragenden Kundinnen miteinander in fremden Sprachen redeten, laut lachten, deren Kinder Teile des Sortiments durcheinanderbrachten und es für sie eine Herausforderung war, sich mit ihnen zu verständigen. Amüsiert kamen meine Eltern dann meistens zu der Schlussfolgerung, dass die kopftuchtragenden Frauen, die meine Mutter bediente, wahrscheinlich die Frauen der Kollegen meines Vaters waren. Meine Schwester und ich hörten das zwar alles, dachten uns aber nicht viel dabei, wir waren ja noch Kinder. Zu der Zeit sprachen unsere Eltern so über alle Ausländer. Bei uns im Ort gab es davon nicht viele, und jene, die hier arbeiteten, wohnten oft woanders und pendelten zur Arbeit. Meine Schulklasse bestand fast nur aus blonden Köpfen, kaum jemand hatte einen südländischen Namen oder ein südländisches Aussehen, aber das ist über zwanzig Jahre her, das hat sich mittlerweile geändert.

Einige Jahre später zogen wir dann nach Berlin. Berlin war eine eigene und andere Welt für uns. Das war ein richtiger Kontrast. Ich hatte das Gefühl, in ein Land im Süden gereist zu sein. Überall waren Kopftücher und dunkelhäutige Menschen zu sehen, man hörte links und rechts Sprachen, die man nicht zuordnen konnte, laute Musik, auch auf der Straße, und roch Gerüche, die man vorher nicht gekannt hatte. Ich kam aus dem Staunen nicht mehr heraus. Mein Vater hatte seinen Job verloren und meine Mutter war ständig auf der Suche nach „etwas Größerem", das sie in einem kleinen deutschen Örtchen nicht finden konnte. Sie hatten ein wenig gespart und wollten in Berlin einen Neuanfang wagen.

Meine Eltern. Wie würde ich sie bloß beschreiben? Meine Mutter ist eine bildhübsche Frau. Eine große, schlanke Blondine, die selbst nach zwei Kindern noch (und die Ehe mit meinem Vater, der zu viel trank, nicht zu vergessen) aussah wie eine Frau aus den Mode-Magazinen, nur, dass sie von einem Leben als Model bloß träumen konnte. Sie hatte immer schon etwas in dieser Branche machen wollen. Bevor sie meine Schwester und mich zur Welt brachte, hatte sie einmal den Schönheitstitel bei einem Strandwettbewerb gewonnen. Man kann sich das so vorstellen: Ein paar betrunkene Männer sitzen in einer Strandbar und bestimmen mittels lautem Klatschen, wer die hübscheste Frau auf der Bühne ist. Die Frauen, die zur Auswahl stehen, sind meistens die Begleitungen der Männer in der Bar. Meine Mutter konnte sich gegen dreizehn Konkurrentinnen durchsetzen und gewann den Wettbewerb. Meinen Vater lernte sie übrigens genau in jener Nacht kennen, und ich durfte mir mehr als nur einmal anhören, dass ich damals gezeugt wurde.

So wie sie es immer erzählte, war das der Moment, in dem sie selber ihre äußere Schönheit entdeckt hatte und mehr aus sich machen wollte – modeln oder im Werbebereich arbeiten. Nun ja, dann kam mein Vater, und mit ihm kamen sehr schnell auch wir.

Ihr Job als Kassiererin machte sie nicht glücklich – ganz im Gegensatz zu ihrer Kollegin, Tante Fanny. Sie liebte diese Arbeit. Sie war mit Herz und Seele im Supermarkt tätig. Sie störte sich auch nicht an den wenigen Ausländern, die es damals in dem kleinen Örtchen gab. Wenn meine Eltern darüber sprachen, bekam man das Gefühl, wir würden überrannt werden. Tante Fanny versuchte immer mit Händen und Füßen mit ihnen zu kommunizieren. Es könnte gut möglich sein, dass sie es war, die den Spruch „Der Kunde ist König" ins Leben gerufen hat.

Meine Mutter war anders. Meine Mutter wollte mehr. Sie sah noch immer so aus wie auf dem Gewinnerfoto dieses Wettbewerbs. Wir hatten sogar eine vergrößerte Version davon im Wohnzimmer hängen – fast über die ganze Wand. Sie muss wohl jeden Tag beim Blick in den Spiegel, in ihrem Gesicht und ihrer Figur, das Potenzial für eine Modelkarriere gesehen haben, um dann festzustellen, dass sie nicht das Leben führte, das sie eigentlich mochte.

Eines Tages, es war ein Samstag, das weiß ich noch, wachten wir auf und sie war weg. Ich war damals vierzehn, meine Schwester zwölf. Natürlich ist nichts dabei, wenn die eigene Mutter an einem Morgen nicht da ist. Sie könnte ja einkaufen sein oder einen Termin haben, von dem sie vergessen hat zu erzählen. Aber mein Vater, meine Schwester und ich standen im Wohnzimmer, starrten auf die blanke Wand, die erst gestern noch ihr Siegerfoto getragen hatte und da wussten wir: Sie kommt nicht mehr zurück.

Ich werde nie vergessen, wie mein Vater versucht hat, uns zu erklären, dass alles in Ordnung sei, dass sie wieder kommen würde, dass sie uns so sehr vermissen würde, dass sie wieder kommen würde müssen.

Er tat mir sehr leid. Meine Schwester und ich waren schon immer sehr selbstständig gewesen, da auf unsere Eltern kein Verlass war. Unser Vater war oft betrunken, unsere Mutter mit sich selbst beschäftigt. Meine Schwester und ich konzentrierten uns auf unsere Bildung und unsere Zukunft. Ganz ehrlich: Wir wollten nur weg. Wir haben uns immer mit anderen Kindern verglichen, die mit perfekt geschnittenen Pausenbroten in einer schönen Box und gesunden Snacks in die Schule kamen. Kinder, die in gebügelten Kleidern und mit frisierten Haaren ausgeschlafen von ihren gepflegten Eltern in die Schule gefahren wurden. Unser Vater begleitete uns – wenn überhaupt – in schmutzigen Jogginghosen. Meine Schwester und ich wussten bereits in unserer Kindheit, dass wir so nicht leben wollten. Wir wollten keine selbst gemachten Brote, die in Plastik oder in bereits mehrfach verwendeter Alufolie gewickelt waren. Wir wollten eine richtige Familie mit Eltern, die sich um uns kümmerten, und realisierten viel zu früh, dass wir diese Familie selber gründen müssten und von unseren Eltern nichts zu erwarten war.

Dann machte sich unsere Mutter also aus dem Staub und auch wenn das jetzt hart klingt: Es hat meine Schwester und mich zwar in vielen Punkten geschwächt, aber in einem Punkt gestärkt: Wir wurden selbstständiger, realistischer. Es hat uns die Idee jeglicher Romantik, die Idee von der Mutterliebe ausgetrieben. Was soll ich sagen, wir wurden richtig taffe Frauen, und das bereits in jungen Jahren. Andere Mädchen fingen in meiner Klasse an, sich hübsch zu kleiden, um den gut aussehenden Jungen aus der Parallelklasse zu gefallen, mir waren alle Jungs egal. Ich wollte einen guten Abschluss, damit ich eine renommierte Universität besuchen und meine Karriere starten konnte. Meine Schwester und ich bestärkten einander darin – Tag für Tag.

Ich wollte unbedingt Architektin werden, und meine Schwester studierte Maschinenbau. Wir waren beide nicht besonders intelligent, wir hatten aber eine Geheimwaffe: Disziplin. Disziplin ist, wenn man sie befolgt, der Schlüssel zum Erfolg.

Ich hatte in der Oberstufe eine Schulkollegin, die alles auf Anhieb verstand. Sie war hochbegabt. Sie verließ sich aber voll und ganz darauf, dass ihre Intelligenz – die auch von den Lehrern gepriesen wurde – sie durch das Leben tragen würde. Bis sie das Kind von dem gut aussehenden Typen aus der Parallelklasse noch vor dem Abitur gebar und danach – weil sie sich noch während der Schwangerschaft getrennt hatten – als alleinerziehende Mutter dastand und vorerst – raten Sie einmal – als Kassiererin arbeiten musste. Intelligenz alleine reicht nicht. Wir waren nicht dumm, aber ich würde unser Maß an Intelligenz im normalen Durchschnitt ansiedeln. Der Weggang unserer Mutter hatte uns über Nacht mit Disziplin und einer guten Portion Willensstärke zurückgelassen.

Auch unser Vater veränderte sich. Er ließ sich gehen, trank mehr, verschwand manchmal nächtelang, und meine Schwester und ich saßen dann alleine Zuhause und wussten nicht, wo er war, ob es ihm gut ging, ob er wieder zurückkäme.

Dann kam sie. Frau Betül – so wollte sie genannt werden –, unsere Nachbarin von gegenüber. Sie war alleinerziehende Mutter von zwei Töchtern, die jünger waren als meine Schwester und ich, sie besuchten noch den Kindergarten. Frau Betül hatte ein sehr hübsches Gesicht, ich starrte sie immer an, wenn ich ihr im Stiegenhaus begegnete. Sie hatte diese großen braunen Augen, diese dichten Haare, und sie kam einem vertraut vor. Ich hatte nie das Gefühl, sie sei mir fremd. Sie hatte etwas Warmes an sich, als sei sie von einer Liebeshülle umgeben. Meine Mutter war eine kalte Frau, das sah man ihr auch an. Aber Frau Betül wollte man einfach nur umarmen, auch wenn sie mal direkt und ehrlich war und diese verklemmte deutsche Höflichkeit nicht hatte. Als wir uns im Stiegenhaus kennenlernten und einander unsere Namen verrieten, sagte ich: „Wow, Betül, diesen Namen habe ich noch nie gehört." Sie sah mich dann streng an: „Für dich bin ich Frau Betül, ich bin ja um einiges älter, und das musst du schon respektieren, Mädchen." Ich kannte das so nicht. Ich nannte die Freunde meiner Eltern und andere Erwachsene immer beim Vornamen. Das war bei uns schon immer so gewesen. Diese Formen des Respekts und Arten des Umgangs hatte es so bei uns nicht gegeben, das lernte ich erst von Frau Betül. Ich wusste, dass es meinem Vater nicht gefallen würde, wenn ich mit unserer türkischen Nachbarin redete. Ich verschwieg es ihm. Sie wusste das übrigens auch und brachte meiner Schwester und mir Baklava und Börek, wenn sie wusste, dass er nicht zu Hause war.

Eines Nachts, ich weiß gar nicht mehr, warum meine Schwester und ich so Angst hatten, konnten wir nicht schlafen. Wahrscheinlich lag es daran, dass kurze Zeit davor jemand in der Nachbarschaft umgebracht worden war und unsere Mutter uns ein paar Monate zuvor verlassen hatte. Unser Vater war nicht da, wir wussten nicht, wo er war, meistens kam er nach einigen durchzechten Nächten total betrunken zurück, schlief, dann wachte er auf und war wieder für ein paar Nächte weg. Ich beschloss, bei Frau Betül anzuklopfen. Wir schliefen in dieser Nacht bei ihr. Sie hatte ihre beiden Kinder bei sich im Bett und liebkoste sie so, wie ich es noch nie erlebt hatte. Sie küsste ihre Mädchen, sang etwas für sie auf Türkisch, in ihrer Wohnung roch es nach selbst gekochtem Essen. Sie umarmte auch meine Schwester und mich. Sie stellte keine Fragen, nahm uns einfach zu sich, streichelte uns die Wangen und sah uns liebevoll an. Wir durften neben ihren Kindern im Bett liegen, und sie schlief auf dem Boden.

Als wir am nächsten Morgen aufwachten, mussten wir wieder in unsere Wohnung, um uns für die Schule umzuziehen. Als wir uns dann von ihr verabschieden wollten, drückte sie uns zwei Pausenboxen in die Hände. Wir öffneten sie und fanden perfekt geschnittene Käsebrote, Paprikastreifen und Bananen darin. In diesem Moment umarmte meine Schwester sie und fing an zu weinen. Mir kommen heute noch oft die Tränen, wenn ich daran denke. Es war ein schönes Gefühl, beachtet zu werden.

Sie befahl uns, nach der Schule in ihre Wohnung zu kommen, gab uns ihren Schlüssel und sagte, wir sollten nie wieder alleine in unserer Wohnung bleiben. Dieses Gefühl, jemandem wichtig zu sein, kannten wir nicht. Es mag unglaublich klingen, aber wir kannten es nicht. Meine Schwester und ich waren auf uns allein gestellt gewesen.

Nach der Schule in Frau Betüls Wohnung staunten wir nicht schlecht. Als sie nach uns nach Hause kam, machte sie türkische Musik an, stellte sich in die Küche und fing an zu kochen. Ich starrte sie an. Alles, was diese Frau tat, war so lebendig. Sie putzte, sie kochte, sie tanzte, wir aßen zusammen und saßen bei Tisch, und jeder durfte erzählen, wie sein Schultag gewesen war. Später, als ihre Kinder schon im Bett lagen, drehte sie leise den Koran auf und betete. Dabei trug sie eine lange Robe, man sah nur noch ihr Gesicht. Und sie tat das auf einem Teppich, der wie der fliegende Teppich von Aladdin aussah. Und sie tat es mit einer Hingabe, die mich sie nur anstarren ließ. Ich kannte das nicht. Ich war nicht religiös aufgewachsen, meine Eltern glaubten an keinen Gott, sie belächelten gläubige Menschen – egal welcher Religion – immer nur. „Was hat Gott denn für mich gemacht?", fragte mein Vater immer, und für ihn war damit die Nichtexistenz eines Gottes bestätigt, denn dieser hätte ihm nie geholfen. Diese Spiritualität war neu für mich. Frau Betül kniete in ihrem Gebetskleid und betete mit voller Hingabe und Zuversicht zu jemandem. Das konnte man in der Standhaftigkeit ihrer Bewegung erkennen.

Ich setzte mich zu ihr, sie trug noch immer diese Kleidung, es roch gut. Sie roch gut. Sie lächelte mich an und streichelte mir über die Wangen. Sie hatte glasige Augen, aber sie wirkte zufrieden. Ruhig, angekommen. Ich wusste nicht wo, aber sie war definitiv angekommen. Und dann fragte sie mich: „Was liegt dir auf dem Herzen?" Ohne es zu wollen, fing ich an zu reden wie ein Wasserfall: „Ich denke nicht, dass ich liebenswert bin. Ich mag mich nicht. Und ich denke, dass das der Grund ist, warum mich keine anderen Menschen lieben können. Meine Mutter zum Beispiel." Ihr Gesicht nahm ernstere Züge an, so als hätte sie noch nie etwas Schrecklicheres gehört. Sie sah mich an, und ihre folgenden Worte werde ich niemals vergessen: „Ich weiß, uns wird immer eingetrichtert, dass wir uns selbst gerne haben müssen, um geliebt werden zu können. Das stimmt aber nicht. Ich liebe mich auch nicht an jedem Tag. Trotzdem geht das Leben so oder so weiter. Egal, ob du dich magst oder nicht, die Uhr des Lebens tickt immer erbarmungslos weiter. Du bist liebenswert, auch wenn du dich selbst nicht jeden Tag lieben kannst. Man muss mit seinen inneren Problemen nicht immer umgehen können, um geliebt zu werden. Andere sehen diese Probleme vielleicht gar nicht oder lieben dich gerade dafür. Liebe dich selbst, ja, aber erlaube dir auch Momente des Zweifelns und solche, in denen du wütend bist und nicht immer alles toll an dir findest. Trotzdem verdienst du es, geliebt zu werden. Jeden Tag."

Mitten in diesem Gespräch klopfte es heftig an der Tür. Als Frau Betül in ihrem Gebetskleid die Tür öffnete, stand mein betrunkener Vater vor ihr, der schon bei ihrem Anblick die Hand hob. Ich hatte ihm einen Zettel mit dem Hinweis hinterlassen, wo wir waren, ich hatte es nicht über mein Herz gebracht, ihn im Ungewissen zu lassen – und das hatte ich davon. Er schrie unsere Nachbarin an und warf ihr die menschenunwürdigsten Dinge an den Kopf. Rassistisch, islamophob, frauenfeindlich. Sein Lallen war im gesamten Stiegenhaus zu hören. Sie sagte nichts. Sie stand da wie eine Löwin, und als er seine Hasstirade beendet hatte, machte sie – mittlerweile im Beisein weiterer Nachbarn – einen Schritt auf ihn zu und sagte in normaler Lautstärke, aber mit gehobenem Finger: „Sehen Sie sich an. Sehen Sie sich doch einmal an. Mögen Sie sich selbst überhaupt? Können Sie mit Sicherheit sagen, dass Sie die Person, die Sie sind, auch gerne haben? Wären Sie mit sich befreundet, wenn Sie nicht Sie wären? Schauen Sie sich Ihre Kinder an, Sie haben ihnen Angst eingejagt. Reißen Sie sich zusammen, verdammte Scheiße."

Haben Sie schon einmal eine Frau im Gebetskleid fluchen gehört? Vor allen anderen Nachbarn hatte sie ihn zur Schnecke gemacht. Ohne Geschrei, ohne wüste Beschimpfungen, ohne persönlich auf ihn loszugehen. Sie blieb sachlich, obwohl er zuvor wirklich erschütternde Dinge zu ihr gesagt hatte.

Sie ging in ihre Wohnung, wir gingen in unsere. Meine Schwester und ich stritten mit unserem Vater. Wir erzählten ihm, was unsere Nachbarin in den letzten Tagen für uns getan hatte, wir drohten damit auszuziehen, würde er sich nicht zusammenreißen, und warfen ihm vor, dass er nicht besser sei als unsere Mutter. Er müsse sich bei Frau Betül entschuldigen, und wir würden uns wünschen, dass er mit dem Trinken aufhört und sich einen Job sucht. Wir stellten ihm ein Ultimatum, wir waren bereit, die Konsequenzen zu ziehen, sollte er sich gegen uns entscheiden.

Mein Vater ist an sich ein toller Kerl. Er ist ein Kumpeltyp, der zwar so groß und breit ist wie eine Wand, aber ein Kinderherz in sich trägt. Er ist ein großartiger Mensch, aber nicht jeder gute Mensch ist auch für das Elterndasein gemacht. Er war kein guter Vater. Als er wieder nüchtern war, kämmte er sich, zog etwas Frisches über, kaufte Blumen und klopfte bei Frau Betül an. Als sie die Tür öffnete, trug sie ihre wunderschönen hüftlangen braunen Haare offen. Mit ihren großen Augen, die von langen Wimpern umhüllt waren, sah sie ihn fragend an. Als er sich entschuldigte, nahm sie die Blumen nicht an, sondern meinte: „Blumen sterben nach ein paar Tagen. Das ist schade. Ich mag allerdings gutes Essen."

„Ich kann nicht kochen", erwiderte mein Vater beschämt.

„Ich kann es aber", sagte sie und lud uns zu einem Versöhnungsabendessen bei sich ein. Wir Kinder saßen am Tisch, während unser Vater und sie gemeinsam das Essen zubereiteten. Er lächelte dabei auf eine Art und Weise, die ich zuvor noch nie bei ihm gesehen hatte. War er etwa nervös? Es machte ganz den Anschein. Als sie sich zu uns setzten und wir alle gemeinsam aßen, tranken und lachten, fühlte es sich einen Moment lang so an, als wären wir eine Familie. Es war ein gutes Gefühl. Auf die Frage nach einem Glas Bier bekam unser Vater die Antwort: „Das ist ein alkoholfreier Haushalt. Hier trinken wir nur Wasser, Ayran, Tee und selbst gemachten Saft."

In meinem Leben hatte ich bisher keine so starke Frau kennengelernt. Ich genoss es, ihr zuzusehen. Und ich genoss es noch mehr, meinen Vater in ihrer Gegenwart zu sehen. Er benahm sich wie ein Kleinkind. Er sah sie an, wollte aber nicht, dass sie ihn dabei erwischte. Als ihre Kinder und meine Schwester eingeschlafen waren und ich mich gerade im Halbschlaf befand, hörte ich sie beim Geschirrabwaschen noch plaudern. Er fragte sie, wieso sie auf uns aufpasse, zu sich nehme und ihm seine Beschimpfungen verzeihe. Sie erzählte ihm: „In meiner Religion sind Nachbarn sehr wichtig. Man muss nach ihnen fragen, sich um sie sorgen und das selbst dann, wenn man sie nicht mag. Wir teilen uns ein Wohnhaus, also wohnen wir unter einem Dach. Das verbindet." Mein Vater staunte. Ich auch. Was ich bisher über Muslime wusste, war das, was man so liest und hört. Sie sind frauenfeindlich, ihre Strukturen patriarchalisch, sie beschneiden junge Mädchen, die Männer dürfen mehrere Frauen heiraten, die Frauen sind aufgrund ihres Kopftuchs und anderer Dinge ungebildet und unterdrückt. Ich habe Muslime als Barbaren betrachtet. Ich kannte selbst nur wenige, wenn nur oberflächliche Bekanntschaften, insgeheim hatte ich Angst vor muslimischen Männern, und muslimische Frauen taten mir leid, wenn ich sie ihr Kopftuch tragen sah.

Das war in meinem Abiturjahr. Ich schloss das Abitur mit Frau Betüls mütterlicher Unterstützung und meiner endlosen Disziplin hervorragend ab. Mein Vater hatte seine alten Bekanntschaften abgebrochen und arbeitete nun als Gärtner. Er hatte sein ganzes Erspartes in einen kleinen Blumenladen in der Nähe von unserer Wohnung gesteckt. Es war wirklich ein sehr kleiner Laden, aber man konnte die Blumen in der ganzen Gasse riechen. Amüsant ist, dass er den Laden

„Lüteb" nannte, was verkehrt gelesen Betül heißt. Er hatte sich total in sie verknallt und ich denke, dass sie ihn auch lieber mochte als einen „normalen Nachbarn".

In diesem Jahr hatte meine jüngere Schwester ihr erstes Mal. Sie hatte seit einem Jahr einen festen Freund und berichtete mir ausführlich, wie „es" so war. Während ihrer Erzählung wartete sie auf eine Bestätigung von mir und wollte wissen, wann ich mein erstes Mal gehabt hatte. – Ich hatte es noch nicht erlebt. Sie glaubte mir nicht. Die Wahrheit ist, dass ich mein erstes Mal erst viel später hatte. Durch die Erzählung meiner Schwester wurde mir damals bewusst: Ich hatte noch nie von Sex geträumt. Ich hatte noch nie an Sex gedacht. Mich interessierte Sex gar nicht – und in diesem Moment fing ich an, an mir zu zweifeln. Was stimmte nicht mit mir? In der ganzen Studienzeit hatte ich dann neben dem Studieren nur eine Sache im Kopf: Sex. Ich hatte ihn. Ich hatte viel Sex. Mit Männern. Mit Frauen. Mit Männern und Frauen gleichzeitig. Das Feuerwerk, von dem alle so schwärmen, das Funkeln, das Kribbeln, der ganze Sex an sich – interessierte mich Nüsse. Es war nicht so, dass ich mich davor ekelte, aber er interessierte mich einfach nicht. Ich hatte nur deswegen so viel Sex, weil ich herausfinden wollte, ob ich vielleicht lesbisch oder bisexuell war.

War ich aber nicht. Und um ehrlich zu sein, am liebsten wollte ich gar keinen Sex haben. Mit niemandem. Menschen faszinierten mich zwar, ich fand sie auch hübsch, hatte sie lieb und gern, aber dass ich jetzt unbedingt mit jemandem schlafen oder mich selbst befriedigen musste, das brauchte ich einfach nicht. Das interessierte mich nicht. Als ich mit meiner Schwester offen darüber sprach, merkte ich, wie unterschiedlich wir waren. Sie dachte sehr oft daran, schaute Pornos, befriedigte sich auch mehrmals die Woche selbst, freute sich darüber, endlich verliebt zu sein, und probierte mit ihrem Freund vieles aus. Und mitten in unserem Gespräch sagte sie plötzlich: „Vielleicht bist du ja asexuell?"

Ich kannte diesen Begriff nicht. Meine Schwester beschäftigte sich sehr intensiv mit der Queer-Community, recherchierte viel zu den Themen Sexualität und sexuelle Orientierungen und hatte schon sehr früh ein ausgeprägtes Interesse daran gehabt, da eine ihrer Freundinnen lesbisch war. Für mich klang ihre These plausibel. Trotzdem wollte ich mich darüber mit einer Psychotherapeutin austauschen. Wir sprachen über meine Kindheit und sie machte meine Mutter für meine Asexualität verantwortlich und war felsenfest davon überzeugt, dass mir mein Vater als Kind etwas angetan hätte, dass nun meine Sexualität blockieren würde.

Ich musste das also mit mir selbst ausmachen. Ich merkte sofort, dass ich keine Hilfe von außen erwarten durfte. Frau Betül verstand mich. Frau Betül hatte immer ein Ohr für mich. Die Frau, die meinen Vater ändern konnte, musste auch mir helfen können. „Aber warum möchtest du es ändern, geht es dir damit nicht gut?", fragte sie mich, als ich ihr alles offenbarte.

Ich überlegte: „Nun ja, mich stört es nicht. Es ist mir egal, das ist ja das Problem."

„Für wen ist das ein Problem?"

„Für die Gesellschaft, in der wir leben."

„Du läufst ja nicht mit einer Tätowierung im Gesicht herum, die jeden darauf hinweist, dass du asexuell bist. Wenn es dich nicht stört, soll kein anderer das Recht haben, dass es ihn stört. Immerhin geht es um dich."

„Aber geht es beim Sex denn nicht auch um eine zweite Person? Also im Idealfall?"

„Im Idealfall löst sich alles selbst und zwar zum Besten."

Als ich mein Studium abgeschlossen hatte, war ich voller Energie, Ideen und Enthusiasmus. Ich fand aber als Architektin in Deutschland nicht die Anstellung, die ich suchte. Ich wollte mehr. Darin ähnelte ich meiner Mutter, die ich nach ihrem Abgang nie wieder gesehen habe. Ich stellte es allerdings ein wenig anders an als sie:

Ich verabschiedete mich von meinem Vater und meiner Schwester. Betül hatte einen Cousin in Dubai. Dieser hatte wiederum einen Freund in einer Firma, die damals junge, talentierte Architekten für Praktika suchte. Leider nicht mit hohem Verdienst, dafür bezahlte sie die Unterkunft, und es bestand eine realistische Chance, nach dem Praktikum einen fixen Job zu bekommen. Das Praktikum würde sechs Monate dauern.

Und jetzt raten Sie, wer die Koffer voller Euphorie gepackt hat, als sie erfahren hat, dass sie die Zusage für den Praktikumsplatz erhalten hat?

Es brach mir ein wenig das Herz, dass ich meinen Vater und meine Schwester zurücklassen musste. Denn ich wusste, ich würde nicht zurückkommen. Zumindest nicht nach den sechs Monaten. Seitdem ich Frau Betül kennengelernt hatte, zog mich der Orient an. Wie sich die Menschen dort kleiden, wie sie aussehen, der Geruch, die Sprachen, die Kulturen und das Familienverständnis. Ich sehe aus wie meine Mutter. Können Sie sich vorstellen, was für Augen viele Männer im arabischen Raum machen, wenn eine große Blondine den Raum betritt? Ich wusste, bevor ich in Dubai ankam, nicht, dass ich so begehrenswert war. Als ihnen dann auch noch meine Ideen gefielen, rutschte einigen ein „WOW" heraus, weil sie so überrascht waren.

Nach nur drei Monaten erhielt ich einen fixen Vertrag und ein tolles Gehalt angeboten. Nachdem ich den Vertrag unterschrieben hatte, saß ich in meinem tollen Apartment mit Meerblick, nippte an einer eiskalten Cola und dachte mir in diesem Moment: Ich habe es geschafft.

Mein Vater war unendlich stolz, und meine Schwester hatte ein Vorbild für ihr letztes Jahr auf der Uni. Harte Arbeit zahlt sich aus. Vielleicht nicht immer sofort, aber irgendwann sicher. Und es war meine harte Arbeit, gepaart mit einer harten Kindheit, die sich jetzt auszahlte.

Ich saß oft als einzige Frau an einem Meetingtisch. Ich trug bewusst keine Abaya, weil ich die Kulturen anderer nicht „anziehen" wollte. Mir war aber klar, dass ich in einem arabischen Land wohnte, und ich kleidete mich dementsprechend. Zu Meetings trug ich nur geschlossene Blusen und weite Leinenhosen. Ich war sehr professionell, führte keinen Small Talk mit verheirateten Männern und war sehr direkt, fast schon kalt in meinem Auftreten. So blieb ich auch, denn ich hatte hauptsächlich mit Arabern zu tun, meistens Männern. Ich lebte nur für meine Arbeit. Die Wahrheit ist jedoch auch, dass ich keine deutschen Bekannten in Dubai hatte. Ein- oder zweimal traf ich mich mit einer Gruppe deutscher Frauen, die mit ihren Männern hergekommen waren, aber hier keinen Finger krümmen mussten, sie sahen mich als Bedrohung, weil ich als alleinstehende Deutsche nach Dubai gekommen war. Sie bekamen Angst um ihre Männer und deren Vermögen, das sie ansammelten, um das Haus in Deutschland zu bezahlen. Sie benahmen sich widerlich. Ich habe schon immer gesagt, die Deutschen von Dubai sind die Türken von Deutschland. Ich sage das, um die Deutschen in Dubai zu provozieren, die nur herkommen, um viel Geld zu verdienen, die Kultur hier aber kein bisschen respektieren, sich auch nicht anpassen und die Sprache nicht lernen. Das sind dieselben Menschen, die sich in Deutschland über Ausländer aufregen und glauben, man wolle ihnen etwas wegnehmen. Ich war also eine Einzelgängerin. Aufgrund dieser Einstellung mochte man mich in der deutschen Community in Dubai nicht. Das kam meinem Berufsleben zugute, denn ich konzentrierte mich voll und ganz auf meinen Job, der anspruchsvoll und nicht immer ein Zuckerschlecken war.

Nach einem Meeting legte mir einmal ein Kunde einen Hotelschlüssel auf den Tisch. Ich meldete es sofort dem Direktor. Dieser Kunde hätte Millionen für den Bau eines Hotels gezahlt, ich dachte, der Direktor würde einen anderen Kollegen mit dem Auftrag betrauen, aber er tat etwas ganz anderes: Er blies den Auftrag ab. Da staunte ich. Als ich ihn darauf ansprach, meinte er: „Ich habe eine Tochter in Ihrem Alter und würde man ihr das antun, würde ich den

Mann umbringen. Es tut mir immer wieder leid, wenn sich durch solche Idioten Klischees über meine Landsmänner bewahrheiten. Es ist eine Schande."

Ich mochte meinen Chef. Schon vor diesem Vorfall. Er war ein gütiger, älterer Mann, der jahrelang in Amerika gelebt hatte und mit dem Wissen, das er sich dort angeeignet hatte, sein Land ein Stück besser machen wollte. Ich bewunderte das sehr.

Auch wenn das eine Projekt verloren war, so bekamen wir ein nächstes. Bei den Meetings war der Anwalt der anderen Firma immer dabei. Khaled. Er war der einzige Mann, der mich jemals in dieser Firma sah und für den ich unsichtbar zu sein schien. Das weckte mein Interesse. Er war ein verboten gut aussehender Mann. Sein dunkler Teint, sein gepflegter Auftritt und dann noch diese Grübchen, die die perlweißen Zähne zum Vorschein brachten, wenn er lachte – ich verliebte mich sofort in ihn. Ich war jedoch nicht sexuell angezogen. Kein bisschen. Da verstand ich, dass ich mich sehr wohl verlieben konnte, trotz meiner Asexualität.

Ich blieb professionell und sachlich. Distanziert. Was mir das ganze Projekt lang das Herz brach. So sehr, dass ich ihn aus meiner Verzweiflung heraus einfach fragte, ob er mit mir ausgehen wollte. Als er nachhakte, ob wir als Kollegen ausgingen, verneinte ich. Ich sagte ihm auch sofort, was ich für ihn empfand. Vermutlich hatte er als Mann noch nie zuerst von einer Frau gehört, was sie fühlte. Er hatte als Mann sicher bisher immer den ersten Schritt gemacht, meine Aufrichtigkeit hatte ihm an mir gefallen. Und mir gefiel, dass es ihm gefiel. Als er zugab, dass er auch etwas für mich empfand und nur nicht frech rüberkommen hatte wollen, erzählte ich ihm meine Lebensgeschichte, auch über meine Asexualität sprachen wir.

Er war ein Araber. In Dubai war es gang und gäbe, dass Männer mehrere Frauen hatten. Er sah nicht so aus, als wäre er asexuell. Er sah sogar so aus, als hätte er einen sehr gesunden sexuellen Appetit.

Wir saßen in einem Restaurant, als wir dieses offene Gespräch führten. Er nahm meine Hand in die seine, küsste sie und sah mir tief in die Augen. Lange sagten wir nichts.

Er war ein gläubiger Muslim. Das heißt, er wollte keinen Sex vor der Ehe mit mir. Keiner anderen Europäerin wäre das wahrscheinlich so egal gewesen wie mir. Er wollte aber auch nicht ohne Heirat mit mir zusammen sein. Klar war uns beiden, dass wir nicht mehr ohne einander leben wollten. Ich wollte seine Partnerin sein.

Ich weiß nicht, wie ich es erklären soll. Vielleicht hatte ich ja doch nicht jeglichen Sinn für Romantik verloren. Er war ein besonderer Mensch, ich erfuhr bald, woher seine großartige Einstellung zum Leben kam. Ich besuchte seine Familie, er lebte mit seiner Mutter und seinen Schwestern in einem Haus. Sein Vater war sehr früh gestorben. Alle Frauen seiner Familie hatten studiert und arbeiteten. Seine Schwestern waren sehr selbstständig, hatten ihre Meinungen, respektierten ihren ältesten Bruder, der wiederum respektierte, dass jede auf ihre Weise individuell war und er ließ ihnen genügend Freiraum, um zu wachsen. Seine Mutter war ein Biskuit. Sie war eine sehr liebe Person, die immer lachte. Ich verliebte mich auch in die Familie. Ich lud meinen Vater, meine Schwester, Frau Betül und ihre Kinder zu meiner Hochzeit ein. Ja, wir heirateten und es war die beste Entscheidung meines Lebens.

Meine Familie konnte sich an dem Bling-Bling, den Abayas, dem Essen, der Kultur, der Sprachen, an all dem gar nicht sattsehen. Mein Vater, der früher Muslime auf offener Straße verbal attackiert hatte, begrüßte mich mit „Salām alaikum". Die Feier war prunkvoll, meine Kleider – ich hatte zwei – waren ein Traum. Ich hatte ein weißes mit einer langen Schleppe und ein traditionell emiratisches Kleid. Die Gäste begrüßten uns herzlich, alle, Männer, Frauen und Kinder, die das Haus betraten, küssten die Hand seiner Mutter. Auch ich küsste sie. Einer Frau, die so einen Mann erzogen hatte, gehörten die Hände geküsst.

Unsere Hochzeitsnacht war eine Comedyshow. Sie fing wahrscheinlich so an, wie viele andere Hochzeitsnächte auch. Ich trug ein schönes Negligé, und er saß oben ohne auf der Terrasse. Als ich zu ihm kam, nahm er meine Hand, wir tanzten, und er drückte mich fest an sich. Er roch so gut. Er fühlte sich gut an. Was ich an ihm liebte, war das Sicherheitsgefühl, das er mir gab. Ich sah ihn an und wusste, ich war zu Hause. Er war der Beschützer, der mir mein Leben lang gefehlt hatte. Endlich hatte ich ihn gefunden. Ich hatte Angst, meine Asexualität würde mir diese Beziehung kaputtmachen. Ich bot mich ihm in dieser Nacht an, weil es sich so gehörte – und er lehnte ab. Nicht mich, aber die Option, mich zu verändern. Er nahm mich so, wie ich war. Für ihn bin ich auch so seine Frau. Ich bin, so wie ich bin, genug für ihn. Ich musste in dieser Nacht, als ich in seinen Armen lag und er mich festhielt, daran denken, was Frau Betül mir einmal gesagt hatte, dass sich im Idealfall alles zum Besten wenden würde und dass auch Menschen, die sich selbst nicht lieben, Liebe verdient hätten. Ich verstand es damals nicht, ich glaubte auch nicht daran, bis ich Khaled gefunden hatte.

Aber an diesem Punkt endet die Geschichte noch nicht.

Khaled nimmt mich so, wie ich bin. Er akzeptiert nicht nur meine Asexualität, sondern ebenso, dass ich keine Muslima bin und auch nicht vorhabe, eine zu werden. Er kommentiert nie meinen Kleidungsstil, er tadelt mich nie für meine männlichen Freunde, die ich zur Begrüßung und zur Verabschiedung auch mal in den Arm nehme. Er behandelt mich nie schlecht. Und bei unseren Streitereien wirft er mir nie vor, dass ich „keine richtige Frau" bin. Mein deutscher Freund auf der Uni hatte mich so genannt, als ich ihm den Sex verweigert hatte. Alles, was ich vor meinem Umzug nach Dubai über Muslime und vor allem Araber zu wissen geglaubt hatte, war widerlegt worden. Ich hatte das Faktum, deutsch zu sein, für ein Privileg gehalten, für etwas Besseres. Mit Khaled hatte sich alles geändert. Er drängte mich niemals zum Sex. Sex hatte in unserer Beziehung keinen Platz, dafür gab es zwischen uns genügend Kuscheleinheiten und Liebkosungen. Ich wusste, welche Überwindung es für ihn sein musste. Er war ja nicht asexuell, in ihm lösten diese Intimität und diese Zärtlichkeit sehr wohl etwas Sexuelles aus, in mir nur etwas Emotionales. Und ich nahm wahr, dass es ihn zerriss.

Bei einer Familienfeier merkte ich, dass er eine hübsche Frau, die auch eingeladen war, musterte. Sie hatte ihre Augen unter dem Schleier sehr betont geschminkt, sie trug keinen Gesichtsschleier, sondern ein Kopftuch über der Abaya. Ihr Lachen war herzlich, und ich beobachtete die beiden.

Ich sprach ihn nach der Feier darauf an. Er leugnete es nicht. Er wählte seine Worte aber mit Bedacht, weil er mich nicht verletzen wollte, das merkte ich. Aber wenn es um Gefühle geht, ist es kaum möglich, nicht verletzend zu sein. Er bejahte, dass sie etwas in ihm bewegte.

„Was machen wir jetzt?", fragte ich ihn dann. Er weinte: „Ich möchte mich nicht von dir trennen. Das werde ich nicht tun." Nun weinte auch ich und wischte ihm die Tränen mit den Worten „Das will ich auch nicht" aus dem Gesicht.

Ich fragte mich, ob es mich verletzen würde, hätte er eine zweite Frau. Alles, woran ich als deutsche Frau glaubte, sagte mir, dass Mehrehen eine Verletzung der Frauenrechte seien. In meinem Fall war es allerdings die Lösung für das Problem. Ich war mit einem gläubigen Muslim verheiratet, der nie fremdgehen würde, gleichzeitig war ich eine asexuelle Frau, die zwar schon mit ihm schlief, aber nur einmal alle paar Monate, um mir selbst treu zu bleiben. Er fragte niemals danach. Aber wie sollte es weitergehen? Für immer konnte es nicht so bleiben. Zudem liebte er Kinder, er wäre jedoch für mich bereit gewesen, auf solche zu verzichten, denn ich wollte keine. Ich liebte ihn unendlich. Ich wusste, dass er es auch tat, aber wir waren zu zweit noch zu wenig in dieser Beziehung, damit sie funktionieren konnte.

Ich erlaubte – nein –, ich befahl ihm, eine weitere Frau zu heiraten. Mit dieser konnte er ein gesundes Sexleben und ein Kind haben. Ich wollte nur sein Versprechen, dass unsere Liebe weiterhin bestehen blieb. Tief in mir wusste ich natürlich, dass er mir keine Garantie geben konnte. Das konnte niemand, aber ich wollte die Gewissheit, dass ich für ihn wichtig war.

Er heiratete sie. Die Frau mit den schönen Augen und dem herzlichen Lächeln. Ihr Name war Sakina. Als wir uns kennenlernten, saß ich im Wohnzimmer. Sie kam auf mich zu, küsste meine Hand und drückte sie auf ihr Herz. Ich merkte ihr an, dass sie in mir keine Rivalin sah, sondern eine neue Freundin. Wir hatten anfangs zwei getrennte Häuser, er teilte seine Anwesenheit zwischen uns auf, was mir sehr lieb war, weil ich manchmal Zeit für mich brauchte.

Als sie dann schwanger wurde, ging es ihr nicht gut. Sie hatte eine sehr schwierige Schwangerschaft, und ich bot ihr an, zu mir zu ziehen. Sie ist für mich die Mutter von Khaleds Kind. Natürlich liebt er sie, das kann ich sehen und spüren, aber wir lieben uns auf eine andere Art und Weise. Was ich sehr an den beiden mag, ist, sie respektieren meine Gegenwart. Sie küssen sich nie vor mir, halten nie Händchen oder flirten. Ich werde als Person, als seine Frau geachtet. Sie genauso. Das Kind – ein Junge, dem ich seinen Namen geben durfte – ist ein Abbild von Khaled.

Der Kleine – der inzwischen gar nicht mehr so klein ist – stellte einmal etwas an, er zerbrach etwas. Ich schimpfte dann mit ihm. Als seine Mutter zurückkam, erzählte er ihr, dass ich so streng gewesen sei. Sie sah ihn an und meinte: „Wenn ich nicht da bin, ist sie deine Mutter, und du tust, was sie dir sagt."

Mittlerweile lebe ich seit über zehn Jahren in Dubai, aber solche Aussagen bringen mich immer noch zum Staunen. Welche Mutter sagt so etwas über die andere Frau ihres Mannes?

Ich habe hier gelernt, dass jeder Mensch, jede Situation, jedes Leben, jede Ehe einzigartig ist. Vorurteile sind – so denke ich – etwas

Natürliches, wir alle haben sie, aber manchmal findet man sich in Situationen wieder, in denen man die Chance hat, alles infrage zu stellen und neu zu beurteilen.

Mein Vater und Frau Betül haben geheiratet und sind zusammengezogen, meine Schwester lebt in Australien, und Khaled, Sakina, ihr Sohn, den ich auch als meinen Sohn betrachte, und ich leben gemeinsam in Dubai. Wir mögen eine eigenartige Familie sein, aber wir haben unser Glück selbst geformt, so, wie es uns passt, mit unseren eigenen Regeln, und das finde ich sehr gut so.

Was kostet die Welt

Die Erzählerin lernte ich in den Woodlands (Texas) zufällig an einem Teich kennen. Sie wurde auf uns aufmerksam, da ich mit meiner Tochter auf Deutsch sprach, und so begann unser Gespräch über das Reisen und das Leben.

*

„Das ist doch nicht die wahre Liebe, du kannst in deinem Alter ja noch gar nicht wissen, was Liebe ist", sagte meine Mutter zu mir, als ich ihr erzählte, dass ich in einen Jungen namens Richard verknallt war. Ich war damals dreizehn Jahre alt und er war ein Jahr jünger. Ich stand eigentlich nicht auf jüngere Burschen, wie die meisten wahrscheinlich. Werden wir nicht eher so erzogen, dass für Mädels ältere Jungs infrage kommen? Wie andere Mädchen wollte ich einen großen, gut aussehenden, starken Freund.

Richard sah für mich ziemlich gut aus, den anderen Mädels fiel er vermutlich nicht auf. Er war etwas kleiner als ich und kein einziger seiner Muskeln war sichtbar, er war ein Strich in der Landschaft, aber er hatte damals am Schulhof mein Herz erobert, als er sich zu mir setzte und sein Pausenbrot mit mir teilte. Die anderen Burschen wurden grün und gelb vor Neid, denn in mich waren alle Jungs der Schule verliebt, egal ob jünger oder älter. Ich war schon damals süß. Man hat mir bereits als Kind gesagt, wie hübsch ich bin, vor allem meine aschblonden Haare und die grünen Katzenaugen sind von jedem bewundert worden. Richard tat dies nicht. Ich wusste, dass ihm mein Aussehen gefiel, nur kommentierte er es nie. Er stellte es nicht über meine Persönlichkeit. Allein dafür liebte ich ihn. Er hatte ein so liebes Gesicht, das ich gerne in meinen Händen hielt und streichelte.

Man wollte einfach nur in seine Backen kneifen. Trotz des heftigen Altersunterschieds von einem Jahr – wie es unsere Mütter oft betonten – sah er älter aus als ich und war schon damals ein richtiger Gentleman. Er trug meine Bücher für mich und ließ mich nie für etwas bezahlen. Richard hatte diese romantische Einstellung – also ich finde sie jedenfalls romantisch, ich weiß, dass das viele Frauen heute anders sehen – der Umwerbung. Ich mochte es, dass er sich für mich verantwortlich fühlte. Er war wie ein schützender Mantel, den ich liebend gerne trug.

Ich fühlte mich damals von meiner Mutter missverstanden. Ein Los, das wohl viele Teenager überall auf der Welt gezogen haben. Man wird belächelt, weil man ja noch nicht die „echten Probleme" des Lebens kennen kann, sondern „nur" Liebeskummer oder eine schlechte Note. Aber für Jugendliche sind das die großen und wirklichen Probleme des Lebens.

Als ich meiner Mutter von meinen Gefühlen für Richard erzählte, machte sie sich lustig über mich, ich könne noch nicht wissen, was Liebe sei, ich sei ja noch ein Kind. Ein Mädchen, das die monatliche Blutung hat, ist kein Kind mehr. Ich war definitiv kein Kind mehr. Und ich war verliebt. Wir waren verliebt. Es war ein unglaublich schönes Gefühl, es war das Größte für uns, einander zu haben. Unsere Familien aber verstanden das nicht, sie lachten uns aus, weil wir uns benahmen wie ein altes Ehepaar.

Mit Mitte zwanzig heirateten wir. Unsere Ehe wurde schon sehr früh auf eine harte Probe gestellt. Damals lebten wir in Houston, wir hatten eine kleine Einzimmerwohnung, die Miete war hoch, und am Ende des Monats blieb so gut wie nichts übrig. Ich bin ein Mensch, der im Jetzt lebt. Wenn ich fünf Dollar im Portemonnaie habe, dann gebe ich auch fünf Dollar aus. Ich arbeitete als Bibliothekarin. Ich mochte meinen Job sehr. Ich liebe alles an Büchern, besonders ihren Geruch. Richard war Buchhalter und die sparsame Ader in unserer Beziehung. Wenn Richard fünf Dollar in der Hosentasche hatte, gab er vielleicht einen davon aus – aber nur, wenn es unbedingt sein musste und wir sonst verhungert wären – und sparte den Rest als finanzielles Pölsterchen. Unser finanzielles Pölsterchen war löchrig. Auch ohne Kinder war das Leben damals teuer und nicht wirklich leistbar. Man hörte immer öfter – in der Nachbarschaft und in den Nachrichten –, dass Menschen ihre Partner für das Lebensversicherungsgeld umbrachten. In Amerika kamen und kommen bis heute noch jährlich eine Menge an Morden aus finanziellen Gründen zusammen. Wenn man das verfolgt, stellt es einem die Nackenhaare auf.

Das Leben wurde immer schwerer, wir versuchten, nur noch irgendwie zu überleben, finanziell etwas aufzubauen, war schlichtweg unmöglich – das tat unserer Beziehung nicht gut. Ich begann, mich mit anderen zu vergleichen. Nicht absichtlich, das geschah wohl automatisch. Einmal sprach ich es sogar laut aus: „Wieso haben andere schon ein Haus, Kinder oder sogar beides, und wir können von Monat zu Monat gerade so überleben und müssen auf so vieles verzichten?" Da wurde er richtig wütend, es war ihm vermutlich peinlich. Ich wollte ihn damit gar nicht angreifen, es war einfach ein Gedanke, ein Beklagen über das Leben, nicht über ihn. Richard war einer jener Männer, die sich als Familienoberhaupt sahen. Er übernahm als Mann die Verantwortung für alles, was das Haus und das Wohlergehen der Familie betraf. Zu äußern, dass etwas fehlte oder bei anderen besser lief, verstand er als Kritik an seiner Person. Ich meinte es aber nicht so, ich wollte lediglich herausfinden, ob wir etwas falsch machten. Andere hatten ja auch keine Goldgrube …

Eines Nachts, als wir friedlich schliefen, weckten uns Schreie und ein eigenartiger Geruch. Wir konnten plötzlich nur mehr schwer atmen und überall war Rauch. Das ganze Haus steckte in Brand, die Hälfte der Nachbarn war schon auf der Straße, die andere Hälfte schrie und lief mit Wasser und Decken herum, man konnte die Sirenen der Feuerwehrautos kaum überhören, es war schrecklich. Auch wir versuchten, ins Freie zu gelangen. Wir bedeckten unsere Köpfe mit Decken und liefen. Als ich meine Decke verlor, hielt Richard mich fest und schlug mit seiner Decke um mich. Ich konnte schlecht atmen und musste so stark husten, dass sich mein Hals anfühlte, als würde er brennen. Was danach geschah, weiß ich nicht mehr, das Nächste, woran ich mich erinnern kann, ist, dass ich im Krankenhaus lag. Mein Hals war angeschwollen und brannte, das Schlucken war schmerzhaft. An meinem Bett saß ein weinender Richard, er hielt meine Hand. Er hatte auf der linken Gesichtsseite von der Stirn bis zum Kinn eine Verbrennung, die einem Pfeil glich. Er hatte mir das Leben gerettet.

Wir hatten unsere Wohnung verloren, unser angespartes Geld reichte nicht für eine neue, wir hatten körperliche Wunden abbekommen und erfuhren noch an diesem Tag, dass die Tochter eines Nachbarn im Feuer gestorben war. Sie war vier Jahre alt gewesen. In diesem Moment realisierten wir, wie gut es uns eigentlich ging und wie viel Glück wir gehabt hatten. Und Richard realisierte auch, dass alles Geld der Welt uns bei solch einem Unfall nicht hätte helfen können. Wenn einer von uns gestorben wäre, hätte der andere von einem vollen Geldbeutel nichts gehabt. Wir waren dankbar.

Fortan lebten wir bei seinen Eltern, „bis sich eine Lösung auftat", das war der Plan. Seine Eltern hatten eine riesige Ranch in den Woodlands und ein großes Haus. Die Woodlands sind eine wunderschöne Gegend, aber Richard wollte immer von dort weg. Er wollte in die Großstadt, und sollte er dort Toiletten putzen müssen, er wollte die Welt sehen, aber das erlaubte unser Konto nicht. Meine Schwiegermutter und ich hatten eine höfliche, aber distanzierte Beziehung. Wir teilten uns die Hausarbeiten auf, und ich betete zu Gott, dass wir hier nicht lange bleiben würden.

Meine Eltern wohnten nur ein paar Häuser entfernt. Zu seiner Mutter hatte ich eine reservierte Beziehung, zu meiner hatte ich gar keine. Meine Eltern waren nicht einmal zu unserer Hochzeit gekommen. Mein Vater wäre gerne gekommen, aber meine Mutter hatte ihm mit der Scheidung gedroht. Meine Mutter wollte nicht, dass ich Richard heiratete. Sie sah in meiner Schönheit das Potenzial für einen „besseren" Mann, also einen Mann mit Geld. Für sie war es undenkbar, dass ich einen Mann heiratete, mit dessen Mutter ich den Stall putzen musste, sie dachte an einen, der mir einen eigenen Stall inklusive Putzkräfte kaufen konnte.

Geld war für mich immer nur ein Mittel zum Zweck. Man benötigte es, weil es Dinge in Bewegung setzte und aus dem System nicht wegzudenken war, aber für Zwischenmenschliches war es nicht von Bedeutung. Wahre Gefühle zwischen Menschen sind so kostbar, dass sie nichts kosten dürfen. Das verstand meine Mutter nicht, für sie hatte ich unter meinem Wert geheiratet.

Richards Eltern waren nicht arm, sie hatten ja eine Ranch, aber er wollte sich nie etwas von ihnen leihen, sondern auf eigenen Beinen stehen. Den Traum von Selbstständigkeit versuchten wir zu leben, bis ich – am Boden der Realität angekommen – Pferdescheiße aus dem Stall entfernte. Ich mochte das Leben am Land – wirklich! Ich mochte die frische Luft, das Essen, die Tiere, das Familienzusammensein.

Ein Jahr später wurde ich schwanger. Ich war überglücklich. Aber mit dem Mutterglück kam auch die Angst. Was sollten wir tun? Wohin gehen? Ich wollte nicht in einem fremden Haus leben, auch wenn genug Platz da war, aber es war nicht mein Platz.

Eines Tages nach dem Abendessen legte mir Richard einen Vertrag auf den Esstisch. Eine Ölfirma suchte nach neuen Arbeitskräften, für Amerikaner und Europäer wäre auch ein Quereinstieg möglich, ein unverschämt hohes Gehalt, eine Krankenversicherung und eine Wohnung waren inkludiert. Für mich war das im ersten Moment sehr befremdlich. Welches Land würde denn für einen Quereinsteiger so viel zahlen? Dann fiel mein Blick auf das Wort „Saudi-Arabien". Ich musste schlucken – und dachte dabei unwillkürlich an den Schmerz, den mir damals das Feuer zugefügt hatte.

Was ich damals von Saudi-Arabien wusste, war, dass Frauen nicht Auto fahren und sich nicht ohne Mann auf der Straße aufhalten durften und diese hässlichen, schwarzen Säcke tragen mussten. Es war für mich indiskutabel, dorthin zu ziehen. Aber dann wanderte mein Blick wieder auf die Summe, die sie ihm anboten. Die Bezahlung war in US-Dollar angegeben. Was er dort in einem Monat verdienen würde, erhielten wir hier gemeinsam in sechs Monaten. Würde ich auch noch arbeiten gehen, hätten wir genug für ein gesichertes Leben. In diesem Moment merkte ich: Vielleicht war mir das liebe Geld doch nicht so egal. Vielleicht würde ich dafür sogar nach Saudi-Arabien ziehen. Unsere Abmachung war: für ein paar Jahre Geld kassieren und dann wieder nach Hause zurückkehren.

Dort lebten wir in einer wunderschönen möblierten Wohnung in einem sogenannten Compound. Das war eine Art Stadt in der Stadt, eine riesige von Mauern umgebene Wohnanlage nur für Gastarbeiter aus Amerika und Europa. Man konnte wirklich glauben, dass es sich um ein westliches Land mitten in Saudi-Arabien handelte. Für uns galten andere Regeln. Wir konnten anziehen, was wir wollten, Frauen durften problemlos Auto fahren, und es waren in dieser Wohnsiedlung kaum Saudis zu sehen. Wir mussten sie auch nie verlassen, denn es gab Schulen, Krankenhäuser, Apotheken, Freizeitaktivitäten, Supermärkte und alle Services, die man in einer Stadt benötigte. Das alles war für mich sehr unwirklich. Ich hatte bis zu diesem Zeitpunkt nicht gewusst, dass es so etwas in Saudi-Arabien gab, man hatte sich offenbar an die Amerikaner und Europäer, die zum Arbeiten herkamen, angepasst, anders wären sie wahrscheinlich nicht lange geblieben. Wir blieben über zwanzig Jahre, und ich war in dieser Zeit nur ein paarmal außerhalb unseres Compounds.

Wie könnte ich unser Leben dort am besten beschreiben: Wir lebten zwar in Saudi-Arabien, aber in unserer eigenen Welt. Heute würde man das eine „Parallelgesellschaft" nennen. Es war so, als hätte jemand ein Stückchen Amerika dort hingebracht. In dieser Zeit lernte ich nur ein paar Worte Arabisch, ich hörte diese Sprache in unserer abgeschotteten Stadt ja kaum. Unsere Söhne – wir haben zwei – wuchsen sehr behütet auf, dabei war mir besonders wichtig, dass sie sich vor allem auf ihre Ausbildung konzentrierten, da wir ja nie wirklich wussten, wann wir wieder gehen würden. Das machte die Jahre und das Leben schwerer: Ich hatte kein Gefühl der Sesshaftigkeit. Das fehlte mir sehr. Das Gefühl zu wissen, das ist mein Ort, mein Platz im Leben, meine Heimat, hatte ich nicht. Wir haben diese Erfahrung quasi überlebt, aber nicht erlebt. Unsere Jungs gingen auf eine amerikanische Schule und schafften sehr gute, in Amerika anerkannte Abschlüsse. Als sie dann studieren sollten, war uns klar, dass Saudi-Arabien – auch mit all diesen Möglichkeiten, die sich dort für Amerikaner boten – nicht das war, was sie wollten. Unsere Söhne waren hungrig nach der Welt und nach mehr. Man war ja in so einem Compound – unabhängig von dessen Größe – trotzdem von der Welt abgeschnitten und irgendwie isoliert. Unsere Jungs studierten dann beide in Amerika und wurden Ingenieure. Richard und ich blieben noch ein wenig im Land, weil er mit den Jahren befördert wurde und wir endlich nicht nur ein finanzielles Pölsterchen, sondern ein ganzes Bett mit Kaschmirbezug hatten. Zudem fanden wir richtig gute Freunde, und ich konnte dort lange an einer Schule unterrichten. Es war für mich eine gänzlich unerwartete, unberechenbare und tolle Erfahrung, die ich nicht missen möchte.

Aber dann ergriff mich plötzlich das Gefühl des Heimwehs. Ich wollte nach Hause. Ich wollte wieder nach Texas zurück. Unsere Jungs waren weg und mit ihnen alles, was mich dort hielt – nämlich deren gute Ausbildung. Für Richard war es das Geld, es stellte für ihn eine gewisse Sicherheit dar. Wir hatten deswegen einen großen Streit, denn er wollte noch bleiben. Aus meiner Sicht stand einer Rückkehr nichts im Wege: Wir hatten genug Geld, um ein Haus in den Woodlands zu bezahlen, es nobel einzurichten und zusätzlich würde noch genug übrig bleiben, sodass wir beide nicht mehr arbeiten müssten. Er wollte aber nicht. Er hatte dieses Loch, das kein Geld der Welt stopfen konnte, wenn es um das Gefühl der finanziellen Sicherheit und die Angst ging, diese zu verlieren.

Als er jedoch merkte, dass es psychisch an mir nagte, willigte er ein. Wir kauften ein wunderschönes Haus in einer sehr noblen Gegend in den Woodlands, direkt an einem Teich. In unserer Nachbarschaft wohnten ein paar Leute, die auch für einige Zeit in Dubai oder in Saudi-Arabien gelebt hatten, um sich diesen Luxus in der Heimat leisten zu können. Und am schönsten war, dass ich die eigenen vier Wände selbst einrichten durfte, alles war nach unserem Geschmack, endlich empfand ich wieder ein Heimatgefühl. Es war so wundervoll, etwas Eigenes zu haben und zu wissen, dass sich die eigenen Schweißperlen und die vielen Jahre harter Arbeit ausgezahlt hatten.

Unsere Jungs – mittlerweile Männer – kamen gerne zu Besuch, sie lebten in New York, wir standen stets in engem Kontakt, es war, als hätten wir dazwischen nie auf verschiedenen Kontinenten gelebt. Ich arbeitete wieder in einem Buchladen, nicht weit von unserem Haus entfernt, und es gab für mich kein besseres Gefühl, als in der Früh von Richard im Pick-up in die Arbeit gefahren zu werden. Auch er blieb nicht untätig, er war – für deutlich weniger Einkommen – in einer Ölfirma angestellt, wir arbeiteten beide aber nur noch Teilzeit. Trotzdem kamen wir nicht zur Ruhe. Wir hatten ständig Angst vor einem finanziellen Ruin, diese Angst wurde mit dem Geld nicht kleiner, im Gegenteil, sie wuchs damit. Wir schlossen dann eine Vereinbarung: Wir würden beide gleichzeitig in Rente gehen. Nur noch zwei Jahre, dann würde Richard fünfundfünfzig Jahre alt werden. Zu seinem Geburtstag wollten wir uns die restlichen Jahre des Lebens schenken. Wir würden verreisen und dort dann nicht mehr ausgegrenzt leben, mit Einheimischen in Kontakt treten, andere Sprachen und Kulturen lernen. Wir würden auf der faulen Haut liegen, nichts tun, angeln, schwimmen.

Ich hatte ihm eine Buttercremetorte gebacken, die mochte er am liebsten. Als ich sie nachts in den Kühlschrank stellte und sie betrachtete, sah ich die letzten Jahre der harten Arbeit wie einen kurzen Film vor meinen Augen. Nun war es an der Zeit für *unsere* Abenteuer. Nun war es an der Zeit zu leben. Ohne Angst und Sorge um das Geld. Nur wir zwei und die Jahre, die noch kommen würden. Zuversichtlich machte ich den Kühlschrank zu und legte mich zu ihm ins Bett, wissend, dass der nächste Tag, der sein würde, an dem wir das erste Kapitel unseres neuen Lebens aufschlagen würden. Er war schon eingeschlafen, aber als er spürte, dass ich mich zu ihm legte, hielt er meine Hand fest und lächelte, ohne dabei die Augen zu öffnen. Ich konnte förmlich lauschen, wie schnell sein Herz klopfte, so aufgeregt war er. Wir hatten den ganzen Abend und die ganze Nacht in der Küche Pläne geschmiedet, Listen gemacht, laut nachgedacht, wohin wir reisen, was wir sehen wollten und wie unser arbeitsfreies Leben aussehen würde.

Als ich aufwachte, hatte er meine Hand losgelassen. Ich sah ihn an, er schlief so friedlich. Ich streichelte seine Wange, jene, die noch Narben vom Brand trug, und merkte, dass sie eiskalt war. Er war eiskalt. Ich legte meinen Kopf auf seine Brust. Er atmete nicht. Ich versuchte, ihn zu wecken, er bewegte sich nicht, er wachte nicht mehr auf. Er war von mir gegangen, der alte Bastard hatte mich reingelegt. Er hatte mit mir einen Tag, an dem er zum letzten Mal arbeiten wollte, vereinbart und war am nächsten Tag gestorben. Er war nicht krank gewesen, er hatte nicht einmal Husten gehabt, er war einfach eingeschlafen und nicht mehr aufgewacht.

Ich saß sehr lange wie erstarrt in einer Ecke und begriff nicht, was hier passiert war. Ich hatte das Gefühl, alles um mich herum sei unreal, er würde sofort aufwachen und alles klären, es sei ein wirklich mieser Scherz – aber er wachte nicht auf. Dann rief ich meinen älteren Sohn an, der sofort mit meinem anderen Sohn nach Hause kam, sie waren zufällig in Houston gewesen. Ich befand mich in einer Schockstarre. Ich habe keine Ahnung, was danach passiert ist. Das Nächste, woran ich mich erinnern kann, ist, dass es laut und voll war in unserem Haus. Viele Leute, alle in Schwarz gekleidet, trauernde Gesichter und zahlreiche Umarmungen. Menschen, die wir zwar kannten, aber niemand, der ihn so kannte, wie er wirklich war. Keine engen Freunde. Keine Lebensbegleiter. Erst da merkte ich, dass wir so jemanden gar nicht hatten. Das Leben in Saudi-Arabien und die fehlende Zeit für die Pflege von Freundschaften in Amerika hatten das verunmöglicht. Wir hatten nette Nachbarn, gute Bekannte, Familienmitglieder, die wir halbwegs mochten, aber niemanden, dem ich schreiend um den Hals fallen und meine Wut auf Richard kundtun konnte. Ich saß nur still da, während alle anderen sich unterhielten, ich sah zwar, dass sich ihre Lippen bewegten, aber ich hörte nichts.

Tage später wurde es leer im Haus. Meine Söhne waren da, gute Kinder, die wir richtig erzogen hatten, das merke ich immer wieder. Der eine musste sich recht bald verabschieden, da seine Frau kurz davor war, ein Baby zu bekommen. Der andere blieb noch bei mir, er hatte keine Freundin, er genoss das ungebundene Leben ein bisschen mehr und länger als wir alle. Er machte es richtig. In den folgenden zwei Wochen musste er allerdings beruflich verreisen, und ich merkte in dieser Zeit, dass ich nichts alleine tun konnte. Ich konnte nicht Auto fahren, ich konnte online keine Rechnungen bezahlen, ich kannte mich mit diesen Geräten nicht aus, für mich war schon ein Tastenhandy eine große Herausforderung, und ich hatte auch niemand anderen außer Richard und meine Söhne erreichen wollen, aber Richard war immer bei mir gewesen, also hatte ich das alles nicht gebraucht. Ich konnte gerade einmal zum Supermarkt gehen, aber sonst nichts. Das alles hatte immer mein Mann getan. Ich war nun ganz alleine und hilflos und starrte auf die Buttercremetorte, die eigentlich schon längst hätte entsorgt werden müssen, aber ich konnte es nicht. Ich konnte sie nicht wegwerfen.

Nach seiner Geschäftsreise kam mein Sohn, um nach mir zu schauen und etwaige Kleinigkeiten wie die Online-Bezahlung der Rechnungen zu regeln. Ich wusste nicht, wie er das anstellte, aber das meiste ging danach automatisch – und wenn nicht, meldeten sich die Zuständigen bei ihm und nicht bei mir, was eine Erleichterung für mich bedeutete. Danach kehrte er nach New York zurück. Ich wollte natürlich nicht, dass meine Kinder zu mir zogen in das riesige Haus, in dem etliche Jahre Arbeit steckten und das ich nun für mich allein hatte. Doch! Im Grunde wollte ich das. Ich hasste es, alleine zu sein. Aber ich konnte das nicht von ihnen verlangen. Welche Mutter tut so etwas? Liebende Mütter leiden im Stillen. Das tat ich auch. Wenn ich nachts schlief, hatten die Blätter der Bäume im Garten die Macht, mich zu Tode zu erschrecken, wenn es windig war und sie im Rausch der Winterkälte wild tanzten. Es hörte sich schrecklich an, wie in einem Horrorfilm.

Nun, wo Geld nicht das Problem war – und das war es in den vergangenen Jahren nicht mehr gewesen –, wurde es das Einzige, das ich noch hatte. Natürlich hatte ich noch meine Söhne, aber sie waren weit weg und lebten jeder für sich ihr eigenes Leben. Ich hatte nur noch diese Berge an Geld. Und es war beschissen. Menschen, die nur Geld haben und sonst nichts, sind wirklich arme Hunde. Ich war ein armer Hund mit den unerfüllten Plänen, die wir geschmiedet und die ich in einer Küchenlade verstaut hatte, und ich hatte eine Buttercremetorte im Kühlschrank. Mit meinem Mann habe ich meinen besten Freund, meine große Liebe, meinen Seelenverwandten und die Lust auf das Leben verloren. Und jeder Tag erinnerte mich daran, dass mit ihm auch mein Herz und mein Hirn verloren waren. Und so vergingen Jahre. Ohne Lust. Ohne Leben. Alle Tage waren gleich. Zu Weihnachten kamen die Jungs, mein Lichtblick, denn Oma war ich auch schon geworden, das ist ein wunderschönes Gefühl. Aber wenn die Kinder wieder weg waren, wurde die Einsamkeit größer. Ich lag in einem Bett für zwei Personen, stand im Badezimmer vor zwei Waschbecken, und der Schaukelstuhl, in dem Richard gerne gelesen hatte, blieb leer. Der Stuhl erinnerte mich pausenlos an ihn.

Mein Highlight an jedem Tag war der Einkauf im Supermarkt und das prüfende Quetschen der Gemüsesorten, um zu sehen, was denn frisch genug war. Einmal fing ich im Supermarkt an zu weinen, als ich realisierte, dass das mein Leben war und dass ich vielleicht noch lange in diesem Zustand leben würde. Selbstmordgedanken kickte ich zwar aus meinem Kopf, aber ein- oder zweimal waren sie schon da. Die bittere Einsamkeit schaffte es, solche Gedanken hervorzurufen.

Immer wieder musste ich daran denken, dass Richard und ich in unserem Leben so viel für diese finanzielle Sicherheit geschuftet hatten, und als wir sie hatten, war Richard gestorben und ich fühlte mich überhaupt nicht mehr sicher. Wir hätten mehr leben sollen. Diese Erkenntnis ereilte mich viel zu spät, jetzt konnte ich an der Tatsache, dass Richard und ich eben nicht gelebt hatten, nichts mehr ändern.

Eines Tages klopfte es an meiner Tür. Das passierte nie. Ich reagierte auch nicht, ich dachte, jemand musste sich geirrt haben. Meine Jungs hatten einen Schlüssel, sonst gab es niemanden, der mich besuchen würde. Da klopfte es wieder und wieder. Nun war ich neugierig geworden, wer war das? Ich öffnete die Türe und vor mir stand meine Nachbarin, Frau Rahman. Sie ist um einiges älter als ich, hat marokkanische Wurzeln, ist aber in Frankreich aufgewachsen. Sie war der Liebe wegen vor über vierzig Jahren nach Amerika ausgewandert, ihr Mann war Amerikaner gewesen, mittlerweile war sie schon sehr lange Witwe. Sie hatte etwas Düsteres an sich. Sie hatte sehr schmale Augenbrauen, markante Wangenknochen und ein unübersehbares Muttermal auf der rechten Wange. Sie hatte lange grau-schwarze Locken, trug ihre Haare immer offen und darüber eine Art afrikanischen Turban. Dieser war sehr bunt und wirkte edel und exotisch. Auch ihre weite Kleidung war sehr farbenfroh, vorzugsweise in Blau und Rot gehalten. Vermutlich nähte sie sich ihre Sachen selbst. Ich hatte solche Kleidung noch nie zuvor gesehen. Zudem trug sie immer einen roten Lippenstift. Sie besaß einen schwarzen Kater, der aussah wie sie oder sie sah aus wie er, auf jeden Fall sprach sie zu ihm, als könnte er sie verstehen – sie war eine unheimliche, aber auch eine unheimlich interessante Frau. Sie lachte nicht viel. Sie lächelte nicht einmal. Ich traf sie des Öfteren am Gehsteig und wir grüßten uns immer, wie es sich in einer zivilisierten Nachbarschaft gehörte, mehr aber nicht. Nun stand sie vor meiner Tür und beschwerte sich mit ihrem französischen Akzent: „Wieso dauert das so lange? Was machen Sie da drinnen?"

Ich verstummte und war total verwirrt, sie schob mich zur Seite und ging selbstsicher in mein Haus hinein, so, als sei es ihr eigenes. Sie setzte sich gezielt auf Richards Schaukelstuhl und verlangte ein Glas Wasser. Vollkommen verdutzt – aber im Hinterkopf behaltend, dass sie mein Gast und eine ältere Dame war – brachte ich ihr das Wasser. Ich musste mich trotzdem zusammenreißen, um mich nicht über ihren Überfall aufzuregen.

Sie nahm einen Schluck und fragte dann: „Wieso sehe ich Sie nicht mehr draußen? Wo bleiben Sie?"

Ich stotterte: „Mein Mann ist gestorben, falls Sie es noch nicht mitbekommen haben, Madame Rahman."

Sie fuchtelte abwehrend mit ihrer Hand: „Jaja, das weiß ich, ich habe Ihnen damals teure Blumen geschickt. Menschen sterben, das ist so. Der Tod Ihres Mannes ist aber schon Jahre her. Wieso hocken Sie zu Hause herum? *Das* ist meine Frage."

Ich wusste nicht, was die Frau wollte, am liebsten hätte ich sie hinausgeschmissen, ihre Art war verletzend, und sie nahm sich das Recht, mir Fragen zu stellen, die ich mir nicht einmal selbst stellte. Ich setzte mich neben sie auf das Sofa und fragte sie so höflich ich konnte: „Madame Rahman, was wollen Sie?"

Sie sah mir in die Augen und als sie die folgenden Worte aussprach, änderte sich plötzlich ihre Aura: „Sie haben einen Menschen verloren, den sie lieben, das habe ich auch. Wir, ma chérie, leben aber weiter und wir würden unsere Männer bitter enttäuschen, wenn wir dieses Leben nur sinnlos durchatmeten. Sie atmen noch. Sie leben noch. Sie haben noch Zeit übrig, bevor Sie Ihren Mann wiedersehen, deswegen heben Sie Ihren amerikanischen Hintern in die Höhe und fangen Sie ein neues Kapitel an. Eines, das Ihnen gehört. Eines, das Sie selber schreiben. So und nicht anders würde es auch Ihr Mann für Sie wollen. Drei Jahre sind genug, ma chérie."

Nachdem sie das losgeworden war, stand sie auf und war schon im Gehen, als ich sagte: „Polnischer Hintern. Ich bin Polin." Ich sah sie zum allerersten Mal lachen, ihr ganzes Gesicht leuchtete förmlich. Sie wirkte mit einem Mal wie eine vertraute Person: „Ich war einmal mit einem Polen zusammen, ihre Hintern sind schöner als die amerikanischen Popos."

Sie verabschiedete sich, nahm das Wasserglas mit und ging.

Ich gab es ungern zu, aber sie hatte recht. Irgendwann musste die Trauer enden. Ich fühlte mich zu Hause aber wohl, ich wollte nicht hinaus und mit Leuten reden. Worüber auch?

Ein paar Tage später besuchte mich Madame Rahman erneut, um das Wasserglas zurückzubringen. Sie setzte sich wieder auf Richards Stuhl und erkundigte sich nach Neuigkeiten. Ich hatte keine. Ich hatte mich gerade erst mit der Idee angefreundet, dass sie recht hatte. Sie drückte mir etliche Broschüren in die Hand: Autofahren im hohen Alter, Seniorentreffen, junge Leute, die älteren Menschen mit Handys helfen, um zu lernen, solche Geräte zu bedienen. Es gab viele Kurse und ein riesiges Angebot an Aktivitäten für Menschen wie sie und mich. Sie hörte mir sehr aufmerksam zu, ihre Härte ließ mich aber keine Schwäche zeigen. Sie hatte keine Haltung, die mir erlaubte, zu weinen oder mich gehen zu lassen. Sie würde mich zum Beispiel nicht umarmen, mir auch nicht sagen, dass alles gut werden würde, oder mir zusprechen. Sie verdeutlichte mir, dass ich handeln müsste, das sei nun mein Haus und da wohne nur mehr eine Person, es sei aber noch immer für zwei oder mehr eingerichtet. Natürlich könne ich Richard so nicht ruhen lassen, ich hätte ihn immer bei mir im Haus. Ich hätte ein Bett für zwei, ein Badezimmer für zwei, seine Kleidung und all sein Hab und Gut seien noch da, ich hätte nichts entsorgt, es sehe so aus, als sei er nur mal kurz verreist, aber nicht tot. Da wurde mir klar: Ich war diejenige, die tot war. Ich hatte mich seit seinem Tod gehen lassen, manchmal hatte ich Tage im Bett verbracht und nichts gemacht. Selbst die Buttercremetorte war noch im Kühlschrank.

Madame Rahman nahm mich zu sich nach Hause, sie wohnte ein paar Häuser weiter. Als ich eintrat, hatte ich das Gefühl, Ali Babas Höhle zu betreten. Überall waren Mannequins mit Turbanen und außergewöhnlicher Kleidung. Sie waren geschminkt und trugen roten Lippenstift. Sie glichen alle Madame Rahman. Das Licht war sehr schwach, alle Puppen, der orientalische Schmuck, die Bilder an den Wänden, die Menschen aus einem anderen Jahrhundert zeigten, die Statuen aus aller Welt glänzten und schimmerten. Es roch nach Kurkuma und Zimt und erinnerte mich an einen Basar in Marrakesch. Ich kam aus dem Staunen nicht mehr heraus. Und auf allen Seiten hingen Spiegel. Große Spiegel, kleine Spiegel, überall konnte man sein Spiegelbild sehen. Da brachte sie eine Kiste, die aussah wie eine Schatztruhe, öffnete sie und fing an, ohne mich zu fragen, mir die Haare abzuschneiden. „Ich würde meine Haare niemals schneiden, meine Haare sind mein Markenzeichen, meine Krone, mein Stolz. Aber Ihnen, Ihnen stehen die kurzen Haare, ansonsten hängen Ihre Haare wie fade Spaghetti. Kurz, frech, gepflegt und das Gesicht betonend – so sollen Ihre Haare sein. Sie sollen aussehen wie Sie und Ihren Charakter offenbaren. Das tun Frisuren, sie sind der Spiegel unserer Persönlichkeit. Ich werde nun Ihren Spiegel ein wenig polieren, ma chérie." Sie schnitt und schnitt. Ich bildete mir ein, sie hatte dabei zum Teil sogar die Augen geschlossen, aber ich hätte der Frau blind vertraut. Während sie mir die Haare schnitt, saß ihr Kater auf ihrem Kopf und beobachtete uns, das Ganze war eigenartig, aber dennoch schön eigenartig. Ich wollte nichts daran ändern. Ich hatte wieder Gesellschaft. Ich war nicht mehr alleine. Nachdem sie mir die Haare geschnitten hatte, schickte sie mich in ihr Badezimmer und legte mir einen Morgenmantel hin, den ich nach dem Duschen anziehen sollte. Es war ein wunderschöner Morgenmantel aus Seide, er war bunt und in hellen, fröhlichen Farben gehalten. Sie wollte, dass ich mich badete und mir dabei Zeit ließ, um mich von der alten Frisur zu verabschieden – was auch immer das hieß. Sie gab Öltropfen in das Badewasser, sprach etwas, es hörte sich an wie ein Zauberspruch, und ließ mich dann alleine.

Als ich fertig war und den Morgenmantel anzog, saßen wir beide vor einem der größten Spiegel in ihrem Haus, ich sah sie an und sie verlangte von mir, dass ich meine Augen schloss. Ich spürte, dass sie mich schminkte. Sie fuhr mir mit einem Pinsel quer über mein Gesicht, es war magisch, es fühlte sich gut an, da sagte sie: „Das Schwere am Sterben ist, dass damit vieles endet. Man vermisst jemanden, das Leben mit der Person ist vorbei, aber die Erinnerungen bleiben. Und das ist gut so, sie helfen den Hinterbliebenen beim Überleben. Richard hatte ein angenehmes Ende, er hat nicht elendig auf sein Ende gewartet, er sah es gar nicht, er hatte in der Nacht vor seinem Abschied noch Pläne geschmiedet. Er starb lächelnd, ohne Schmerzen, er schaute dabei in die Zukunft. Und nun liegt es an dir, ma chérie, in deine Zukunft zu schauen." Als sie diesen Satz beendet hatte, öffnete ich meine Augen und blickte in den Spiegel. Sie hatte kaum Schminke aufgetragen, aber ich sah verändert aus. Frischer. Gepflegter. Auf jeden Fall weiblicher. Mehr ich. „Vis ta vie, nicht einfach nur überleben, sondern leben, kosten, spüren und dem Atmen einen Sinn geben. La vie est belle. Und das an jedem Tag. Was kostet schon die Welt? Manchmal ist ein Haufen Geld nichts wert, und manchmal ist ein einziger Dollar Schätze wert. Machen Sie etwas daraus, ma chérie."

Als ich ihr den Morgenmantel zurückgeben wollte, schenkte sie ihn mir: „Sind Sie bescheuert, Sie haben ihn bereits getragen. Der Stoff hat Ihre nackte Haut berührt. Madame Rahman trägt nichts, was jemand anderer schon getragen hat, das ist Ihr Morgenmantel, ma chérie."

Von diesem Tag an besuchte sie mich wöchentlich. Sie wollte sehen, was ich so tat. Das Badezimmer und das Schlafzimmer wurden umgebaut. Meine Söhne halfen mir dabei, in meinem Haus war es wieder lebendig. Wir strichen vieles neu, es war nun ein Haus für eine alleinstehende Frau. Den Schaukelstuhl schenkte ich schweren Herzens Madame Rahman. Die Buttercremetorte kam in den Müll. Die Pläne wurden aus der Küchenlade genommen, ich sah sie mir wieder an und plante neu. Ich plante für eine Person, für mich.

Ich lernte tatsächlich Auto fahren und besorgte mir ein Handy. Endlich weiß ich, was ein Emoji ist. Ich liebe sie! Ich schicke meinen Söhnen jeden Tag Emojis, damit sie wissen, dass es mir gut geht. Es gibt in unserer Nähe auch ein Seniorentreffen, das ich besuche. Dort habe ich einige nette Damen und Herren kennengelernt, mit denen ich am Wochenende zum Teich in der Nähe spaziere und die Enten füttere. Ich habe einen Kochkurs belegt, in dem man mir beigebracht hat, mexikanisch zu kochen. Ausgesprochen liebe Menschen aus aller Welt treffen dort zusammen. Ich kann nun „Scheiße" auf Arabisch sagen, aber auch schöne Wörter wie „Habibi" (= mein Schatz) und ich lerne auch ein wenig Spanisch.

In einem der Kochkurse bin ich Stuart begegnet. Er ist geschieden und steht auf kurzhaarige Blondinen mit grünen Augen. Ich habe Stuart von Anfang an gemocht, habe aber vergessen, wie diese ganze Datingsache funktioniert. Den einzigen Mann, mit dem ich je zusammen gewesen bin, habe ich vor über vierzig Jahren auf dem Schulhof getroffen. Wir gingen es langsam an. Wir hatten beide gebrochene Herzen, waren beide nicht mehr jung, aber jung genug, wie Madame Rahman immer zu sagen pflegte. Und weil die Zeit so kostbar ist, reisten Stuart und ich miteinander. Wir machten eine Weltreise, die ein Jahr lang dauerte. So lernt man eine Person definitiv am besten kennen. Meine Söhne verhielten sich sehr unterstützend, sie waren glücklich, mich glücklich zu sehen, sodass es mich in meinem Tun bestätigte. Ich hatte vor einem Jahr nur zum Supermarkt gehen können, nun plante ich mit Stuart in der gleichen Küche unsere Weltreise. Dafür hatte ich einen Apfelkuchen gebacken – den mochte Stuart am liebsten – und als die Planung abgeschlossen war, sagte ich zu ihm: „Wehe, du stirbst morgen früh, das würde ich dir nie verzeihen." Wir lachten beide. Wir konnten darüber lachen. Das hätte ich vor einem Jahr nicht gedacht.

Als ich nach dieser Reise nach Hause kam und Madame Rahman ihre Geschenke überreichte, hatten wir ein richtig langes Gespräch. Diesmal schenkte sie mir ein Schulterklopfen, für ihre Verhältnisse war das so etwas wie eine Umarmung unter Freunden. Was ich dank Madame Rahman und dieser Reise mit Stuart erlebt habe, hätte ich mir nie erträumen lassen. Ich weiß nicht, was ich getan hätte, wenn diese Frau nicht an jenem Tag in mein Haus gestürmt wäre. Wahrscheinlich würde ich Ihnen jetzt nicht meine Geschichte erzählen.

Die Liebe stirbt zuletzt

Die Erzählerin stammt aus dem Freundeskreis meiner Mutter.

*

Marokko ist wirklich ein schönes Land. Es hat seine ganz eigene Magie und ich spreche nicht nur von der schwarzen Magie, die dort auch noch bis heute praktiziert wird, sondern von der Magie, die jedes Land in seiner Einzigartigkeit zu bieten hat. Ich komme aus Ouezzane, dort bin ich in einem sehr liebevollen Familienhaus aufgewachsen. Ich habe ältere Brüder und jüngere Schwestern. In dem Viertel, in dem wir lebten, kannte jeder jeden. Wir waren wie eine große Familie, das mochte ich sehr an meiner Heimat.

In meiner Jugendzeit gab es da diesen Jungen in meinem Alter, ich kannte ihn vom Sehen. Er hieß Osama. Ich mochte die Art, wie er mich ansah, es waren immer nur Sekunden, auf dem Heimweg oder beim Einkaufen, wir sprachen nie etwas miteinander. Später sah ich ihn oft mit meinem ältesten Bruder. In anderen Kulturen wäre es vielleicht normal gewesen, meinen Bruder nach Osama zu fragen, in unserer jedoch gehört es sich nicht, dass man offen und schamlos mit dem Bruder über einen Jungen spricht, den er kennt. Aber Osama interessierte mich. Ich dachte oft an ihn und fragte mich, ob er vielleicht auch manchmal an mich dachte. Er hatte eine Schwester, die zwar etwas jünger war als ich, aber wir hatten eine gemeinsame Freundin, und ich dachte, vielleicht könnte ich sie in unsere Clique bringen, dann wäre ich ihm irgendwie – wenn auch nur indirekt – nahe.

Wir spielten oft auf der Straße, liebten Seil springen, hörten dabei Musik, als uns plötzlich eine Dame anschrie und meinte, wir seien unerzogene Gören, dass wir so dreist und laut mitten auf der Straße lachten, dann auch noch tanzähnliche Bewegungen machten und unsere Körper zur Schau trugen. Also nahm ich die Mädchen mit zu mir nach Hause, die Burschen waren nicht da, und meine Eltern hatten nichts dagegen. Es war damals so sicher, dass wir sogar die Haustür offen lassen konnten. Es waren schöne Zeiten. Wenn ich mich jetzt daran erinnere, stelle ich fest, dass ich eine tolle Jugend hatte. An diesem Tag kam Osama, um seine Schwester abzuholen, und ich weiß noch genau, dass ich mich an diesem Tag wirklich hübsch fand, so präsentierte ich mich auch, und ich werde nie vergessen, wie er mich ansah. Er wusste nun, wessen Schwester ich war, und ich wartete auf den ersten Schritt seinerseits.

Ein Mädchen oder eine Frau macht den ersten Schritt einfach nicht. Der Mann muss diesen Schritt wagen, sonst meint er es nicht ernst, und wenn er es nicht ernst meint, dann ist jedes Wort mit ihm Zeitverschwendung. Er muss den Mut haben, auf das Mädchen zuzugehen. In meiner Kultur gibt es so etwas wie Freundschaften zwischen Frauen und Männern nicht. Frauen und Mädchen haben immer ihre privaten Räume und Freundschaften, da passen Männer nicht hinein. Ein Paar lernt sich erst während der Verlobungszeit so richtig kennen, das heißt, der junge Mann muss zuerst um die Hand einer jungen Dame anhalten, um dann überhaupt ein Wort mit ihr austauschen zu können, oder man trifft sich im Geheimen, was in einem Ort wie dem unseren allerdings fast unmöglich ist, denn jeder kennt jeden, und sollte man dabei erwischt werden, würden die Eltern benachrichtigt werden, das hätte negative Folgen. Ich fand das damals gut, so wurden wir erzogen, eine Frau, an der ein Mann Gefallen hatte, musste auf den ersten Schritt warten, wenigstens diesen Mut musste ein Mann aufbringen können.

Ich wartete also auf seinen ersten Schritt. Es vergingen Monate, Jahre. Wir hatten uns auf mehreren Hochzeiten und auf anderen Feiern gesehen, er hatte schon einen Bart und einen Adamsapfel, seine

Statur war männlicher geworden und er gefiel mir immer mehr. Aber ich war die Frau. Ich hatte zu warten, bis er etwas sagte. Ich musste diese Geduld aufbringen. Ich wusste, dass auch er mich wollte, ich merkte es ihm an. Wir lebten in dieser Gesellschaft, in der es sich nicht schickte, dass ein Mann mit einer Frau sprach, außer sie war seine Schwester, Mutter oder Ehefrau. Aber wir brauchten die verbale Sprache gar nicht, denn ich sah, wie viel seine Blicke zu sagen hatten. Wir hatten unsere eigene Sprache. In diesen wenigen Momenten, in denen die Menschen um uns herum auf Hochzeiten tanzten und sich für ein paar Sekunden nicht mit uns beschäftigten, hatten wir nur einander im Visier, und in diesen Augenblicken erzählten unsere Blicke alles, was sie einander zu sagen hatten.

Auf dem Heimweg erwischte er mich einmal, ich werde es nie vergessen, denn er sprach mich mit meinem Namen an: „Samira, ich habe mit deinem Bruder gesprochen, hat er es dir gesagt?" Zum ersten Mal hörte ich seine Stimme, ich musterte ihn und lief kichernd weg. Ich drehte mich noch einmal um, er winkte mir zu.

Zu Hause sprach ich meinen Bruder sofort darauf an: „Hat Osama um meine Hand angehalten?"

„Woher weißt du überhaupt, wer Osama ist", fragte Samir fast schon wütend.

„Ich kenne nur seine Schwester. Hier kennt doch jeder jeden vom Sehen."

„Ja, hat er, aber ich werde ablehnen."

Mein Herz stand still. „Wieso? Wieso wirst *du* ablehnen?"

„Weil ich dein älterer Bruder bin und weiß, was gut für dich ist. Oder hast du etwa eine andere Meinung?"

„Da es meine Hand ist, hätte ich gerne auch etwas mitzureden."

„Nein, nicht in diesem Fall."

„Wieso?"

„Weil ich ihn kenne. Er ist ein Kiffer und er jagt Mädchen hinterher. Und weißt du, warum ich das weiß? Weil er und ich das gemeinsam tun. Ich möchte nicht, dass meine Schwester jemanden heiratet, der verantwortungslos ist. Osama ist ein cooler Kumpel, aber er ist kein guter Ehemann."

„Aber dann wärst du ja auch kein guter Ehemann."

Er verspottete mich: „Mich musst du ja Gott sei Dank nicht heiraten."

Das war's. Das war das einzige Gespräch, das wir zu diesem für mich so wichtigen Thema führten. Für die ganze Familie war Osama nicht mehr als Samiers Freund. Er würde nie mehr werden, darüber hatten sie abgestimmt, ohne meine Meinung auch nur in Betracht zu ziehen. Ich fühlte mich machtlos. So, als hätte ich keine Stimme oder noch schlimmer, als hätte meine Stimme keinen Wert. Ich konnte nichts unternehmen, so war die Gesellschaft, in der ich lebte, so verhielt man sich, so verhielten sich meine Eltern, ich sprach gegen Wände. Osama brach den Kontakt zu meinem Bruder ab.

Ich wurde bald mit einem jungen Mann aus der Nachbarschaft verheiratet. In der Hochzeitsnacht fasste er mich nicht an. Wir saßen zu zweit auf dem Bett und erzählten einander von den Menschen, die wir liebten. Auch er liebte eine andere, aber seine Mutter mochte sie nicht, weil sie einen schlechten Ruf hatte. Der Ruf ist alles, was eine Frau hat, er trägt sie durch das Leben, und nach ihm wird sie be- und verurteilt. Ich mochte ihn. Aber ich liebte ihn nicht. Er mochte mich auch, aber konnte mich ebenso wenig lieben. Wir hatten eine funktionierende Ehe, mehr war das nicht. Daraus entstanden zwei Kinder, ein Sohn und eine Tochter, und viele Streitereien. Mit den Jahren wurde es immer schlimmer, und wir dachten sogar an eine Scheidung. Aber in Marokko eine geschiedene Frau mit Kindern zu sein, war nicht die beste Option. Für meine Familie war es gar keine Option.

Osama war aus der Gegend weggezogen, jeder sagte etwas anderes. Die einen meinten, er sei noch in Marokko, andere wiederum, er sei nach Amerika oder Europa ausgewandert. Selbst als verheiratete Frau und Mutter von zwei Kindern machte mich allein sein Name nervös.

Immer, wenn jemand „Osama" sagte, errötete ich und geriet in Panik. Auch wenn gar nicht *dieser* Osama gemeint war, sondern irgendein anderer. Sein Gesicht, sein Blick waren immer in meinen Gedanken.

Mein älterer Bruder war nach Deutschland gezogen und hatte dort eine Familie gegründet. Mein Bruder lud meinen Mann und mich zu sich ein, ein letzter Versuch, um meine Ehe zu retten. Es sollte ein Urlaub werden, wir würden gemeinsam viel Spaß haben und vielleicht die Idee mit der Scheidung überdenken.

Ich hatte Marokko noch nie zuvor verlassen und kam aus dem Staunen nicht mehr heraus, als ich in das Flugzeug stieg und die vielen unterschiedlichen Menschen sah, ihre Sprachen hörte, die ich nicht verstand, ich wünschte mir, dass meine Kinder das auch erleben könnten. Ich realisierte, in welchem Kaff ich eigentlich lebte. Das weiß man ja nicht, wenn man niemals draußen war.

In Deutschland angekommen, dauerte unser Urlaub nur einige Tage, dann wurde mein Mann von einer Dame angezeigt. Sie sagte aus, dass er versucht hätte, sie zu vergewaltigen. Man nahm ihn fest. Während er im Gefängnis saß, floh ich mit meinen beiden Kindern zu meiner jüngeren Schwester, die in Wien lebte. Es war meine Chance. Ich beantragte für meine Kinder und mich Asyl. Man sagte mir, würde dieser Antrag genehmigt werden, dürfte ich für viele Jahre nicht nach Marokko reisen, denn wer flüchtet, möchte nicht wieder zurück. Ich wollte auch nicht zurück. Ich wollte weg. Und ich blieb in Wien. Man gab uns eine Unterkunft im 13. Bezirk, was mit meinem Mann geschah, wusste ich nicht.

Er hatte sich an einer fremden Frau vergriffen – was sagte es über mich aus, dass ich mit so jemandem verheiratet war? Nein, ich *war* mit ihm verheiratet worden, das musste ich mir immer wieder ins Gedächtnis rufen, ich konnte für diese Ehe rein gar nichts. Ich zeigte ihn von Wien aus in Marokko an, damit er die Scheidungspapiere unterzeichnete, etwa ein Jahr später war ich von ihm geschieden. Ich weiß noch genau, wie es sich anfühlte, den Ehering abzunehmen, nachdem ich gerade die Nachricht bekommen hatte, dass unsere Scheidung nun offiziell sei. Ich sah auf meine linke Hand und befreite meinen Ringfinger von seiner Fessel, die ich mir habe antun lassen. Ich hätte nicht gedacht, dass ich vor Freude weinen würde. Es war meine Befreiung. Als meine Familie erfuhr, weshalb dieser Mann im Knast saß, hatte ich auch ihren Segen für die Scheidung, aber erst dann. Eine Frau muss kurz vor dem Verrecken sein, damit sie Gehör findet. Ich war wütend auf diese Denkweise, auf meine Familie und auf mich, weil ich es mit mir machen hatte lassen.

In Wien hatten wir wenige Kontakte, und ich arbeitete schwarz. Ich putzte Wohnungen, Büros, schleppte schwere Kartons, half in Küchen aus, ich machte alles, was Geld brachte. Meine Kinder gingen in Wien in die Schule und waren wirklich gut, das motivierte mich. Ich erklärte ihnen von Anfang an, dass wir nichts hatten. Wir überlebten gerade so. Es gab keinen Platz für Wünsche, Träume oder unnötiges Zeug. Wir kauften, was wir brauchten, nicht das, was wir wollten. Sie wussten schon von klein auf, was der Unterschied zwischen Bedürfnis und Luxus war. Oft hatten wir auch nichts zu essen. Ich teilte alles, was wir hatten, immer auf meine Kinder auf, ich schluckte manchmal nur eine Prise Salz oder aß Zwiebeln. In der Küche, in der ich manchmal arbeitete, sah ich, wie viele Speisereste in den Müll wanderten. Ich nahm diese meist mit und teilte sie so gut wie möglich auf.

Diese Zeit war ein Stillstand in meinem Leben. Ich wusste nicht, wie es weitergehen sollte. Würde ich immer illegal arbeiten und niemals das machen können, was ich wollte? Ich hatte diesen verrückten Traum vom eigenen Haus. Ich würde in der Küche marokkanisches Brot backen und meine Kinder würden um mich herum lachend spielen. Stattdessen saßen wir in einer Einzimmerwohnung, hörten durch die Wände andere Geflüchtete, die miteinander stritten und Ausdrücke in den Mund nahmen, die Kinder nicht hören sollten. Ich wollte dort weg. Ich wollte für meine Kinder das Allerbeste, konnte ihnen aber nicht einmal annähernd das Beste bieten.

Wir mussten fast sieben Jahre warten, bis wir eine normale Aufenthaltsgenehmigung erhielten und ich somit Zugang zum Arbeitsmarkt bekam. Damals lernte ich einen Ägypter kennen und war so froh darüber, endlich ein Mann, mit dem ich mich in meiner Sprache verständigen konnte. Wenn man im Ausland lebt, sucht man zu allererst Menschen, die dieselbe Sprache beherrschen, das gibt eine Art Heimatgefühl. Meine Schwester hatte vier Kinder, zwei Jobs und keine Zeit für mich. Aber dieser Mann gab mir etwas. Es war keine Liebe, aber es war in dieser Zeit, was ich brauchte. Wir heirateten. Meine Kinder hassten ihn, vor allem mein Sohn. Es entstand eine Art Rivalität zwischen ihnen, er belächelte meinen Sohn oft und sagte zu ihm, er sei „nicht Mann genug".

Ich bin in dem Glauben erzogen worden, dass eine Frau – vor allem dann, wenn sie Kinder hat – einen Mann braucht. Ein Mann ist die Wand, an der man sich anlehnt, so heißt es bei uns. Ich habe es geglaubt. Es war angenehm, einen Mann zu Hause zu haben, einen Partner, eine starke Schulter. Auch wenn wir einander nicht wahnsinnig liebten, gab es andere Dinge, die wir teilten: die Miete. Das klingt jetzt mehr pragmatisch, realistisch und keineswegs romantisch, aber das war damals meine Wahrheit. Seine Wahrheit war, dass er seine österreichische Ex-Freundin noch liebte und mich für sie verließ. Es interessierte ihn auch nicht außerordentlich, dass ich schwanger war. Sie hatte Vorrang.

Nun war ich das zweite Mal geschieden. Meine Kinder waren schon so sehr in dieser Gesellschaft sozialisiert und integriert, dass ich nicht an Weggehen dachte, wohin auch? Nach Hause konnte ich nicht. Nicht als zweifach Geschiedene und sicher nicht als einsame Frau, die nichts in ihrem Leben geschafft hatte, außer drei Kinder in die Welt zu setzen. Ich weiß noch, ich lag nachts wach und sah meine Kinder an, während sie träumten. Ich schlief auf dem Boden, damit sich meine Kinder das einzige Bett, das wir hatten, teilen konnten. Meine Kinder umarmten einander gegenseitig und nahmen den

Jüngsten – ihren Bruder – in die Mitte. So, als würden sie ihn beschützen wollen. Ich war keine reiche Frau. Ich war nicht gut im Spiel mit der Ehe, ich konnte nicht perfekt Deutsch, hatte keine leitende Position, aber ich hatte drei wundervolle Kinder, die einander den Rücken stärkten, sich gegenseitig beschützten und sich lieb hatten, ganz egal, was passierte. Das beruhigt das Herz einer jeden Mutter, denn das ist das Großartigste auf der Welt.

Mein ältester Sohn fing neben der Ausbildung an zu arbeiten und machte mit sechzehn den Führerschein, damit er mir aushelfen konnte. Zum Überleben fehlte es uns in dieser Zeit an nichts, aber um zu leben doch an einigem. Wir sahen anderen Menschen dabei zu, wie sie alles hatten, wünschten ihnen dabei aber nur das Beste, wir sind keine Menschen, die habgierig sind, aber wir sind nun mal Menschen und Menschen haben Wünsche.

Es vergingen viele Jahre. In denen erlebte ich Wien als sehr kalte Stadt. Ich kannte meine Nachbarn nicht, ich hatte nur wenige Bekanntschaften, mein Leben war eine traurige Geschichte und bestand nur aus Arbeit, ich versuchte, meinen Kindern das zu bieten, was ich nicht hatte. Dabei dachte ich oft an Ouezzane und mein Leben dort. Ich vermisste meine Heimat, den Geruch des Meeres, die Speisen, die man in allen Gassen roch und den Sinn für die Gemeinschaft. Das gab es in Wien nur bedingt und nicht für alle Menschen. Hier werden Menschen mitunter auch ausgeschlossen, wenn sie nicht in ein bestimmtes Schema passen. Ich schuftete in dieser Stadt. Ich schrubbte Böden, bis mir fast die Hände bluteten. Ich wurde in der Arbeit oft für Dinge angeschrien, die ich nicht getan hatte. An mir wurde viel ausgelassen, weil ich diejenige war, die den Job brauchte und es ausbaden würde. Ich sparte fast jeden Cent. Wir fuhren nie auf Urlaub. Urlaub war für uns ein Spaziergang im Prater oder Grillen auf der Donauinsel. Fast mein ganzes Einkommen legte ich zurück, mein Sohn legte seines dazu und dann nach über zwanzig Jahren konnten wir uns eine schöne Genossenschaftswohnung mit

Garten leisten. Die Anzahlung war ein Brocken, aber dafür war die Miete leistbar.

Die wenigen Bekannten, die ich habe, sammelten Geld, halfen beim Möbelpacken, beim Wohnungsputz, beim Kauf von Küchengeräten. Ich habe ägyptische, tunesische und österreichische Freunde, einen kleinen Kreis an guten Menschen, der Wien zu der wunderschönsten Stadt dieser Welt macht, auch wenn sie manchmal kalt ist, so sind diese Menschen mein Sonnenschein.

Als ich in meiner neuen riesigen Wohnung, die ich mit meinem Schweiß und dem Schweiß meines Sohnes abbezahlt hatte, im neuen Wohnzimmer saß, blickte ich auf meine Hände, sie waren faltig, schienen älter, als sie waren, und die Adern zeichneten sich ab. Aber sie machten mich stolz. Sie trugen die Geschichte meiner Arbeit und ich schämte mich nicht dafür. Auf diesen Moment hatte ich ein ganzes Leben lang gewartet, wen stören da schrumpelige Hände? Ich hatte einmal in einem Beauty-Salon gearbeitet. Ich hatte Füße und Hände massiert, Pediküre und Maniküre gemacht. Einmal hatte ich mit einer asiatischen Kollegin darüber gesprochen, wie perfekt die Hände unserer Kundinnen doch seien, die brauchten doch keine Maniküre. Sie hatte zynisch gelacht: „Perfekte Hände schaffen nichts. Und somit sind sie auch nutzlos." Ich habe diesen Spruch niemals vergessen.

Eines Tages, als ich in meinen Gedanken versunken an meine Heimat dachte, sprach meine Tochter zu mir: „Findest du nicht, dass zwanzig Jahre genug sind?"

„Was meinst du", lachte ich.

„Wird es nicht Zeit, wieder nach Hause zu gehen? Ich vermisse Oma und meine Tanten. Ich denke, wir sollten unsere Verwandten wieder einmal besuchen, denkst du nicht? Vermisst du Ouezzane denn gar nicht? Jetzt können wir es uns leisten."

Sie hatte Recht. Aber ich hatte Angst. Ich war nun eine andere Person geworden. Ich war älter. Ich war dreifache Mutter. Ich war geschieden. Dennoch vermisste ich die Umarmung meiner Eltern, den Ort, die Leute. Wir flogen für den ganzen folgenden Sommer nach Ouezzane. Dort war alles so wie früher und doch so anders. Auf der Straße sprangen hübsche Mädchen mit dem Seil und eine Frau regte sich auf, ach, wie hatte ich das vermisst, den Geruch der Vergangenheit mit all den Erinnerungen, und dann stand ich vor unserem Haus. Es war so, als wäre ich nie weggewesen. Ich bückte mich und küsste die Füße meiner Mutter, die dann auch zu Boden fiel und meine Stirn küsste. Ich wusste gar nicht, wie sehr ich sie vermisst hatte. Ihre Umarmung machte alles wieder gut.

Ich zog meine Abaya an, befreite mich von meinen Jeans und dem anderen engen Gewand und zog in meinen luftigen marokkanischen Kleidern durch die Straßen. Meine Kinder gingen mit ihren Cousins aus, und ich besuchte die alten Straßen voller Erinnerungen. Ohne Zwang, ohne beobachtet zu werden und ohne den einstigen Fesseln. Auf dem Markt sah ich dann ein altbekanntes Gesicht, das Gesicht einer damaligen Freundin, das Gesicht von Osamas Schwester, die mich sofort erkannte: „Samira! Sag, bist du es? Kann das wahr sein? Wie lange ist es nun her?" Sie winkte einem Mann zu, der mit dem Rücken zu uns stand, und als er sich umdrehte, sah ich ihn. Es war Osama. Meine Einkaufstasche fiel hinunter und die Orangen kullerten auf den Boden. Er half mir beim Aufsammeln, da trafen sich unsere Blicke. Er war noch er. Er hatte wunderschöne dunkle Augen und Wimpern, die mit jedem Aufschlag mein Herz zum Beben brachten. Er hatte schon ein paar graue Strähnen, aber sonst war alles gleich an ihm. Als ich aufstand, hielt er die letzte Orange in der Hand und überreichte sie mir mit einem Lächeln. Auch er wusste, wer ich war. An seinem Finger war kein Ring, das bemerkte ich sofort. Er sah so gut aus. Und ich, das Leben hatte seine Spuren an mir hinterlassen. Es waren keine schönen Spuren, sondern innere Narben, die nach außen bluteten. Hier im Ort sprechen die Leute gerne und viel. Er wusste sicher, dass ich schon geschieden war, und hatte bestimmt einen schlechten Eindruck von mir.

Seine Schwester riss mir das Orangennetz aus der Hand und meinte: „Geht doch miteinander spazieren. Ihr habt euch sicher viel zu erzählen."

Ich verneinte: „Das geht nicht, ich muss schnell nach Hause."

Er sagte ruhig und gelassen: „Wir sind keine Kinder mehr. Du musst gar nichts. Lass uns spazieren gehen, ich bringe dich dann nach Hause. Versprochen."

Er streckte seine Hand aus, und ich legte meine in seine. Was ich dabei empfand, kann ich nicht in Worte fassen. Ich dachte, ich würde fliegen. Als sei ein Feuerwerk an Endorphinen in die Luft gegangen. Er erzählte mir, dass er die letzten fünfundzwanzig Jahre in Paris gelebt, eine Französin geheiratet und drei Kinder hatte. Er war mittlerweile geschieden und sein Leben war voll mit seiner Arbeit und seinen Kindern, die zwar bei deren Mutter lebten, aber eine gute Beziehung zu ihm hatten. Auch ich erzählte ihm meine Geschichte. Und dann lachten wir beide gleichzeitig. Es war nichts lustig an der Situation, aber wir lachten, ich weiß nicht warum.

Ich überlegte nicht lange und sprach endlich offen aus, was ich dachte: „Ich habe dir damals nicht gesagt, wie ich empfinde, weil es sich nicht gehört, dass eine Frau offen mit einem fremden Mann über ihre Gefühle spricht. Für mich warst du aber nie ein fremder Mann, und das Leben hat mich zu einer ungewöhnlichen Frau gemacht. Wir haben beide drei erwachsene Kinder, haben die letzten Jahrzehnte geschuftet, und ich empfinde noch immer so für dich wie damals. Aber haben wir auch das Recht, miteinander zu leben? Würdest du das wollen?"

Er sah mir in die Augen und hielt meine Hand. „Du bist die mutigste Frau, die ich jemals getroffen habe. Und in meinem ganzen Leben wollte ich nie eine andere Frau so sehr an meiner Seite haben. Samira, ich komme seit Jahren her, in der Hoffnung, dich zu treffen. Als ich dich heute auf dem Markt gesehen habe, wäre mir fast das Herz aus dem Leib gesprungen. Ich wusste gar nicht, dass ich noch so empfinden kann."

Wir heirateten in Wien im Kreis unserer Kinder und Freunde. Er lebt nach wie vor in Paris und ich lebe noch in Wien, weil wir unsere Jobs und Kinder in den jeweiligen Städten haben, wir pendeln aber zueinander, und für uns passt es so, wie es ist.

Manchmal stelle ich mir vor, wie alles verlaufen wäre, wenn wir damals gleich geheiratet hätten. Was wäre passiert, wenn all das dazwischen nicht gewesen und alles einfacher verlaufen wäre? Was wäre dann wohl? Dann hätte ich ganz andere Kinder als die meinen, hätte Marokko wahrscheinlich nie verlassen, hätte weniger schuften müssen und hätte wahrscheinlich wunderschöne Hände … aber mit denen hätte ich nichts geschafft.

Mein Herzenskind

Die Erzählerin war eine Tauchlehrerin auf Bali.

*

Meine Mutter bekam mich als Teenager. Sie brach meinetwegen die Schule ab und arbeitete morgens als Kassiererin in einem Supermarkt und abends als Kellnerin in einem Pub, damit wir halbwegs über die Runden kamen. Meine Großmutter half viel, auch finanziell. Wir drei wohnten zusammen, und für mich war es ein gutes Leben, auch wenn ich damals viele Dinge nicht verstand, nicht genug schätzte, aber rückblickend betrachtet war alles gut.

In den Augen meiner Mutter sah ich immer diese fragenden Blicke: „Wieso bist du da? Wieso bin ich deine Mutter? Wie wäre mein Leben sonst verlaufen? Will ich das überhaupt?" Ich denke nicht, dass sie mich gerne hatte. Ja, sie liebte mich, weil ich ihre Tochter war, aber ich denke nicht, dass sie mich als Person gerne hatte. Meine Anwesenheit erinnerte sie ununterbrochen daran, dass sie ein Leben führen musste, das sie sich so nicht vorgestellt hatte. Ich spürte das. Immer. Für mich war meine Großmutter eher meine Mutter. Ihre Liebe zu mir konnte ich richtig fühlen. Meine Mutter erfüllte ihre Pflicht mir gegenüber, es war oft lieblos, wie sie mich behandelte. Es gab keine Kuscheleinheiten, ich kann mich nicht daran erinnern, jemals in ihrem Bett geschlafen zu haben, ich schlief immer bei Omi. Meine Mutter wurde sehr schnell sauer und schrie mich mehrmals wegen Kleinigkeiten an. Ich habe sie in meiner Kindheit als überforderte Frau in Erinnerung, die es bestimmt bereute, sich für mich entschieden zu haben. Irgendwann fing ich an, nach meinem Vater zu fragen, da alle anderen Kinder einen hatten oder wussten, wo ihrer war, da wechselte sie oftmals einfach das Thema. Früher oder später sagte sie, er sei tot. Er sei noch vor meiner Geburt gestorben. Ich hatte aber kein Foto, keinen Namen, nicht einmal eine Geschichte erfuhr ich über ihn.

Ich war sieben Jahre alt, als meine Großmutter starb. Ich hatte das Gefühl, meine eigene Mutter sei gestorben. Mir ging es sehr lange nicht gut. Vor allem die Tatsache, dass ich nun alleine schlafen musste, war für mich in diesem Alter sehr hart. Ich wusste, ich könnte zwar zu meiner Mama ins Bett, aber ich wäre dort nicht ganz willkommen.

Kurz nach dem Tod meiner Großmutter heiratete meine Mutter einen Kinderarzt. Sie hatte ihm in der Ordination ausgeholfen, so hatten sie sich kennengelernt, sie wollte weg vom Pub, da sie dort mehrmals belästigt worden war. Sie machte eine Ausbildung, arbeitete in der Ordination und verliebte sich in den Chef. Sie hatte aber auch ihm den Kopf verdreht. Wir hatten ein schönes Haus, und meine Mutter wurde bald schwanger. Ich bekam einen kleinen Bruder. Mein Verhältnis zu meinem Stiefvater war okay. Es war keine liebevolle Beziehung, ich nannte ihn auch nicht Papa, sondern bei seinem Namen. Wir hatten ein diplomatisches, oberflächliches und sehr höfliches Verhältnis.

Sie passten als Familie gut zusammen – die drei. Der tolle Arzt mit der süßen Kinderpraxis, die fesche Frau und das gesunde Baby, das aussah wie aus einer Werbung für Windeln oder Babybrei. Ich hatte da einfach keinen Platz. Ich fühlte mich als Störenfried, unwillkommen, als Außenseiterin. Ich weiß nicht, wie ich das erklären soll. Ich war willkommen, aber nicht zu Hause. Ich war auch die geliebte Tochter, aber gerne hatte man mich nicht.

Ich begann, meinen eigenen Vater zu vermissen. Ich sah, wie mein Stiefvater mit meinem Bruder umging, wie er geliebt und liebkost wurde, während man mich auf die Seite schob. Ich wollte mehr. Ich glaubte nicht, dass er gestorben war. Über Verstorbene spricht man, auch wenn sie Arschlöcher waren. Aber nichts zu sagen, ihm nicht einmal einen Namen zu geben, das war eigenartig.

So vergingen Jahre, bis ich alt genug war, aktiv nach Antworten zu suchen. Ich durchstöberte auch Mutters alte Sachen und wurde fündig. Auf vielen Fotos aus ihrer Teenagerzeit war sie mit einem Mann abgebildet, dessen Gesicht entweder übermalt oder ausgeschnitten war. Er hatte aber ein Tattoo auf der Hand, das einen hohen Wiedererkennungswert hatte. Auf einem der Fotos sah man sein Gesicht aber doch, ich erkannte ihn an dem Tattoo. Dieses Bild hatte sie anscheinend zu vernichten vergessen. Ich nahm es an mich und suchte nach weiteren Bildern, auf dem Klassenfoto hatte sie sein Gesicht sogar ausgebrannt. Da fiel mir eine ihrer Freundinnen ein, die das vollständige Foto noch haben könnte. Es war aus dem Schuljahr, bevor sie mit mir schwanger geworden war. Ich bat die Freundin darum, mir das Bild zu leihen und alle Schulkollegen mit Namen zu beschriften, weil ich meine Mutter zum Geburtstag mit einem Klassentreffen überraschen wolle, wir hätten das Foto und alle Informationen während des Umzugs verloren. Sie schickte mir das Foto und die Infos per Post, und da sah ich ihn, es war der junge Mann, der mit ihr auch auf dem anderen Foto abgebildet war. Ein einziges Foto hatte sie nicht vernichtet, darauf war sie deutlich schwanger und er hatte seinen Arm um sie gelegt. Sie sahen glücklich aus, sie trug ein gelbes Sommerkleid, und er war ganz in Blau gekleidet. Sie sahen sehr verliebt aus, und ich konnte sehen, dass ich ihm ähnelte. Nun hatte ich auch einen Namen zum Gesicht, was für mich sehr viel war. Und eine Adresse. Die Freundin meiner Mutter hatte sogar bei allen Name und Adresse hinzugefügt.

Ich überlegte lange, ob ich hinfahren sollte. Ich wusste, wie er hieß und wie er aussah. Ich zog auch in Erwägung, mit meiner Mutter darüber zu reden und ihr zu sagen, dass ich wusste, sie hätte mich all die Jahre angelogen. Aber wir hatten nie ein offenes Gespräch oder überhaupt ein Gespräch darüber geführt. Ich bekam Angst, sie würde mich davon abhalten, ihn zu sehen. Ich war alt genug, um herauszufinden, wo er war, aber nicht, um wegzulaufen. Ich wusste ja auch nicht, wie er auf mich reagieren würde. Denn immerhin war er mir verschwiegen worden, was, wenn auch ich ihm verheimlicht worden war und er, sobald er es von mir erfahren würde, nichts mehr von mir wissen wollte. Meine Mutter kannte mich sehr wohl, mochte mich aber nicht. Warum sollte also er etwas mit mir zu tun haben wollen? Ich entschied mich für die sichere Variante und verfasste einen Brief. Darin schrieb ich ihm alles, was ich mich niemals getraut hatte, laut auszusprechen.

Wochenlang wartete ich auf eine Antwort, dann verlor ich jegliche Hoffnung. Insgeheim wusste ich, dass nichts kommen würde. Aber ich wünschte mir, ich hätte Unrecht gehabt. Und ich hatte Unrecht. Nach vielen Wochen des Wartens kam ein Brief. Er hatte mir zurückgeschrieben. Als ich den Brief in der Hand hielt, zitterte ich so heftig, dass er mir aus der Hand fiel. Ich konnte ihn nicht einmal richtig halten, spürte, dass mir ganz warm wurde und mein Herz förmlich raste. Der Brief fing an mit: *„Liebstes Herzenskind…"* Er erklärte mir seine damalige Situation, dass sie sich vor der Geburt getrennt hätten und er das Beste darin gesehen hätte, sich zu distanzieren, aber dass er mich sehr lieben würde. Er schickte Fotos von mir als Baby mit und meinte, er würde immer bei mir sein und er hätte mich nie vergessen. Er schrieb auch, dass ich sein Herzenskind sei, egal was passiere. Ich las den Brief sehr oft, roch ihn, drückte ihn an meine Brust und konnte nicht aufhören zu weinen. Von da an ignorierte ich meine Mutter völlig und schrieb nur noch ihm. Als ich ihm ein Treffen vorschlug, meinte er, er könne mich nicht sehen, da er im Ausland lebe, eine nette Nachbarin würde ihm die Briefe nachschicken, deswegen hätten seine Antworten auch so lange gebraucht. Mir genügte der Briefaustausch. Ich wusste, dass ich einen Vater hatte, der noch lebte und mich liebte. Wichtiger noch: Ich hatte Kontakt zu ihm, ich las seine Zeilen, das war mir ein größeres Geschenk als alles, was ich zu träumen wagte.

Nach einigen Jahren blieben seine Briefe jedoch aus. Monatelang. Ich schickte viele nach. Es kam aber nichts mehr von ihm. Das traf mich sehr und bewies mir, dass es so etwas wie eine Liebe in alle Ewigkeit nicht gab – nicht einmal von den eigenen Eltern.

Irgendwann zog ich aus, lebte überall auf der Welt für ein paar Jahre und landete in Bali. Als Amerikanerin führte ich auf einer kleinen Insel einen Tauchclub. Abgeschieden vom Rest der Welt vergaß ich mit der Zeit, dass ich überhaupt noch wo anders Familie hatte. Ich war eine Einzelgängerin, die niemandem traute. Fast zwanzig Jahre später kontaktierte mich mein kleiner Bruder, zu dem ich als Einzigen regelmäßig in Verbindung stand, und erzählte mir, dass unsere Mutter sehr krank war. Der Krebs hatte sie erwischt, schon vor Jahren, aber sie hatte es gekonnt verheimlicht, dann hatte die Krankheit sie überwältigt und nun war sie dem Tod sehr nahe. Ich solle doch bitte wieder nach Hause kommen, meinte er. Es sei mit hoher Wahrscheinlichkeit meine letzte Chance, sie noch lebend zu sehen. Es berührte mich nicht. Nicht einmal ein kleines bisschen. Ich weiß, das muss schrecklich klingen, aber es waren zu viele Jahre vergangen, so viele Gefühle nicht empfunden worden und wir hatten einfach viel zu viel aus dem Leben des jeweils anderen nicht miterlebt.

Ich redete mit einer Freundin darüber, die mir riet, nach Hause zu fahren. Diese Freundin hatte eine ähnliche Beziehung zu ihrer Familie wie ich zu meiner. Ihre Eltern waren geschieden, ihre Mutter hatte durch den neuen Mann und die neuen zwei Kinder andere Prioritäten und ihr Vater war Alkoholiker geworden. Sie hatte beide nicht mehr gesehen, bevor sie gestorben waren, sie hätte ihnen aber noch so viel zu sagen gehabt. „Geh für dich hin, sag ihr, was dir auf dem Herzen liegt, und werde es los, weil es später vielleicht nicht mehr geht. Deine Mutter hätte dich immerhin abtreiben oder zur Adoption freigeben können. Du schuldest ihr diesen – vielleicht letzten – Besuch." Ich dachte darüber nach und flog nach Hause.

Sie lag im Sterbebett und sah sehr schwach aus, krank, hilflos, alt. Ich saß neben ihr, sie schlief, und ich betrachtete sie in dieser Stille. Die Wut, die mich hergeführt hatte, verwandelte sich in gewünschte Lebenswirklichkeiten, die nichts mit Wut zu tun hatten. Ich stellte mir vor, wie unser Leben hätte sein können, wenn sie mir ein wenig Mutterliebe geschenkt hätte. Sie öffnete kurz ihre Augen, war überrascht, mich zu sehen, lächelte herzlich und griff nach meiner Hand. In diesem Moment starb sie. Es war, als hätte sie auf mich gewartet, um gehen zu können. In diesem Augenblick – ich habe fast vierzig Jahre darauf gewartet, beinahe die Hälfte davon verbrachte ich im Ausland – spürte ich es. Ich spürte diese bedingungslose Liebe einer Mutter. Es ist magisch. So etwas hatte ich nie zuvor empfunden. Ich hätte am liebsten die Zeit zurückgedreht und diesen Moment immer wieder erlebt. Ich begann zu weinen und ich war nicht mehr wütend, sondern durcheinander und enttäuscht. Wir hatten auch schöne Tage miteinander erlebt, und es war nicht immer alles so distanziert gewesen, wie es mir zu sein schien. Nach der Beerdigung und nachdem wieder Ruhe eingekehrt war, kam mein Bruder mit einer Truhe zu mir. Er sagte, unsere Mutter hätte mir diese überlassen. Es war eine kleine Holztruhe. Ich dachte mir nichts dabei, bis ich sie öffnete. Sie enthielt unzählige Briefe von ihr an mich. Meine Babykleidung. Ihren Schmuck. Einige meiner alten Spielsachen, von denen ich dachte, ich hätte sie verloren. Dann noch ein einzelner Brief mit der Aufschrift: *„Wenn ich sterbe …"*

Ich las diesen Brief und mit jeder Zeile flossen mehr Tränen, ich kam aus dem Staunen nicht mehr heraus.

Sie schrieb:

Liebstes Herzenskind, ich weiß, dass ich dir keine gute Mutter war. Als ich von dir erfuhr, traf mich der Schlag. Mein ganzes Leben schlug einen anderen Weg ein. Ich mochte mich selbst nicht, nichts davon hatte mit dir zu tun. Du warst perfekt. Ich war blind. Und es tut mir unendlich leid, dass ich erst zu spät verstanden habe, dass du mein Herzenskind bist. Es tut mir leid, dass du nichts mehr mit mir zu tun haben willst. Ich wollte dich nicht wegstoßen. Ich wollte nicht, dass du dich distanzierst. Es ist auch egal, was ich sage, denn wenn du diesen Brief liest, bin ich nicht mehr da. Ich hoffe jedoch, dass dein Gesicht das Letzte ist, das ich sehe, bevor ich gehe. Ich liebe dich. Ich habe dich immer geliebt. Ich habe mich nur selbst nicht immer gerne gehabt und ich habe es an dir ausgelassen, weil ich es nicht besser wusste. Verzeihe mir. Ich habe oft versucht, dir zu schreiben, hätte aber keine Ablehnung ertragen und im Endeffekt hat es mich dann doch erwischt. Die Zeit ist ein raffinierter Gauner! Ich denke jeden Tag an dich. Ich bete jeden Tag zu Gott, dass du den Weg zu mir zurück findest. Verzeihe mir, dass ich die Spuren zu mir verwischt habe. Verzeihe mir, dass ich so viele Anläufe gebraucht und kein einziger geklappt hat. Denk bitte oft an mich, und wenn du es tust, dann lächle. Denn du wurdest geliebt. Du bist liebenswert. Das bist du schon immer gewesen. Ich liebe dich, das habe ich schon immer getan.

Als ich die erste Zeile las, dachte ich an die Briefe, die mir mein Vater geschickt hatte, sie fingen immer mit dieser Zeile an, so hatte er mich angesprochen: „Liebstes Herzenskind". Das war sicher kein Zufall. War es möglich gewesen, dass sie mir die Briefe geschickt hatte? Aber wieso? Wieso hatte sie nicht mit mir gesprochen? Nun war sie gestorben, und ich hatte niemanden, der mir all das beantworten konnte. Doch! Ich erinnerte mich an die alte Schulkollegin, die mir damals das Klassenfoto zukommen hatte lassen. Sie war früher, als meine Oma noch lebte, unsere Nachbarin gewesen, ich fuhr zu ihr, um hoffentlich alles verstehen zu können. Sie war eine einsame Dame mit über zehn Katzen. Sie wusste sofort, weshalb ich gekommen war.

„Deine Mutter sagte mir, dass du kommen würdest, sobald du draufkommst."

„Also hat sie mir all die Jahre diese Briefe geschrieben?"

„Ja. Ich sagte ihr, dass du das Foto wolltest, und alles Weitere hat sie geplant."

„Aber wessen Adresse war das dann?"

„Das war die Adresse der Wohnung, wo wir uns eingemietet hatten, um während der Nachtschicht im Pub Pause zu machen und nicht begrapscht zu werden. In der Wohnung lebte eine alte Dame, sie nahm nur ein paar Groschen für die paar Stunden, die wir uns bei ihr ausruhten."

„Aber wer war dann der Typ auf den Fotos?"

„Das war ihr damaliger Freund, das ist aber nicht dein Vater."

„Wer ist mein Vater?"

Sie sah zu Boden, wurde rot, man merkte, dass sie wütend war. „Deinen Vater kennt niemand", sie fing an, zu stottern und nach den richtigen Worten zu suchen: „Er ... sie ... waren nicht zusammen."

„Ich verstehe nicht ... ein One-Night-Stand?"

„Er vergewaltigte sie. Niemand glaubte ihr. Niemand. Nur ich."

„Wieso?"

„Wieso glaubt man Frauen nicht, wenn sie sagen, was ihnen geschehen ist und wie gefährlich die Welt ist? Kannst du mir das sagen? Es ist eben so. Man glaubt vergewaltigten Frauen nicht. Entweder wollten sie es insgeheim oder der Rock war zu kurz. Ihr damaliger Freund sagte, er würde ihr beistehen, er würde ihr mit dem Kind helfen. Als er dich sah, merkte er, dass deine Mutter keinen süßen Welpen adoptiert hatte, den man im schlimmsten Fall aussetzen konnte, sondern einen Menschen auf die Welt gebracht hatte, was eine gewisse Verantwortung mit sich brachte. Diese konnte er nicht tragen und ließ sie noch am Tag deiner Geburt sitzen."

„Aber wieso hat sie es mir nie gesagt?"

„Weil du ihr keine Chance gegeben hast. Du bist ihr Tag für Tag aus dem Weg gegangen, und dieser Briefaustausch war für sie alles, was zählte. Das war für sie die letzte Chance, irgendeine Art Beziehung zu dir aufzubauen."

„Aber die Briefe haben aufgehört. Schon vor Jahren."

„Deine Mutter war über fünf Jahre krank. Davor hatte sie es verheimlicht. Du bist mit einundzwanzig abgehauen und warst fast zwanzig Jahre weg. Hätte dich irgendetwas zurückgebracht außer ihr Tod?"

„Wieso hast du es mir nicht gesagt?"

„Weil sie darum gebettelt hat. Diese Briefe waren die reinste und ehrlichste Form einer Beziehung, die ihr haben konntet. Es war das erste Mal, dass sie einen Draht zu dir gefunden hatte, und diesen Draht wollte sie um nichts in der Welt verlieren."

In diesem Moment fühlte ich etwas, das ich meiner Mutter gegenüber niemals empfunden hatte: Ich vermisste sie. Ich vermisste ihr Lachen.

Ich las ihren letzten Brief über tausend Mal, ich weinte immer an denselben Stellen. Wenn ich heute an sie denke, muss ich automatisch lächeln. Ich kann es gar nicht in Worte fassen, wie sehr ich sie vermisse und wie schrecklich ich mich fühle, weil ich keine Chance mehr habe, es ihr zu sagen. Sie starb im Glauben, dass ich sie hassen würde. Daran kann ich nichts mehr ändern, und es belastet mich jeden Tag, dass ich mit dieser Erkenntnis leben muss. Jeden Tag möchte ich die Zeit zurückdrehen und meine Mutter mehr schätzen, mehr umarmen, mich mehr dafür bedanken, dass sie auf ihre Art doch für mich da war. Kommunikation war nicht unsere Stärke, aber ich habe gelernt, dass auch wir einander geliebt haben – auf unsere Art. Es tut mir im Herzen weh, dass es vorbei ist. Ich fühlte mich vom Leben hintergangen und drehte fast durch, denn das konnte es doch nicht sein, oder? Ich vermisste Dinge an ihr, die ich fast vergessen hatte, und nun von der anderen Perspektive betrachtet, verstand ich sie und konnte vieles nachvollziehen.

Ihre Briefe sind mir heilig. Ich verkaufte alles in Bali, komme nur noch ab und zu zum Tauchen her, unterrichte auch noch, wenn mir danach ist und ich eine coole Gruppe zum Tauchen finde, aber lebe in der Nähe meines Bruders und halte auch den Kontakt zu meinem Stiefvater aufrecht, der ein toller Mensch ist. Damals konnte ich aber anscheinend alle Menschen um mich herum, die mich wirklich liebten, nicht sehen.

Ich denke jeden Tag an sie. Ich schicke ihr auch noch Briefe und rede laut zu ihr. Es tut mir so weh, dass ich so viele Jahre mit ihr verpasst habe. Das kann ich nicht rückgängig machen, aber würde ich ihr etwas sagen dürfen, noch ein letztes Mal, ich würde ihr sagen, dass sie meine Herzensmutter war.

Identitätsprise

Die Erzählende ist eine Freundin von mir.

*

Ich würde nicht sagen, dass ich alt bin, jung bin ich aber auch nicht. Die Erfahrungen, die ich in meinem Leben gesammelt habe, machen mich vielleicht etwas älter, als ich eigentlich bin. Wenn man als afrodeutsche Muslimin auf dieser Welt existiert und dann auch noch ein kreativer Freigeist ist, eckt man oft an. Schon als Kind.

Meine Mutter ist Deutsche, mein Vater kommt aus Ghana. Für mich war das nie eine Sache, die man extra benennen oder kommentieren müsste. Für mich war das normal. Es ist normal. Aber so sah und sieht das die Gesellschaft – ganz egal welche – eben nicht. Ich bin mit rassistischen Bemerkungen aufgewachsen, konnte diese aber als Kind nicht als solche einordnen. Woran ich mich aber noch erinnern kann, als wäre es gestern gewesen, ist folgende Situation: Mein Vater hatte mich vom Kindergarten abgeholt und am nächsten Tag fragten mich zwei Kinder, ob wir uns nicht waschen würden, ob unsere Haut abfärben würde. Kurze Zeit später wollte eine alte Frau aus meinem Dorf wissen, wie es denn sei, adoptiert zu sein, und bis heute erinnere ich mich an die Verwirrung über den Ausdruck, den ich bis dato nicht kannte, und die Steigerung meiner Verwirrung, als meine Mutter mir erklärte, was Adoption sei. Ich war gerade mal vier Jahre alt.

Ich wuchs als einziges afro-deutsches Mädchen in einem 300-Seelen-Dorf in Deutschland auf und lernte schnell, (un)bewusst, dass zu viele Menschen ohne permanente Kategorisierung nicht klarkommen. Ich wusste als Kind nicht, dass das, was ich erfahre,

Rassismus heißt, und mir nicht widerfährt, weil ich ein Problem bin, sondern die rassistische Gesellschaft, die diese Gedanken und Konstrukte permanent als Grundlage schafft, das Problem ist.

Der Junge in der Grundschule, der an mir vorbei den Bus verlässt und mir eine verpasst, „dem N* noch eins drübergeben", der ist so erzogen worden, dass das in Ordnung ist, und er ist ein Teil dieser Gesellschaft. Ihm ist beigebracht worden, dass ich ein minderwertiger Teil der Gesellschaft bin und er über mir steht – aufgrund der Hautfarbe. Der Mann, der mich anstarrte und mit seinen Blicken auszog, als ich schwimmen war und die ersten kindlichen Körperformen zu weiblichen wurden, der Vater einer Freundin, der hinter mir die Treppe hinaufging und mir sagte, man merke ja, wo meine Wurzeln lägen, die Bekannte meiner Mama, die prophezeite, dass ich auch noch einen „afrikanischen Po" bekommen würde und die alten Säcke aus der Nachbarschaft, die beim Karneval darüber sprachen, dass ich mal eine Bombe werden würde, weil die „Mokkamädchen" in GNTM seien ja auch immer die Schönsten ... Vieles davon sollte als „Kompliment" gemeint sein, genauso wie die Aussage: „Du bist ja so eine ‚rassige' Exotin." Und von mir wird dann erwartet, diese Bemerkungen dankend anzunehmen, immerhin seien sie „gut" gemeint und jede negative Reaktion darauf würde eine Übertreibung bedeuten.

Diese Erlebnisse haben mich sehr geprägt, sie rufen noch heute eine gewisse Wut in mir hervor, weil Menschen mit so einer Selbstverständlichkeit ignorant sein können, aber besonders deswegen, weil es nie aufgehört hat. Wie gut, dass es in meinem Leben tolle Frauen gab, die meiner Kindheit viel Power verliehen: meine Schwester, die mein absolutes Role Model war, meine Tagesmütter, die mich so lieb in ihre Familien aufgenommen haben, und meine alleinerziehende, selbstständige Mutter.

Kreativität kam sehr früh in mein Leben. Meine Kindergartenzeit (Waldorf) war sehr naturverbunden und künstlerisch, meine Kindheitsfreunde und das Leben am Land prägten mich so sehr, dass es heute noch schöne Spuren, aber vor allem formenden Charakter, hinterlassen hat. Die Natur am Land, die Tiere und Normalität, mit all dem aufzuwachen, möchte ich nicht missen und ich kann mir gar nicht vorstellen, wie es ist, in der Stadt groß zu werden. Auch wenn ich seit dem Umzug in meiner Jugend in eine deutsche Großstadt das City-Girl in mir entdeckt habe.

Aufgewachsen bin ich eigentlich in einem locker evangelischen Haushalt, meine Mutter hatte uns nicht taufen lassen, weil sie uns diese Entscheidung selber treffen lassen wollte. In meiner Jugend war ich dann unbewusst auf der Suche nach Antworten auf viele Fragen oder Dingen, die mir nicht logisch erschienen. Ab einem gewissen Alter startet wohl jeder diese Suche, denn möchte nicht jeder irgendwo den Sinn des Lebens erkunden, ganz egal, in welchem Glauben man aufwächst?

Der Islam war damals für mich irgendetwas völlig Fremdes, Gewaltvolles, Unterdrückerisches, weil man als Außenstehender ja gar nichts anderes mitbekam und nach wie vor nichts anderes mitbekommt. Verfolgt man auch nur selten die Medien, ist immer irgendwo irgendetwas auf der Welt passiert und irgendwie hat es mit dem Islam oder Muslimen zu tun. Man bildet sehr schnell eine Meinung darüber, und es ist keine gute. Damit war es nichts, was mich interessierte, bis ein damaliger Freund zum Islam übertrat. Aus meiner Abneigung gegenüber dem, was ich für Islam hielt, machte ich keinen Hehl. Sodass er mir anfangs nicht erzählte, dass er Muslim geworden war, im Ramadan bekam ich es dann zwangsläufig mit, da er fastete. Daraufhin setzte ich alles daran, ihn auf die „richtige Seite" zurückzuholen. Nach einer gewissen Zeit, in der ich nur mit den gängigsten Vorurteilen erfolglos versucht hatte, ihn von seiner neuen Religion abzubringen, bat er mich darum, mich entweder zu informieren, sodass wir auf Augenhöhe und sachlicher Ebene diskutieren konnten, oder ihn sein Leben so leben zu lassen, wie er es für richtig hielt. Ich nahm die Herausforderung an und wollte ihn mit seinen eigenen Waffen schlagen, also begann ich, reihenweise Bücher über den Islam zu verschlingen. Ich ging das Unterfangen allerdings nicht neutral an, sondern war bereits sehr voreingenommen und vertrat eben diesen Standpunkt, den ich beweisen wollte. Ich suchte förmlich nach den Schriften und Absätzen, in denen Gewalt, Mord und Frauenunterdrückung vorkamen. Und ich fand nichts davon, was man uns mittels Schlagzeilen versuchte einzureden.

Der Koran ist in Kapiteln gegliedert, jedes Kapitel ist wie eine eigene Geschichte, aber letztlich hängt doch alles zusammen, es wird die Geschichte der Menschheit erzählt. Die Mutter wird dreimal mehr geehrt als der Vater, die Entwicklung des Embryos im Mutterleib wird sehr detailliert beschrieben, obwohl das Buch vor über tausend Jahren verfasst worden ist. Es gehört dem Ganzen viel an Zeit und Interpretation geschenkt. Ich habe dadurch gelernt, mich mit Dingen richtig zu beschäftigen, bevor ich darüber urteile oder mir eine Meinung bilde. Zum ersten Mal erfuhr ich, dass Jesus und Maria sowie alle anderen Propheten, die mir bekannt waren, auch im Islam eine große Rolle spielten, ich las viel über den Propheten Muhammad s.a.w. und seine Familie, die alles auf dem Weg für Gerechtigkeit gaben: von seiner ersten Frau, die eine erfolgreiche Geschäftsfrau und seine Vorgesetzte war, die ihn um seine Hand bat; von ihrer gemeinsamen Tochter Fatima, die bis zum Tod ihr Recht verteidigte; von seiner Enkelin Zaynab, die dem Tyrannen ihrer Zeit Parole bot und mit ihrem Bruder eine „Revolution der Herzen" startete, die bis heute fortdauert. Da staunte ich, denn ich hatte mir etwas ganz anderes vorgestellt. Im Herzen war ich sehr schnell fasziniert und überzeugt, doch dauerte es Monate, bis ich mir das eingestehen und meinen Stolz überwinden konnte. Immerhin hatte ich eine komplett andere Meinung und war nun im Zwiespalt, bemerkte ich doch, dass meine Meinung auf Schlagzeilen – auf falschem Boden – basierte. Niemand möchte die Person sein, die andere mit Steinen bewirft, um dann zu entdecken, dass man selbst falschgelegen hat. Ich glaube an das, was ich da las. Es ergab Sinn für mich. Aber der Schritt, eine Entscheidung zu treffen und diese dann auch offiziell zu machen, dauerte weitere Monate, in denen ich Gespräche mit anderen Konvertitinnen führte und meine Recherche mehr in die Tiefe ging. Nach etwa neun Monaten trat ich im Büro einer Moschee zum Islam über.

Ab dem Moment, ab dem ich begann, erkennbar als Muslimin aufzutreten, wurde ich zum ersten Mal als Bedrohung wahrgenommen. Die Filialleiterin der „United Colors of Benetton"-Filiale, in der ich arbeitete, bat mich, meinen Turban (den ich nach einiger Zeit gerne trug) abzunehmen, ich würde die Kunden vergraulen. Beim Vorstellungsgespräch hatte sich das noch anders angehört, sie hatte mich mit den Worten „Du passt hier so gut rein mit deinem Afro" und einem Handkuss eingestellt, aber als sie merkte, dass ich den Turban dauerhaft tragen würde, musste ich kündigen. Sie war sehr darum bemüht, mir mitzuteilen, dass sie „enttäuscht" von mir sei. Es ist immer wieder ernüchternd zu sehen, wie Menschen in hohen und vor allem wichtigen Positionen ihre Macht ausnutzen, um andere Menschen in ein bestimmtes Bild zu rücken, in eines, das ihnen persönlich passt. Ich hatte mit den Kunden nie ein Problem gehabt. Ich war von ihnen immer gut behandelt worden und hatte nie mit einem Lächeln oder meinem Wissen gespart. Die Kunden hatten kein Problem mit mir gehabt. An ihnen lag es nicht. Es lag an einer Person, die etwas bewegen konnte, und sie bewegte es gegen mich.

Trotzdem, damals öffnete sich in Hamburg eine neue Welt für mich, ich lernte so viele afro-deutsche Schwestern und Brüder kennen, fand in ihnen Seelenverwandte, las zum ersten Mal von Malcolm X, Black Panthers, Angela Davis und vielen mehr. Was für ein Segen, dachte ich mir, dass die Alltagserfahrungen, der Alltagsrassismus und die Fragen zur eigenen Identität, zu einem Leben zwischen zwei Stühlen dank eines Vereines, in dem ich war, in Songs und Musicals verarbeitet werden können und dass ich nicht die Einzige bin, der es so geht. Das stützte mich, das gab und gibt mir noch heute Kraft.

Aber es zeigte mir auch die kranke Doppelmoral der westlichen Welt. Malcolm X und Martin Luther King wurden umgebracht, ebenso Patrice Lumumba. Kwame Nkrumah wurde geputscht, Nelson Mandela verbrachte eine lange Zeit seines Lebens hinter Gittern und so viele Schwarze und People of Colour, die für ihre Rechte und die Rechte aller Menschen eintraten, wurden erst nach ihrer Ermordung von weißen Menschen gefeiert. Wieso müssen wir sterben, bevor wir etwas wert sind? Und heute sind wir nicht einmal tot etwas wert. Menschen schreien „Black Lives Matter" und es gibt tatsächlich andere Menschen, die darauf mit „aber" antworten.

Ähnlich verhält es sich mit meiner Arbeit, meinen Designs, die ich über alles liebe und mit denen ich langsam, aber sicher selbstständig werde. Ich bin Kleidermacherin. Aber ich schneidere Kleidungsstücke, die Geschichte in und auf sich tragen und sehr individuell sind, so wie wir Menschen eben auch. Das ist meine Art der Mode: Ich kleide Menschen so ein, dass sie sich zu Hause fühlen, in der eigenen Haut, aber auch in der eigenen Kleidung. Ich verberge nicht die Identität meiner Kunden, indem ich ihnen ein Label aufzwinge, ich kreiere für jeden Kunden sein eigenes Label und Roben, die jenen Menschen, der sie trägt, in seiner Identität unterstreichen. Um das zu tun, muss man Menschen sehr gut sehen können – und damit meine ich nicht mit den Augen, sondern ich meine das Zwischenmenschliche.

Wir müssen uns von unserer Ignoranz anderen Menschen gegenüber befreien, indem wir genau hinschauen. Diese Ignoranz ist aus meiner Sicht eine Krankheit, die bei manchen Menschen bereits unheilbar geworden ist, denn sie haben die Fähigkeit verloren, andere Menschen als Menschen zu betrachten. Sie sind gut darin, mit ihren Hunden zu schmusen und Spenden für Tiere zu sammeln, aber wenn es darum geht, dass Kinder im Mittelmeer ertrinken, dann wollen sie nichts darüber hören oder sehen. Es berührt uns nicht mehr, dass Kinder sterben. Es berührt uns nicht mehr, dass Menschen die Überquerung des Ozeans für sicherer erachten als das eigene Heim, um den Traum der Normalität zu leben, um Kriegen zu entkommen – um dann hier anzukommen und nichts zu finden außer Hass. Aber wehe eine Katze bleibt in einem Baum stecken, dann blutet das Herz der Nation.

Meine Religion ist für mich nicht nur die Basis meiner Kunst, sondern vor allem die Basis meines Lebens. Ich richte mein Leben danach. Die islamischen Regeln und die Sunnah (Lebensweise) des Propheten und seiner Familie sind für mich ewige Vorbilder, deren Streben und Leben für Gerechtigkeit und Wahrheit mich in meinen Handlungen begleiten. Das Gebet, Modesty, Hijab und alles, was zur alltäglichen, religiösen Praxis gehört, sind für mich ethische Konzepte für alle Muslime, egal welchen Geschlechtes, um ein angenehmes gesellschaftliches Klima zu schaffen, in dem sich jeder Mensch einbringen kann, wann und wie er möchte. Hijab ist für mich weniger von Stoffen abhängig als von einem respektvollen Miteinander, gemäßigten Blicken und einem angemessenen Verhalten reiner Absichten. Die Kleidung spielt keine Rolle, wenn die Verhaltensweise, die Blicke und die Körpersprache schon verraten, dass der Mensch mehr Schein als Sein zu bieten hat. Aber genau dieser Lebensstil ist neben meiner Hautfarbe ein weiteres Ventil für die Rassisten der Gesellschaft. Ich empfinde es als sehr ermüdend, mich ständig erklären zu müssen, weil jeder noch so taube Ignorant glaubt, ich brauche für meine Hautfarbe und meine Religion eine Art „Gültigkeitsstempel" auf der Stirn, damit ich so sein darf, wie ich bin. In jeder Diskussion, die meist sehr schnell eröffnet wird, schaut man mich an und wartet. Man wartet auf Erklärung, Rechtfertigung, Verteidigung meiner Situation und kopfschüttelnd stellt man dann fest, wie arm und gehirngewaschen ich denn nicht sei. Ich tue ihnen so leid, denn im Sommer sei mir mit dieser Art der Bekleidung zu heiß und ich würde meine Weiblichkeit verstecken, sie nicht präsentieren können. Wenn man diesen lächerlichen Gesprächen aus dem Weg geht, hat man schon verloren, denn dann sendet man das Signal aus, man könne diese Lebensweise nicht begründen. Niemand kommt aber auf die Idee, dass ich meine Lebensweise gar nicht begründen möchte oder muss. Ich brauche keine Einverständniserklärung für meine Art zu leben. Aber sie wird immer eingefordert. Oder abgelehnt, ohne jemals danach gefragt zu haben – wie kann ich dies nicht als die höchste Form der Arroganz sehen?

Grundsätzlich kenne ich nur das Leben in Deutschland. Zwar habe ich immer gewusst, dass mein Vater aus Ghana kommt, aber leider spreche ich bis heute keine der unzähligen Sprachen und war seit über zwanzig Jahren nicht mehr dort. Ich habe daher wenig Bezug zu dem Land. Trotzdem und vor allem: Je mehr ich mich mit der Geschichte des Kontinents und den alten Königreichen auseinandersetzte, spürte ich eine Verbundenheit und ein Gefühl von Stolz, auf eine solch reiche Geschichte zurückschauen zu können. Ich wünsche mir für mein Kind, dass es Twi, die Sprache meines Vaters, ebenso lernt wie Türkisch und Azeri, die Sprachen meines Mannes und dessen Familie, je mehr Sprachen, desto besser. Ich empfinde es als Bereicherung, dass einige Familienmitglieder aus einem anderen Teil der Welt stammen. Diese Vielfalt wird im deutschsprachigen Raum aus einer Überheblichkeit heraus allerdings nicht als Vorteil, sondern als Einladung für unschöne Dinge wie Rassismus gesehen.

Der Rassismus im Alltag in Österreich wird von den Nichtbetroffenen sehr unterschätzt und schlimmer noch, nicht ernst genommen, dabei steigen rassistische Bemerkungen und Übergriffe stetig an, und nur die Betroffenen interessiert es in der Regel tatsächlich, zwangsläufig.

Was dann in diesem Chaos aber für ein wenig Ordnung sorgt, ist der Aktivismus. Er gab mir die Zeit, ein empowerndes Gefühl, doch momentan konzentriere ich mich lieber auf mich, meine Familie und Freunde. Eben jene Dinge, aus denen ich meine Kraft schöpfe.

„White feminists", die meinen, mit mir eine Diskussion über Kopftuch und Zwänge in anderen Ländern führen zu müssen, sind

Energieräuber, die die Thematik so oberflächlich und konsenslos aufgreifen, dass sich mir die Haare unter dem Kopftuch aufstellen. Alleine schon, dass man nicht rein aus der Logik heraus begreift, dass Frauen weltweit um Selbstbestimmung kämpfen, ob sie das Kopftuch ablegen, weil sie es nicht aus freien Stücken tragen, oder die muslimischen Frauen hier in Europa genau das Gleiche tun, wenn sie darum kämpfen, es anbehalten zu dürfen, es geht nie um das Tuch an sich, sondern um die Selbstbestimmung. Diese Frauen versuchen einem einzureden, dass es ihnen rein um das Glück aller Frauen weltweit geht, was ich als sehr heuchlerisch und eurozentristisch empfinde. Weltweite Solidarität unter Frauen, ohne Wenn und Aber.

Hört sich sehr schön und logisch an, empowernd und entschlossen, doch nach einem kurzen Rundumschweifen in meinen Erinnerungen und Erlebnissen als Schwarzer Muslima, die mit diesen Menschen lebt, muss ich ein doch eher ernüchterndes Fazit ziehen – ja, es hört sich schön an, aber dabei bleibt es auch.

Es ist (noch) reine Utopie, dass Frauen einander den Rücken stärken und die Ent-scheidungen der jeweils anderen Frauen respektieren. Es geht immer um Belehrungen aus der jeweils eigenen Perspektive, die Perspektive der Betroffenen spielt dabei so gut wie nie eine Rolle, und wenn doch, dann keine gleichgestellte. Das finde ich sehr schade, denn würden Frauen einander so lieben, wie sie sind, sich gegenseitig unterstützen und mit all ihren verschiedenen Ansichten, Überzeugungen und Lebensweisen klarkommen, würden unglaubliche Dinge geschaffen werden. Und welche Art des Feminismus soll das sein, in der wir eine Assimilation an die jeweils anderen sind?

Erst, wenn sich jene weißen Feministinnen, die in bestimmte Privilegien hineingeboren wurden, sich dieser Privilegien bewusst werden und versuchen, diese zu nutzen, um Raum für alle zu schaffen, haben mehr Leute etwas davon, als wenn privilegierte Menschen die Augen vor dem Unrecht dieser Welt verschließen. Erst, wenn die Mehrheitsgesellschaft erkennt, dass die Stimmen der Marginalisierten Raum und Gehör bekommen müssen, um eine echte gerechte Gesellschaft aufbauen zu können, könnte sich etwas ändern. Zurzeit wird lieber über Miniröcke und Kopftücher gesprochen, und das wird als „die Befreiung aller Frauen" verkauft. Dabei soll in einer Gesellschaft allen weiblichen Stimmen Raum und Gehör gegeben werden, nur dann macht es Sinn, über Feminismus zu sprechen und gemeinsam auf einem starken Fundament der Weiblichkeit in ihrer Vielfalt (anstatt auf dem Rücken anderer Frauen) eine Zukunft zu bauen. Keiner Frau soll im Deckmantel der Freiheit erzählt werden, dass sie eine Zwangsjacke trägt.

Als Schwarze Person, als Frau und als sichtbare Muslima habe ich nicht die Wahl, mich nicht zu engagieren. Ich wünsche mir, dass sich irgendwann nicht mehr hauptsächlich die Betroffenen engagieren müssen, sondern die Mehrheitsgesellschaft erkennt, dass Rassismus ihr Problem ist. Eine unausgesprochene und doch vorhandene Verbundenheit, die ich zu anderen Schwarzen Personen verspüre, in dem Wissen, dass wir diese Erfahrungen teilen, zählt zu den Dingen, die das Ganze erleichtern. Es sind die Wurzeln eines Kontinentes, der reicher und schöner nicht sein könnte, aber seit Jahrhunderten ausgebeutet wurde und diese Ausbeutung hat nie aufgehört. Man kann es verschweigen, wenn man möchte, aber Tatsache ist, dass Europa auf afrikanischen Beinen steht. Der europäische Reichtum ist gestohlen. Der Rassismus wurde auf dem europäischen Kontinent erfunden und Menschen dadurch ihre Würde und Zukunft genommen. Für diesen Reichtum mussten Menschen sterben, weil die westliche Welt zwar genug hat, aber nicht genug kriegen kann. Dass die Welt innerlich brennt, hat mit dem Konsumwahn zu tun, die Menschen werden vor Gier bald platzen. Frauen wurden vergewaltigt, Männer umgebracht, Kinder zu schuftenden Waisen gemacht. Smartphones entstehen durch Kinderarbeit, und der Westen hat alles durch Gewalt an sich genommen, um dann die Konstruktion der „Wilden, Anderen" zu kreieren. Es war nie wirklich anders. Und solange jene Menschen, die in bestimmten Identitätsaspekten privilegiert sind, ihre Privilegien und die Ungleichheit nicht sehen und auch nie infrage stellen, wird sich nicht viel ändern. Marginalisierte Menschen machen permanent auf Diskriminierung, Rassismus und vor allem Sexismus aufmerksam, doch es kann sich erst strukturell etwas tun, wenn diejenigen reflektieren und bewusst systematisch Verhalten und Strukturen ändern, die nicht betroffen sind, sondern von all dem profitieren.

Ich bin mit meinem deutschen Pass und Deutsch als meiner Muttersprache sehr privilegiert, dennoch ist es ermüdend, in Deutschland und Österreich tagtäglich Rassismus ausgesetzt zu sein, wobei das in Wien wesentlich stärker der Fall ist als in Hamburg zum Beispiel. Als sichtbare Muslimin und Schwarze Frau erlebe ich beide Städte nach wie vor unterschiedlich. So weltoffen und tolerant Hamburg ist, so grantig und spießig ist Wien. Und Wien ist schon eine sehr bittere Pille, wenn man noch neu hier ist. Ich fühlte mich sehr unwohl auf Wiens Straßen und vor allem in den öffentlichen Verkehrsmitteln, sodass ich begann, meine langen Gewänder zu kürzen und mehr Hosen und Tuniken zu tragen, in der Hoffnung, weniger Hass abzubekommen. Mittlerweile bin ich den Wiener Grant gewöhnt und kann auch besser mit dem offenen Rassismus und Hass umgehen, der immer wieder sein hässliches Gesicht zeigt. Aber nur weil ich gelernt habe, damit umzugehen, muss ich es? Jeden Tag? Werden es meine Kinder müssen? Was ist mit Menschen, die es nicht können und daran zerbrechen? Gott sei Dank habe ich tolle Persönlichkeiten um mich herum, die mir Kraft und Ausdauer geben, an meinen Prinzipien festzuhalten und mich nicht so sehr herunterziehen zu lassen, und mir ermöglichten, mein Kolleg und meine Studiengänge durchzuziehen. Aber was ist mit jenen Menschen, die keine anderen Menschen haben? Ich frage mich, wo die Gerechtigkeit ist?

Was mir Kraft gibt, ist das Beisammensein mit anderen Schwarzen und People of Colour, wo ich mir die Zeit nehmen kann, die ich für mich und für uns als Gesellschaft brauche, und mit Frauen, die sich ihrer Privilegien bewusst sind und denen eine offene, gerechte Gesellschaft genauso am Herzen liegt wie mir.

Die letzten Monate und Jahre machten mir Angst, vor allem in Bezug auf Deutschland. Wenn ich mir die politischen Entwicklungen im ganzen Land ansehe, wird mir anders. Seit ich aus dem Universitäts- und Kollegalltag raus bin und selber entscheide, mit wem ich wo Zeit verbringe, ist der Alltag wesentlich entspannter. Man wird automatisch selektiver, weil einem sonst zu viel Lebensenergie ausgesaugt wird. Ich habe unfassbar wertvolle, tolle Menschen um mich herum, eine Stütze in der Familie meines Mannes in Wien gefunden und meine Familie in Deutschland, ich habe zu allen einen guten Kontakt, was mir das Wichtigste ist.

Für die nächsten Jahre, aber vor allem für die nächsten Generationen wünsche ich mir, mehr Leben in Würde, sozialen Frieden für alle, mehr Selbstverwirklichung der unzähligen Talente, die wir in unseren Reihen haben, unabhängig von den nötigen Mitteln, Kontakten, der Hautfarbe, dem Geschlecht oder der Religion, das Streben nach Gerechtigkeit, mehr Fürsorge und Bewusstsein für unser Handeln überall auf der Welt sowie der Bewusstseinswandel in Bezug auf unser Konsumverhalten, für den es schon höchste Zeit ist. All das prägt und bewegt mich. Das macht mich aus. Das ist meine Identität.

Der Aufprall

Ich schaffte die Matura erst beim zweiten Anlauf. Die Mathematik und ihre verlorenen x, die ich weiß Gott wieso zu suchen hatte, waren mir nicht nur ein Rätsel, sie interessierten mich schlichtweg nicht. Die Mathematik hatte Schuld daran, dass ich mein Ticket in das Gymnasium fast verpasst hätte. Ich musste im letzten Volksschuljahr jeden Tag nach der Schule und auch an den Wochenenden Mathematik büffeln. Meine damalige Lehrerin meinte, den Zweier hätte ich mir nur durch meine Willensstärke verdient. Als ich sie einmal zufällig nach der bestandenen Matura traf, fragte ich sie, wieso sie sich damals umentschieden hätte, immerhin wollte sie, dass meine Eltern mich in eine Hauptschule steckten. Sie überlegte kurz und sagte dann: „Das wäre ein Fehler gewesen. Heute bin ich froh, dass deine Eltern nicht auf mich gehört haben. Du hast dir den Eintritt ins Gymnasium verdient, ich habe dir nichts geschenkt, das sollst du wissen. Ich bin froh, dass du so hartnäckig geblieben bist. Das eine Fach, das du nicht so gut beherrscht hast, lenkte nicht von dem ab, was du konntest. Ich mochte deine Geschichten. Auch wenn einige eine totale Themenverfehlung waren, so waren sie alle gut. Ich würde mich heute wieder so entscheiden."

So sehr ich die Bühne liebte und mich auf ihr wohlfühlte, brachte ich als Dreizehnjährige bei einer Klassenaufführung, die vor unseren Eltern stattfand, dennoch nichts heraus, als es zu meinem Part kam. Ich musste nur einen einzigen Satz sagen – aber ich sagte nichts. Der Rest der Klasse konnte seine Zeilen prima und ich stand da, war an der Reihe und sagte nichts. Ich sah verzweifelt zu meiner Mutter, die mir zuflüsterte: „Es ist okay" und mich anlächelte, als hätte ich gerade einen Oscar gewonnen, sie sah mich nicht so an, als hätte ich versagt. Irgendwer anderer sagte dann meinen Satz, und ich fühlte mich deswegen ziemlich schlecht. Ich hatte damals in meiner Klasse keinen einzigen Freund und keine einzige Freundin. Ich war notenmäßig die Schlechteste und die Außenseiterin. Es war eine Sprachklasse mit über zwanzig Mädchen, die in Gruppen geteilt waren, nur passte ich in keine dieser Gruppen, denn ich war die einzige Skaterin und sah eher aus wie ein Junge. Ich interessierte mich nicht für Make-up, war keine Streberin, auch kein „Normalo", eher ein Klassenclown ohne Publikum. Diese Klasse zu betreten, war jeden Tag aufs Neue ein einziger Schmerz, und es zerbrach alles in mir. Ich erlebte zum ersten Mal, was es bedeutet, am Boden zu sein, allein zu sein. Dieser Boden war kalt und er machte einsam. Da fing ich an zu schreiben. Ich dachte, ich hätte vergessen, wann und warum ich mit dem Schreiben angefangen hatte, weil mich diese Zeit so sehr gebrochen hatte, dass ich sie verdrängt hatte, aber während eines Interviews erzählte eine Frau davon, wie ihre Depression begonnen hatte, und genau in diesem Moment erinnerte ich mich daran, dass auch ich schon einmal auf diesem Boden gewesen war, ich kannte dieses Gefühl, das sie beschrieb.

Ich wollte mich nicht mehr daran erinnern, dass damals die Lehrer und andere Schüler weggeschaut hatten. Ich hatte auch weder die Schule noch die Klasse wechseln wollen, obwohl meine Eltern darum gebeten hatten. Ich hatte dem Ganzen begegnen wollen. Der kalte Boden wurde von einer Seelenqual zu einer Quelle der Inspiration. Dieser Boden, auf dem ich aufprallte und der den Schmerz der Abweisung, der Einsamkeit und der sozialen Kälte in mir weckte, wurde mein bester und einziger Freund. Mit der Zeit nährte er meine Feder, mein Dasein, und ich blieb so lange dort liegen, bis es nicht mehr wehtat. Am Anfang war es schwer, da ich noch jung war und es sich um eine Angelegenheit handelte, durch die man allein durchmusste. Es gehört zum Erwachsenwerden dazu, dass man fällt und lernt, wieder aufzustehen, damit man nach dem nächsten Fallen besser aufstehen kann. Dass man diesen Boden spürt und mehrmals dort aufprallt, ist pures Überlebenstraining.

Als ich das erste Mal auf dem kalten Boden des Lebens aufprallte, sah ich die Gesichter jener Klassenkameraden, die mich tagtäglich mobbten, ich sah jene Menschen, die mich auf der Straße aufgrund meiner Hautfarbe verspotteten, ich sah den Mann, der mich einmal in einer Straßenbahn fast vergewaltigt hätte, und viele andere, die mich gegen meinen Willen berührt hatten, ich sah die Lehrer, die meine Träume ausgelacht hatten, ich sah jeden Menschen, der mein Erscheinungsbild nach seinen eigenen Regeln definierte und mir meine Existenz absprechen wollte, und jeden Menschen, der versuchte, mein Geschlecht gegen mich zu nutzen. Ich sah sie. Alle. Gleichzeitig. Ich hörte sie. Laut. Und es tötete mich. Jedes Mal ein bisschen mehr – bis ich es in Worte fasste. Ich ließ es auf diese Art und Weise nicht nur raus, ich ließ *mich* damit *frei*. Ich hatte mit dem Schreiben angefangen, um mich zu heilen. Mit jedem Wort erwachte ein Teil von mir, der schon gestorben war. Und mit den Jahren wurde dieser Boden nicht nur mein Seelenverwandter, wir wurden eins. Ich wurde mein eigener Boden. Wenn ich heute falle, dann in mir selbst. Wenn ich heute schreie, dann nicht aus meinen Lungen, sondern aus meiner Feder. Ich habe gelernt, dass es dabei keineswegs um die Lautstärke geht, sondern um Wirkung, Veränderung und die eigene Entwicklung.

Auf der Suche nach Geschichten ging ich in die weite Welt mit dem Gedanken hinaus: Was kann es da draußen noch geben, was ich nicht schon kenne? Und da war sie, die menschliche Überheblichkeit, gegen die niemand immun ist, außer jene, die sich ihrer bewusst sind und sie zu bekämpfen lernen. Niemals hätte ich gedacht, dass das Interview mit der ägyptischen Jüdin in einem Buch veröffentlicht würde. Niemals hätte ich gedacht, dass ich eine ehemalige Genitalverstümmlerin treffen würde, ohne ihr eine zu scheuern. Niemals hätte ich gedacht, dass ich eine Deutsche treffen würde, die glücklich in einer Mehrehe lebt. Niemals hätte ich gedacht, dass jemand so offen über Bulimie sprechen kann, niemals hätte ich gedacht, dass ich Frauen in Amerika, Indonesien, in Zügen oder sonst wo treffen würde und ein Small Talk, zufällige Begegnungen und ein bisschen Verständnis für das Leben anderer, auch wenn man selber anders handeln würde, mich innerlich so sehr befreien würden.

Die Zeitspanne, in der diese Gespräche geführt wurden, beträgt dreizehn Jahre. So alt war ich gewesen, als ich zum ersten Mal so richtig zu Boden gefallen war. Niemals hätte ich gedacht, dass meine Notizen, Übersetzungen, Gefühle und die Geschichten dieser Frauen eines Tages gesammelt ihren Weg zu dir finden würden. Auf der Suche nach den Geschichten anderer Frauen habe ich nicht nur meine Auslegung von „Verständnis" und „Akzeptanz" neu definiert, sondern auch mich selbst. In den Gesprächen musterte ich jede Frau genau und hörte – so wie mir meine einzige ägyptische jüdische Freundin damals riet – zwischen den Zeilen. So unterschiedlich ihre Geschichten auch sein mögen, so ähnlich sind sie. Manche der Frauen sahen einander sogar auf eine gewisse Art und Weise ähnlich. Manche verwendeten fast die gleichen Phrasen für die Erläuterung der gleichen Lebenssituation. Wieso? Weil wir ähnlich aufprallen, nur was wir aus dem Schmerz machen, ist unterschiedlich. Wichtig ist dabei nicht der Aufprall, nicht der Schmerz, und es sind auch sicher nicht die Narben, sondern dass man sich dem Ganzen stellt. Und das ist das Verbindende jeglicher Weiblichkeit – wir werden vielleicht nicht all ihre vielen Ausprägungen verstehen, doch sollten wir sie akzeptieren.

Vor diesen Gesprächen war ich der festen Überzeugung, dass so viele Dinge ihre festen Regeln hätten. Auf dem Weg zu diesen Frauen fand ich nicht nur eine bisher verborgene Tür zu mir selbst, sondern ich entdeckte, dass „jede Regel eine Ausnahme ist", und nicht wie vorher angenommen, dass „die Ausnahme die Regel bestätigt". Es gibt nicht nur eine Definition von Freiheit. Es gibt nicht nur eine Definition von Frausein. Du bist nicht mittelmäßig. Deine Ideen sind es auch nicht. Das ist nur deine Einstellung dir gegenüber. Auch wenn du später damit anfängst, deine Träume zu verwirklichen, zu alt gibt es nicht. Auch wenn du dich von der Norm zu sehr unterscheidest. Auch wenn du denkst, keine Mittel zu haben oder der Zug des Lebens sei abgefahren. Geh zu Fuß, denn da spürst du den Weg an deinen Fersen, anstatt nur aus dem Fenster zu schauen. Auch wenn du vom Weg abgekommen bist, du hast ein Recht darauf zu leben, so wie du bist, ohne Rechtfertigungen, ohne Entschuldigungen, das ist dein menschliches Grundrecht: zu sein! Und zwar nach deinen eigenen Regeln. In deiner eigenen Sprache. Die Richtung bestimmt dein Herz. Deine Geschichte ist besonders, einzigartig, und erst die Details, die dich von anderen unterscheiden, machen *dich* zu *dir*.

Wir versuchen es seit Jahrhunderten mit der Regel der Assimilation, damit sprechen wir anderen Frauen so viel „Ich" ab. Wir hören anderen nicht mehr zu, um ihnen Aufmerksamkeit und Gehör zu schenken, sondern um zu kontern. So wachsen wir auf. So sollte es aber nicht sein. Wenn wir lernen, dass unsere Gemeinsamkeit die Liebe zum Leben ist und das die Basis bildet, auf der wir stehen, fiele es uns viel leichter, Menschen sie selbst sein zu lassen.

Dies ist kein Buch über außergewöhnliche Frauen. Schau in deinen Bekanntenkreis, schau in dich hinein und dort wirst du zum Teil auch deren Emotionen, Erlebnisse und Gedanken finden. Dies ist ein Buch über Geschichten, die tagtäglich geschehen, überall auf der Welt. Anfangs dachte ich zwar, es seien Geschichten über mir fremde Frauen, aber als mich ihre Worte berührten, entdeckte ich, dass jede Einzelne auch irgendwie etwas in mir offenbarte, und vielleicht offenbaren dir diese Geschichten auch etwas über dich selbst.

In ewigem Respekt und unendlicher Bewunderung für das Wunder Weiblichkeit und in schwesterlicher Liebe für jede Frau,
Menerva Hammad

In jeder Inakzeptanz einer menschlichen Identität steckt das Unheil dieser Welt.